高职高专汽车类专业创新一体化教材

汽车电器设备原理与检修
一体化教程

第 3 版

主 编 杨洪庆 郭明华

副主编 孙宝明 谢少潮 修玲玲 张 迪

参 编 明光星 白凤鹏 谭 莉 李 晗
　　　　明 阳 孙连伟 张凤云

机械工业出版社

本书主要内容包括汽车电器及电路概述、电源系统、起动系统、照明与信号系统、仪表与警告系统、安全舒适系统、汽车空调系统以及汽车电路图解读方法。

本书以项目为载体，以学习任务驱动形式，组织理实一体化教学；书中以丰田车系、大众车系为典型案例，将理论知识及岗位技能融会于学习任务之中；本着"求知重能"的原则，注重培养学生的岗位技能。

本教材配套电子课件，凡使用本书作为教材的教师，可获得教学辅助视频、电子实训工作页及相关教学资料，资料申请邮箱 1064525158@qq.com，主编咨询电话（微信）13332439595，也可在机械工业出版社教材服务网下载课件。

本书适合作为高等职业院校、高等专科学校、成人教育学校、民办高校及本科院校举办的二级职业技术学院汽车类专业的教学用书，也可作为社会从业人员的业务参考书及培训用书。

图书在版编目（CIP）数据

汽车电器设备原理与检修一体化教程 / 杨洪庆，郭明华主编. -- 3版. -- 北京 : 机械工业出版社，2024.8. -- （高职高专汽车类专业创新一体化教材）.

ISBN 978-7-111-76243-0

Ⅰ. U472.41

中国国家版本馆CIP数据核字第2024HH4359号

机械工业出版社（北京市百万庄大街22号 邮政编码100037）
策划编辑：齐福江　　　　　责任编辑：齐福江　杜丽君
责任校对：龚思文　张　薇　　封面设计：张　静
责任印制：刘　媛
北京中科印刷有限公司印刷

2024年9月第3版第1次印刷
184mm×260mm·16.5印张·374千字
标准书号：ISBN 978-7-111-76243-0
定价：49.90元

电话服务　　　　　　　　　网络服务
客服电话：010-88361066　　机 工 官 网：www.cmpbook.com
　　　　　010-88379833　　机 工 官 博：weibo.com/cmp1952
　　　　　010-68326294　　金 书 网：www.golden-book.com
封底无防伪标均为盗版　机工教育服务网：www.cmpedu.com

FOREWORD
前　言

  随着汽车电器与电子技术的迅猛发展，中国汽车行业相关人才需求大幅提升，人才培养已经成为重大课题。从党的二十大报告中提到的产教融合论述可以看出，产教融合已经成为职业教育很重要的手段，它的重要标志是打造"对接产业链的专业体系"。党的二十大报告中提出的人才强国战略，内涵更加丰富，更具有新时代的特色。国家出台了一系列职业教育改革的文件，如《关于深化产教融合的若干意见》等，未来中国汽车市场的人才需求不仅数量巨大而且对职业素养的要求更高。因此，产教融合新型人才的培养需要更专业更完善的教材。

  目前，由既有维修和实训经验又有理论基础的人员参与编写的汽车电器结构和原理方面的教材还比较缺乏。因此，我们组织了学校教师和企业技术人员共同编写了本书。本书的第1版和第2版虽然已出版多年，但由于它独特的编写理念与出色的内容，仍然被很多学校选用。随着汽车新技术不断更新进步，汽车行业对汽车电器设备维修人员提出了更高的要求，除需要掌握传统的维修技术外，还必须掌握现代电器及电子设备的维修技术。本书第3版作为理论、实践一体化教材，继续贯彻"求知重能"的原则，在保证知识连贯性的基础上，着眼于技能操作，力求内容浓缩、精练，突出针对性、典型性、实用性，本着思路清晰、方法实用、易学易用思想进行编写。

  本书第3版由辽宁省交通高等专科学校杨洪庆、郭明华任主编，由辽宁丰田金杯技师学院孙宝明、闽江师范高等专科学校谢少潮、辽宁省交通高等专科学校修玲玲、山东技师学院张迪任副主编，辽宁省交通高等专科学校的明光星、李晗、孙连伟、张凤云，辽宁省抚顺市交通运输局白凤鹏、广西工商技师学院的谭莉，以及湖南大学明阳参编。在编写过程中，参考和借鉴了相关文献资料，在此向相关作者表示诚挚的谢意。

  由于作者水平所限，书中难免存在疏漏和不妥之处，恳请读者批评指正。

编　者

CONTENTS
目 录

项目一 汽车电器及电路概述

→ 目标及要求

◎ 教学目标

（1）汽车电器的作用及基本组成
（2）汽车电器系统的特点
（3）汽车电路检测常用工具的使用

◎ 能力要求

（1）掌握汽车电器系统检测的基本流程
（2）学会用试灯和跨接线诊断汽车电路故障的方法
（3）学会用万用表诊断汽车电路故障的方法

→ 项目概述

　　随着汽车技术和电子技术的发展，汽车电子技术也得到了迅速发展，它已成为一个国家汽车工业发展水平的标志。汽车电器维修已经成为汽车维修的关键岗位。汽车电路维修不仅要掌握汽车电器专业知识，还要熟练掌握检测工具的使用方法。本项目学习任务如图1-1所示。

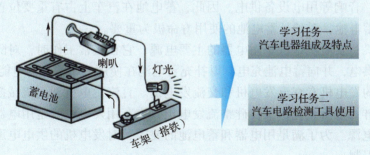

图1-1　项目一学习任务

学习任务一　汽车电器组成及特点

学习任务描述

　　汽车电器是汽车上的重要组成部分，其性能的好坏直接影响汽车的动力性、经济性、安全性、舒适性及环保性能等指标。要确保汽车电器的性能完好，维修人员首先应掌握以下汽车电器的基础知识：

　　1）汽车电器的主要组成。

　　2）汽车电器系统的特点。

基础知识和技能

一、汽车电器主要组成部分

　　汽车电器设备按功用不同分为电源系统（蓄电池、发电机及调节器）、用电设备（起动系统、点火系统、照明与信号系统、仪表与报警系统、安全舒适系统、电子控制系统）、配电装置（开关、配电盒、保险元件、继电器、导线及线束、插接器）等。

1. 电源系统

　　电源系统包括蓄电池和发电机。其中，发电机为主电源，发电机正常工作时，由发电机向全车用电设备供电，同时给蓄电池充电。发电机的输出电压是由调节器保持恒定的。

　　（1）蓄电池　蓄电池为可逆的直流电源。在汽车上使用最广泛的是起动用铅酸蓄电池，它与发电机并联，向用电设备供电。当发动机起动时，蓄电池向起动机和点火系供电；当用电设备同时接入较多，发电机超载时，协助发电机供电；在发动机熄火状态下，蓄电池向电控单元、音响等用电设备供电。因此，蓄电池在汽车上占有重要位置。如何正确使用和维护保养蓄电池，对延长蓄电池的使用寿命极为重要。

　　（2）发电机　发电机是汽车用电器的主要电源，它在正常工作时，对除起动机以外的所有用电设备供电，并向蓄电池充电，以补充蓄电池在使用中所消耗的电能。

　　汽车所用的发电机有直流发电机和交流发电机。直流发电机利用机械换向器整流；交流发电机利用硅二极管整流，又称硅整流发电机。汽车用发电机既是用电器的电源，又是蓄电池的充电电源。为了满足用电器和蓄电池的要求，对发电机的供电电压和电流变化范围也有一定的限制。

　　（3）调节器　目前汽车发电机均为交流发电机，由于交流发电机本身具有限制输出电流的能力，因此也不再需要限流器。但它的电压仍是随转速变化而变化的，所以为了得到恒定的直流电压，还必须安装电压调节器。

2. 用电设备

　　用电设备包括起动系统、点火系统、照明与信号系统、仪表系统、安全舒适系统和电子控制系统。

（1）起动系统　汽车起动系统包括直流电动机、传动机构和控制装置，其作用是用于起动发动机。起动机是用来起动发动机的，它主要由电机部分、传动机构（或称啮合机构）和起动开关三部分组成。

（2）点火系统　点火系统包括点火开关、点火线圈、火花塞等，其作用是产生高压电火花，点燃汽油发动机气缸内的混合气。

在现代汽油发动机中，气缸内燃料和空气的混合气大多采用高压电火花点火。电火花点火具有火花形成迅速，点火时间准确，调节容易以及点燃混合气可靠等优点。为了在气缸中产生高压电火花，必须采用专门的点火装置。

（3）照明与信号系统　照明系统包括汽车内、外各种照明灯及其控制装置，主要有前照灯、雾灯、尾灯、顶灯等。

信号系统包括喇叭、蜂鸣器、闪光器及各种行车信号标识灯等，用来保证车辆运行时的人车安全。

（4）仪表系统　仪表系统包括各种电器仪表，如温度表、燃油表、车速及里程表、发动机转速表等，用来显示发动机和汽车行驶中有关装置的工作状况，帮助驾驶人随时掌握汽车主要部分的工作情况，及时发现和排除可能出现的故障和安全隐患，以保证良好的行驶状态。汽车常用仪表有冷却液温度表（俗称水温表）、燃油油表和车速及里程表，有的汽车还有发动机转速表和制动系贮气筒气压表等。

（5）安全舒适系统　随着汽车工业的发展和现代化技术在汽车方面的应用，现代汽车安全舒适系统中的辅助电气设备很多，主要包括汽车用音响设备、通信器材和汽车电视等服务性装置，以及与汽车本身使用性能有关的电气设备，如电动刮水器、电动车窗、电动座椅、空调装置、中控门锁及电动后视镜器等。

（6）电子控制系统　为了提高汽车的动力性、经济性、安全性及达到排气净化的目的，汽车电器中配置了电控燃油喷射装置、电子点火装置、制动防抱死装置、自动变速器等电子控制系统。

3. 配电装置

配电装置包括电路开关、配电盒、保险元件、继电器、导线及线束、插接器。

（1）开关　汽车电路控制是通过各种开关接通或切断电源与用电设备之间的电路连接来实现的。

1）电源开关。电源开关用于切断蓄电池与外电路的连接，以防止车辆停驶过程中蓄电池经外电路漏电。电源开关主要有闸刀式和电磁式两种：闸刀式电源开关直接由手动切断或接通电源，电磁式电源开关则由电磁力吸力控制触点的吸合或断开。

2）点火开关。点火开关是一个多档开关，需用相应的钥匙才能对其进行操纵。点火开关通常用于控制点火电路、仪表电路、发电机励磁电路、起动电路及一些辅助电器电路等。

3）灯光开关。灯光开关通常是两档式开关，按操纵的形式分为推拉式和旋转式两种。灯光开关Ⅰ档接通示廓灯、尾灯、仪表照明灯等；Ⅱ档接通前照灯、尾灯、仪表照明灯等。

4）组合开关。组合开关由两种及两种以上的开关（如转向灯开关、警告灯开关、灯光开关、前照灯变光开关、刮水器开关、洗涤开关等）集装在一起，可使操纵更加方便。

（2）配电盒 配电盒（也称中央线路板）是多功能电子化控制器件，它几乎将全车的熔断器、断路器、继电器集中为一体，是整车电器、电子线路的控制中心。使用中央配电盒，能实现集中供电、减少接线回路、简化线束、减少插接件、节省空间、减轻整车质量等，不同车型的配电盒数量及布置形式也不同。

目前，很多汽车采用多配电盒形式。例如，大众新宝来汽车配电盒有熔丝架 SA、SB、SC 和继电器盒，装备 CFBA、CLSA、CENA、BWH 等发动机的汽车上，在蓄电池上面设有熔丝架 SA 和 SB，在仪表板左侧设有熔丝架 SC，继电器盒在仪表左下方，如图 1-2 所示。将全车的熔断器和继电器集中为一体，称为中央配电盒，如图 1-3 所示。

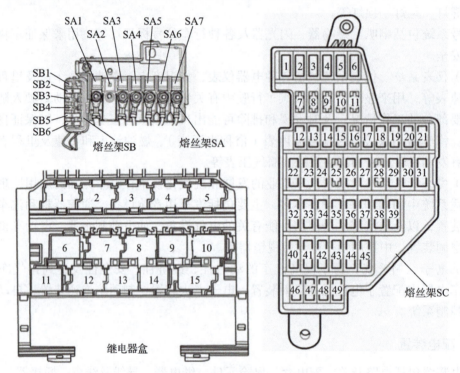

图 1-2　大众新宝来汽车配电盒

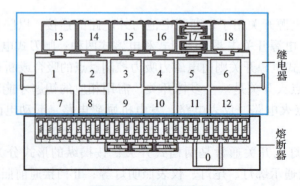

图 1-3　中央配电盒

（3）保险元件　汽车电路中都设有保险元件，当线路因负荷超载、短路故障而电流过大时，保险元件自动断开电源电路，以防止线路或用电设备烧坏。

1）熔丝。熔丝也称熔断器，简称熔丝，串联在要保护的电路中。当通过熔丝的电流超过其规定值时，熔丝发热熔断，从而保护用电设备不被烧坏。熔丝固定在可插式塑料片上或封装在玻璃管中。通常熔丝都有编号排列，有的还在熔丝的塑料片涂上不同的颜色，以便于检修时识别。

熔丝通常连接在电源线路或连接大功率电器线路上的熔丝，由于被保护的线路工作电流往往较大，所以使用的熔丝较粗。熔丝按结构不同分为带型熔丝和标准型熔丝，如图1-4所示。

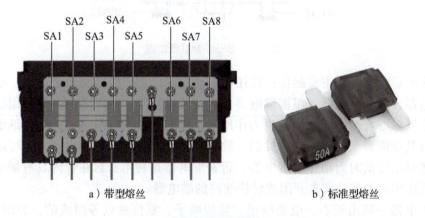

a）带型熔丝　　　　　b）标准型熔丝

图1-4　熔丝

2）断路器。断路器起保护作用的主要元件是双金属片和触点，有自恢复式和按压恢复式两种。

自恢复式断路器如图1-5所示。当被保护线路中的电流超过规定值时，双金属片受热弯曲而使触点张开而切断电路。电路断电后，双金属片因无电流通过而逐渐冷却伸直，触点又重新闭合，接通电路。如果线路电流过大的原因未及时排除，自恢复式断路器就会使电路时而接通，时而切断，以限制通过线路的电流，从而起到线路过载保护的作用。

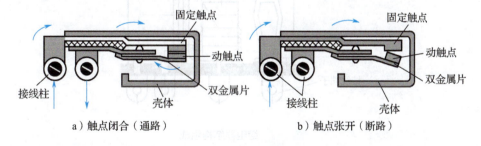

a）触点闭合（通路）　　　　　　b）触点张开（断路）

图1-5　自恢复式断路器

按压恢复式断路器如图1-6所示。当被保护线路中的电流超过规定值时，双金属片受热向上弯曲，使双金属片两端的触点张开而切断电路。向上弯曲的双金属片冷却后不能自行恢复原形，若要重新接通电路，必须按下按钮才能使双金属片复位。这种断路器的限定电流是可调的，需要调整时，松开锁紧螺母，旋动调整螺钉，改变双金属片的挠度即可。

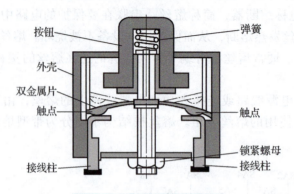

图1-6 按压恢复式断路器

（4）继电器 继电器主要起保护作用和自动控制作用。按结构原理不同，继电器可分为电磁继电器、固体继电器、温度继电器、舌簧继电器等。电磁继电器是利用输入电路内电路在电磁铁铁心与衔铁间产生的吸力作用而工作的一种电气继电器；固体继电器是指电子元件履行其功能而无机械运动构件的，输入和输出隔离的一种继电器；温度继电器是当外界温度达到给定值时而动作的继电器；舌簧继电器是利用密封在管内具有触电簧片和衔铁磁路双重作用的舌簧动作来开闭或转换线路的继电器。

车用继电器一般由铁心、电磁绕组、接线端子、复位触点等组成的，如图1-7所示。根据复位触点原始状态，继电器可分为常开式、常闭式、枢纽式等。继电器触点不工作时是开路的，只有在电磁绕组受激时才闭合，这种为常开式继电器；当继电器触点不工作时是闭合的，只有在其线圈受激时才断开，这种为常闭式继电器；继电器的两个触点相互切换，由线圈受激状态决定，这种为枢纽式继电器。

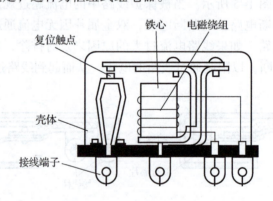

图1-7 继电器结构组成

根据继电器的连接端子数不同，常见有三端子继电器、四端子继电器、五端子继电器等。根据继电器应用电器电路不同，有起动继电器、油泵继电器、喇叭继电器等。常见继电器如图1-8所示。

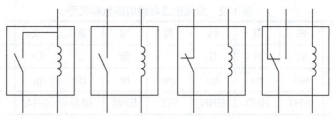

a）常开式三端子　　b）常开式四端子　c）常闭式四端子　d）枢纽式五端子

图 1-8　继电器

（5）导线及线束　汽车电器设备的连接导线，是电器导线的基础元件。按承受电压的高低，导线分为高压导线和低压导线。高压导线应用于汽车点火系统，具有绝缘包层厚、线芯截面积小的结构特点，可抑制和衰减点火系统产生的高频电子波，降低对无线电设备及电控装置的干扰。低压导线包括普通导线、起动电缆、搭铁电缆，均采用多股铜线，通常导线上有数字和字母标注，数字标注为导线的标称截面积，也是导线连接电器的电流限值，为保证导线有足够的力学性能，规定标称截面积最小不能小于 $0.5mm^2$。汽车电器导线的标称截面积推荐值见表 1-1。

表 1-1　汽车电器导线的标称截面积推荐值

标称截面积 /mm²	适用的电路
0.5	尾灯、顶灯、仪表灯、指示灯、牌照灯、燃油表等
0.8	转向灯、制动灯、停车灯、点火线圈初级绕组等
1.0	前照灯、电喇叭等（3A 以下）
1.5	前照灯、电喇叭等（3A 以上）
1.5~4.0	其他 5A 以上电路
4.0~6.0	柴油车电热塞电路
6.0~25	电源电路
16~95	起动电路

为了便于识别和维修，电器导线都采用了不同颜色和代号，有的为单色，有的为双色，双色导线也称条纹线，代号由两组组成并用短线或斜线分开，标注如图 1-9 所示。常见低压导线的颜色和代号见表 1-2。

线束是由同路的导线包扎而成的，可使电路不凌乱，便于安装，起到保护导线的作用。

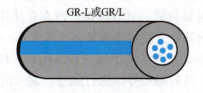

GR-L或GR/L

图 1-9　条纹线标注

表 1-2　常见低压导线的颜色和代号

颜色		黑	白	红	绿	黄	棕	蓝	灰	紫	橙	粉色
代号	日系车	B	W	R	G	Y	Br	L	Gr	V	O	P
	德系车	sw	ws	ro	gn	ge	br	bl	gr	li	or	rs
	通用车	BLK	WHT	RED	GRN	YEL	BRN	BLU	GRA	PPL	ORN	PNK

（6）插接器　连接器和电线焊片是线路与各电器设备之间、线路与线路之间的连接部件。现代车辆由于采用了线间插接器，使线束设计的自由度增加，其线束的数量也可较多，便于安装、检修和更换。

插接器由插头和插座两部分组成，车辆上不同位置所用插接器的插脚（端子）数目、几何尺寸和形状各不相同。为保证连接可靠，插接器设有锁止装置。大多数连接器具有良好的密封性，以防止油污、水及灰尘等进入而使插脚锈蚀。在车辆电路图上插接器由特定的图形符号表示。常见汽车插接器插脚形状如图 1-10 所示。

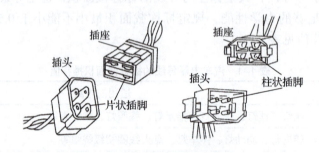

图 1-10　常见汽车插接器插脚形状

二、汽车电器系统的特点

（1）低压　常用汽车电器设备的额定电压有 12V、24V 两种。汽油车多采用 12V 电源电压，而柴油车多采用 24V 电源电压。

（2）直流　由于蓄电池采用直流电，所以汽车电源是直流电。

（3）单线制　从电源到用电设备使用一根导线连接，而另一根导线则用汽车车体或发动机机体的金属部分代替，这种连接方式称为单线制。单线制可节省导线，使线路简化、清晰，便于安装与检修，因此现代汽车电器设备广泛采用单线制。

（4）负极搭铁　将蓄电池的负极与车架相连接，称为负极搭铁。目前，汽车电器设备都采用负极搭铁。

（5）并联连接　各用电设备均采用并联连接。蓄电池与发电机之间以及所有用电设备之间，都是正极接正极，负极接负极，并联连接。汽车在使用中，当某一支路用电设备损坏时，采用并联连接并不影响其他支路用电设备的正常工作。

（6）线路有颜色和编号特征　为了便于区别各线路和连接，汽车所有低压导线必须选用不同颜色的单色或双色线，并对每根导线进行编号。编号由生产厂家统一编定。

（7）线路设有保险装置　为了防止因短路或搭铁而烧坏线束，电路中一般设有保险元件，如熔断器、易熔线等。

（上接内容被遮挡的文字段落）

学习任务二 汽车电路检测工具使用

学习任务描述

要想当一名合格的汽车电工，熟练使用汽车电路检测工具非常重要。汽车电器维修人员应掌握以下技能：

1）测试灯及跨接线的使用。

2）万用表的使用。

3）故障诊断仪的使用。

基础知识和技能

一、测试灯及跨接线的使用

1. 测试灯的使用

测试灯是由一个12W的灯泡（或双发光二极管）和引线组成的，用于线路短路、断路的检测。测试灯的类型按结构原理不同分为普通式和有源式两种，如图1-11所示。

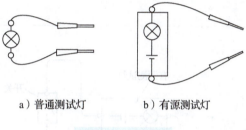

a）普通测试灯　　　　b）有源测试灯

图1-11　测试灯

> **注意** 有源测试灯有内置电源，不要用测试灯检查ECU或与ECU有关的电路，防止烧坏ECU。

（1）用普通测试灯法查找短路位置　如果熔丝已熔断，说明可能发生过短路，这时可用普通测试灯进行检查。下面举例说明如何用普通测试灯查找短路位置。

如图1-12所示，首先将开关打开，拆下熔断的熔丝，并将普通测试灯跨接到熔丝端子上，观察普通测试灯是否点亮。如果普通测试灯亮，说明熔丝盒与开关之间出现短路，应修理熔丝盒与开关之间的线束。

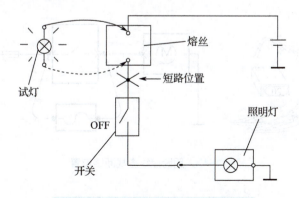

图1-12　用普通测试灯查找短路位置

如果普通测试灯不亮，再将开关闭合，并断开照明灯插接器，观察普通测试灯是否点亮。如果普通测试灯亮，说明开关与插接器之间出现短路，应修理开关与插接器之间的线束；如果普通测试灯不亮，说明插接器与照明灯之间没有出现短路。用同样方法依次检查各个短路点。

（2）用有源测试灯检查开关导通性　用有源测试灯检查开关导通性时，接线方法如图1-13所示。当开关打开时，有源测试灯应不亮；当开关闭合时，有源测试灯应点亮，否则开关有故障。

（3）用普通测试灯查找断路位置　将普通测试灯的一根引线接地，另一根引线连接到开关插接器电源侧端子上，如图1-14中a点位置，普通测试灯应点亮；然后将普通测试灯连接到电动机插接器上，即图1-14中b点位置，若将开关打开，普通测试灯不应点亮；若将开关闭合，普通测试灯应点亮，否则开关或开关到电动机插接器之间的电路断路。

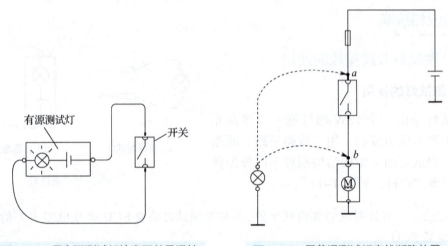

图1-13　用有源测试灯检查开关导通性　　　　图1-14　用普通测试灯查找断路位置

2. 跨接线的使用

当怀疑某条电路断路，可将跨接线的一根引线接入元件的一端，另一根引线连接到另一端上，如图1-15中的开关故障，用跨接线将开关的ab两端短接，若电动机工作，即可断定开关断路。

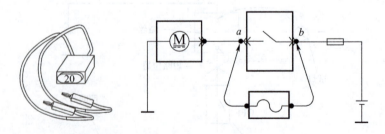

图1-15　用跨接线查找断路位置

注意　应先确认电路关系，防止跨接线引起电路短路！

二、万用表的使用

1. 功能介绍

根据量程调整形式不同有自动量程式万用表和手动量程式万用表，但功能基本相同，如图 1-16 所示。万用表功能符号及显示屏符号的含义见表 1-3。

a）自动量程式万用表　　　　b）手动量程式万用表

图 1-16　万用表

表 1-3　万用表功能符号及显示屏符号的含义

功能符号及显示屏符号	符号含义
V ⎓	直流电压测量
V~	交流电压测量
Ω	电阻测量
►⊢	二极管 PN 结电压测量，单位为 mV
♪	电路通断测量，单位为 Ω
A ⎓	直流电流测量
DWELL	汽车点火闭合角测量，单位为（°）
RPM×10	汽车发动机转速测量（显示读数 ×10），单位为 r/min
POWER	电源开关
HOLD Ⓗ	数据保持开关
🔋	电池欠压提示符
AC	测量交流时显示，直流关闭
–	显示负的读数
4CYL/ 6CYL/ 8CYL	气缸数
CE	符合欧盟规定
CAT	测量环境等级，分为 I 级、II 级、III 级、IV 级

（1）交、直流电压测量（见图1-17）

1）根据电压的大小选择适当的电压测量量程。

2）检测时红表笔的一端插入"V/Ω"插孔中。

3）黑表笔接触电路"COM"端，红表笔接触电路中待测点。

（2）直流电流测量（见图1-18）

1）根据测量电流的大小选择适当的电流测量量程。

2）将红、黑表笔的一端插入万用表的插孔中。

3）红表笔接触电压高的一端，黑表笔接触电压低的一端。

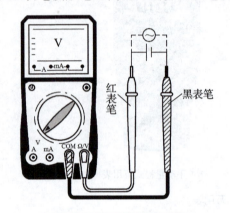

图1-17　交、直流电压测量

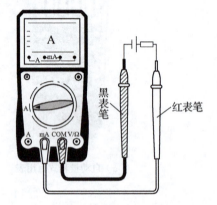

图1-18　直流电流测量

（3）电阻测量（见图1-19）

1）应先把电路的电源关断，以免引起读数抖动。

2）根据电阻的大小选择适当的电阻测量量程。

3）将红表笔的一端插入"V/Ω"插孔中。

4）红、黑两表笔分别接触电阻两端，观察读数即可。

（4）二极管测量（见图1-20）

1）将红表笔一端接万用表内部正电源，黑表笔一端接万用表内部负电源。

2）红、黑两表笔分别接触二极管两端，观察读数。

3）若显示"000"，则说明二极管击穿短路；若显示"1"，则说明二极管正向不通。

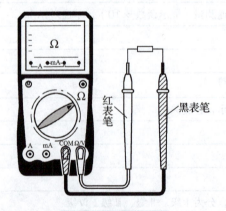

图1-19　电阻测量

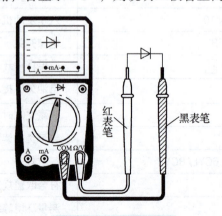

图1-20　二极管测量

（5）电路短路测量（见图1-21）

1）将红、黑表笔插入万用表的插孔中。

2）将功能、量程开关转到"•)))"位置。

3）两表笔分别接触测试点，若有蜂鸣器响，则说明短路，否则正常。

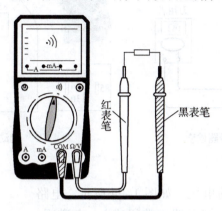

红表笔　　黑表笔

图1-21　电路短路测量

（6）闭合角测量

1）将"选择开关"旋转到触点闭合角区域中对应的缸数（4CYL、5CYL、6CYL、8CYL）位置上。

2）红表笔的导线插入面板闭合角插孔（与Ω/V插孔为同一插孔）中。

3）黑表笔的导线插入面板COM插孔中。

4）红、黑表笔连接到被测电路上，读取触点闭合角度值，参照标准值进行分析。

（7）发动机转速测量

1）将"选择开关"旋转到转速（RPM或RPM×10）位置上。

2）感应夹的红色导线插入面板Ω/V插孔内，黑色导线插入COM插孔内，感应夹夹在通往火花塞的高压线上，其上方的箭头应指向火花塞，按下"转速"选择按钮，根据被测发动机的冲程数和有无分电器，选择"4"或"2/DIS"，读取发动机转速值。

（8）温度测量

1）将"选择开关"旋转到温度（℃或℉）位置上。

2）将汽车万用表配备的带测针的特殊插头，插接到面板上黄色插孔（具体参考万用表说明书）内，测针与被测温度的部位接触，温度稳定后，读取测量值。

（9）数据保持（HOLD）

当检测数据基本稳定后，可以按下HOLD键，将检测数据保持，然后读取。

2. 万用表应用

（1）电器元件性能检测　用万用表检测熔断器的性能。方法是：将万用表调整到欧姆档，检查熔断器是否断路，如图1-22所示。显示0Ω时，说明熔断器是好的；显示∞时，说明熔断器是坏的。

以起动继电器为例，用万用表检测其性能，方法是：先将一个电源连接的继电器的85

端子和 86 端子，再用万用表测量继电器 30 端子和 87 端子，如图 1-23 所示。若显示 0Ω，说明继电器正常；若显示∞时，说明继电器是坏的。

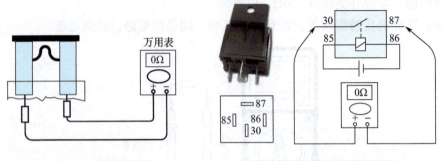

图 1-22 熔断器检查　　　　图 1-23 起动继电器检查

（2）电路电压的检测

用万用表测量电路中的电压。如图 1-24 所示，电路由点火开关、SW1、SW2、继电器（常闭式）、电磁阀、熔丝组成，用万用表负极接地，正极依次测量电路中 A、B、C 三点电压。方法是：将点火开关闭合时，A 点有电压；将点火开关和 SW1 闭合时，B 点有电压；将点火开关、SW1 闭合、继电器触点闭合时，C 点有电压。

3. 万用表检测电路时注意事项

1）用电流档检测时，如果不清楚要测量的电流大小，为了不损坏万用表，应先用最大的量程来测量，再逐渐减小量程来精确测量。

2）禁止用电阻档测量电流或电压（特别是交流 220V 电压）或带电测量电阻，否则容易损坏万用表。

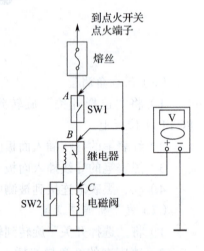

图 1-24 电路电压检测

3）用万用表测量二极管时，万用表显示二极管的正向导通电压，单位为 mV。通常硅二极管的正向导通电压应为 500~800mV，锗二极管的正向导通电压应为 200~300mV。

4）用万用表测量发动机闭合角时，应注意屏幕显示的数值。4 缸机闭合角为 0°~90.0°，6 缸机闭合角为 0°~60.0°，8 缸机闭合角为 0°~45.0°。

5）用万用表测量时，注意不要将表笔连接线靠近发动机旋转件，以防发生事故。

三、故障诊断仪的使用

汽车电器中越来越多地采用电控系统，对于电控系统的故障检测和诊断，必须借助故障诊断仪，否则，维修人员是无从下手的，也很难快速准确找出故障原因。故障诊断仪类型很多，由于原理不同，测试方法也不同，但基本测试功能相似。如 PC 诊断仪、掌上计算机和无线诊断的检测仪器等。计算机检测仪具有内存、速度、操作和升级方便以及直观性好等特点，能进行客户档案管理、汽车维修资料查询、计算机示波器等功能，因此也逐步应用到汽车电器维修行业中。以远征 X-431 诊断仪为例介绍其测试功能。

1. 测试功能

远征 X-431 诊断仪由主机单元、测试主线及诊断接头等组成，如图 1-25 所示。其基本功能见表 1-4。

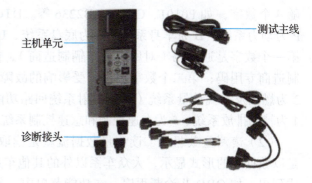

测试主线

主机单元

诊断接头

图1-25 远征 X-431 诊断仪

表 1-4 远征 X-431 诊断仪的基本功能

功能名称		说明
诊断功能	控制模块	读取故障码
		清除故障码
		执行元件诊断
		系统基本调整
		读测量数据流
		读独立通道数据
		通道调整匹配
		控制单元编码
		系统登录
		传送底盘号
		查控制计算机型号
	保养 / 机油灯归零	
	服务站代码设置	
	OBD-II 诊断功能	
	诊断座位置说明	
PDA 功能	系统信息	
	个人信息管理	
	控制面板	
	系统功能	

2. 诊断仪应用

（1）读取故障码　在诊断仪功能菜单中，单击"查询故障码"选项，读取 ECU 确认的故障码及相关内容。

在装备 OBD Ⅱ 系统的车辆上，所有的故障码（DTC）都是以英文字母开头，后面跟随 4 个数字，如 P0101、C1234、B2236 等。DTC 开头的字母表示被监测到故障的系统：P 为动力系统、B 为车身系统、C 为底盘系统、U 为网络或数据通信传输系统。字母后的第一个数字是通用码（对所有的车辆制造商），或是制造商专用码，如 0 指一般码，1 指制造商专用码；第二个数字指出了受影响的故障系统类型，如 1 为燃油及空气计量系统、2 为燃油及空气计量系统（特指喷射系统回路功能不良）、3 为点火系统或缺缸监测系统、4 为辅助排放系统、5 为车速控制和怠速控制系统、6 为计算机输出线路系统、7 为变速器。

（2）读测量数据流　读测量数据流就是读取 ECU 的运行数据参数。大众 / 奥迪车系是以数据组的形式显示，大众车系以外的其他车系数据流的读取方式则是以选择菜单的形式列出。如 OBD Ⅱ 诊断程序，在功能菜单中，单击"读数据流"选项，屏幕显示所测试车型数据流项菜单，单击想看的数据流项，并单击"确定"按钮，可查看数据流的动态数据。

（3）系统基本调整　在汽车维修和保养后必须进行"系统基本调整"。所谓系统基本调整，是通过数据通道将一些数据写入到控制单元中，将数据调整到生产厂家指定的基本值，或将某些元器件参数写入控制单元，从而使汽车达到最佳运行状态。根据车辆使用的国家、地区和发动机、变速器以及其他配置输入适当的设定号，屏幕显示后，单击相应的数字即可输入通道号。某些系统在维修或保养后，必须进行系统基本调整。如节气门体匹配，自动变速器维修后对离合器进行设置等。

（4）执行元件诊断　在功能菜单中，单击"执行元件诊断"选项，屏幕显示驱动的执行元件，可按照屏幕提示逐一执行元件测试。该功能可以对发动机电控系统（如喷油器）及底盘电控系统执行元件进行驱动，还可以对仪表系统执行元件（如发动机转速表、车速表、燃油表等）进行驱动。例如，对发动机喷油器的驱动过程是：踏下节气门，怠速开关打开，1 缸喷油器应"咔嗒"响 5 次。每按一次"→"键，就切换到下一个喷油器（如果对某个喷油器不进行检测，也可照此切换）。按此方法依次检查所有的喷油器。如果某个喷油器未被触发（无咔嗒声），应检测喷油器电气性能及相关控制线路（电路检测请参阅维修手册）。

（5）控制单元编码　若车辆的代码没有显示或 ECU 已更换，则必须给控制单元进行编码。一个控制单元有时能够适应多种车型，这由控制单元内部所存储的不同程序来决定，控制单元的一个编码代表了其中的一个程序，所以，在更换控制单元时，一般要先查看一下原车所用的控制单元编码。错误的编码轻则导致车辆的性能不良，重则会给车辆带来严重的故障。

（6）保养 / 机油灯归零　保养提示灯在里程表的显示窗内，当车辆需要进行某一项保养操纵时，相应的保养提示灯就会点亮。

（7）OBD Ⅱ 诊断功能　对于符合 OBD Ⅱ 标准的汽车，在测试车系统菜单中选择 OBD Ⅱ 诊断程序进入功能菜单，可用 OBD Ⅱ 诊断程序进行冻结帧测试。冻结帧测试是指当与汽车发动机排放相关的故障产生时，OBD Ⅱ 系统不仅设置了一个故障码，还记录了此故障发生瞬间与此故障相关的系统运行参数，将这一组数据称为冻结帧数据。冻结帧数据包括发动机转速、车速、空气流量、发动机负荷、燃油压力、燃油修正值、发动机冷却液温度、进气歧管压力以及开闭环状态等。

能力拓展

1. 汽车主要电器系统认识

1）选择一辆轿车，打开发动机舱盖。

2）认识主要电器元件名称及作用。

3）认识导线，重点是导线上字母、数字的含义。

4）认识插接器，重点是插头、插座的区别，以及插接器结构特点。

5）认识线束组成、布置及固定方法。

6）认识保险装置，重点是熔丝、熔断器。

2. 用工具检查电路断路、短路方法

1）用简单元件（如灯泡、熔丝、继电器、开关、电池等元件）连接电路。

2）用普通测试灯查找断路位置，参照图1-14。

3）用跨接线查找断路位置，参照图1-15。

4）用普通测试灯查找短路位置，参照图1-12。

5）用万用表测量熔断器是否良好，参照图1-22。

6）用万用表测量起动继电器是否良好，参照图1-23。

7）用万用表检测电路的电压，参照图1-24。

📖 课程育人

郭力（1916—1976年），被誉为新中国汽车"第一人"。他的一生淡泊名利、主动让贤、两袖清风、任劳任怨，是每一位中国人学习的榜样。他的敬业精神、渊博知识、科学态度，深深地镌刻在老一代汽车人的心中。时至今日，我们仍要继承和发扬他的创业、敬业、爱业精神，把中国汽车工业的现代化工作更好地推向前进。

新中国建立后，在经济贫穷、百业待兴的局势下，国家着手筹划建立汽车工业。计划建设两个汽车制造厂，第一汽车制造厂（在长春）和第二汽车制造厂（在湖北）。当时的中央重工业部设立汽车工业筹备组，任命郭力为筹备组主任。1952年4月19日，他被重工业部任命为长春汽车厂第一任厂长（即第一汽车制造厂）。当时国内只有一些汽车维修和简单的零配件制造，人才奇缺、没有生产基地、没有大规模生产的经验，可谓一穷二白。郭力就大力召集和培养人才，选厂址，翻译苏联提供的资料、图纸，配合专家修改、补充设计方案，直至中央批准了初步设计。终于在1956年7月14日，第一批12辆解放牌汽车如期顺利下线，宣告了"一汽"的建成投产。郭力为结束中国不能制造汽车的历史做出了不可磨灭的贡献，第一批红旗牌高级轿车在设计上的成功，也证明了郭力为中国汽车工业现代化突出贡献。郭力是中国汽车工业的开创者，为我们留下了宝贵的精神财富。

思考与练习

1．单选题

（1）汽车电器中所有低压导线均具有不同颜色和（　　）的要求。
　　A．不同导电性　　B．不同品牌　　C．不同线径　　D．生产厂家统一编号

（2）为了防止电路、电器短路而烧坏线束，电路中一般设有（　　）。
　　A．保险装置　　B．开关装置　　C．报警装置　　D．信号装置

（3）电动刮水器、电动座椅、空调装置、中控门锁及电动后视镜器等属于（　　）。
　　A．起动系统　　B．点火系统　　C．安全舒适系统　　D．信号系统

（4）喇叭、蜂鸣器、闪光器及各种行车信号标识灯等属于（　　）。
　　A．起动系统　　B．点火系统　　C．安全舒适系统　　D．信号系统

（5）在下列装置中（　　）不属于电子控制系统。
　　A．手动车窗　　B．制动防抱死　　C．电子点火　　D．电控燃油喷射

2．多选题

（1）汽车电器系统的特点有（　　）。
　　A．单线制　　B．直流　　C．低压　　D．负极搭铁

（2）汽车电器设备按功用不同分为（　　）。
　　A．电源　　B．全车线束　　C．用电设备　　D．配电装置

（3）测试灯可用来查找汽车电路（　　）故障。
　　A．断路　　B．错乱　　C．短路　　D．搭铁不良

（4）用万用表可测量电路中（　　）。
　　A．电感　　B．电压　　C．电流　　D．电阻

（5）测试灯是由一个12W的灯泡和引线组成的，根据结构原理不同分为（　　）。
　　A．笔针式　　B．鱼钳式　　C．有源式　　D．普通式

3．判断题

（1）当用万用表测量熔断器的两端阻值时显示为0Ω，说明熔断器是坏的。　　（　　）
（2）低压导线均采用多股铜线，一般包括普通导线、起动电缆、搭铁电缆。　　（　　）
（3）枢纽式继电器的两个触点相互切换，由线圈受激状态决定。　　（　　）
（4）汽车电器设备采用单线制可节省导线，使线路简化、清晰，便于安装
　　与检修。　　（　　）
（5）信号系统是用来显示发动机和汽车行驶中有关装置工作状况的。　　（　　）

4．问答题

（1）简述汽车电器各组成部分的作用。
（2）简述汽车系统的特点。
（3）如何用测试灯检测线路短路、断路故障？
（4）如何用万用表测量电路电阻、电流、电压及二极管？
（5）简述开关的检查方法。

项目二 电源系统

→ **目标及要求**

◎ **教学目标**

（1）蓄电池结构原理与特性

（2）交流发电机工作原理与特性

（3）电源系统电路分析及故障诊断

◎ **能力要求**

（1）能熟练检测蓄电池技术状况

（2）能熟练检测交流发电机技术状况

（3）能正确分析电源系统控制电路及故障诊断

→ **项目概述**

汽车电源包括蓄电池和交流发电机，且蓄电池和交流发电机并联工作。起动时，蓄电池向起动机供电，发动机正常工作时，由发电机向用电设备供电并向蓄电池充电。本项目学习任务如图2-1所示。

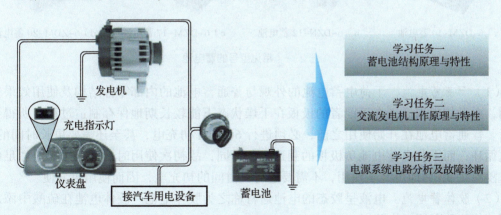

发电机

充电指示灯

仪表盘

接汽车用电设备

蓄电池

学习任务一
蓄电池结构原理与特性

学习任务二
交流发电机工作原理与特性

学习任务三
电源系统电路分析及故障诊断

图2-1 项目二学习任务

学习任务一　蓄电池结构原理与特性

学习任务描述

　　汽车上所使用的蓄电池主要是为了满足起动机的需要，通常称为起动型蓄电池。起动型蓄电池在短时间内可提供强大的起动电流（一般为200~600A，柴油机最大可达1000A）。本学习任务将详细介绍蓄电池的类型、结构组成、工作原理、工作特性及性能检测等。

基础知识和技能

一、蓄电池的类型及结构组成

1. 蓄电池的类型

　　汽车上使用的蓄电池有两大类：铅酸蓄电池和镍碱蓄电池。铅酸蓄电池又分为普通蓄电池、干荷蓄电池、胶体蓄电池、免维护蓄电池、智能蓄电池等；镍碱蓄电池分为铁镍蓄电池及镉镍蓄电池。铅酸蓄电池具有价格便宜、内阻小等特点，在汽车上广泛应用。图2-2所示为常见型号的蓄电池。

a）6-DZM-10 蓄电池　　b）6-DZN-12 蓄电池　　c）6-DZM-17 蓄电池　　d）6-ZDM-20 蓄电池

图2-2　常见型号的蓄电池

　　（1）干荷蓄电池　干荷电蓄电池的外观与普通蓄电池的内部零件结构及使用效果基本相同，两者的根本区别在于前者的极板在干燥状态下能较长期地保存制造过程中所得到的电荷。普通蓄电池在开始使用之前，必须进行60~70h初充电，甚至还需要更长时间的充、放电循环；而干荷电蓄电池负极板的制造工艺不同，故初次使用时，只需按规定加足电解液，浸泡2~3h后即可装车使用，不需要进行长时间的初充电，因而使用更方便。

　　（2）胶体蓄电池　电液呈胶态的电池通常称之为胶体电池。胶体电池在硫酸中添加胶凝剂，使硫酸电液变为胶态。

　　胶体电池的性能与普通铅酸电池相比，优点是放电曲线平直、拐点高、比能量大、循环寿命好、耐过放电，且可以长期不充足电又进行放电、高低温性能也好；缺点是胶体电池存在热失控现象。

　　（3）免维护蓄电池　免维护蓄电池也称MF蓄电池，是目前汽车上广泛使用的蓄电池。

它主要由正负极板、隔板及安全阀等组成，如图 2-3 所示。其极板具有很强的抗过充电能力，同时具有内阻小、低温起动性能好、电量储存时间长、使用寿命长等优点，因而在整个使用期间不需添加蒸馏水，在充电系统正常的情况下，不需要拆下进行补充充电。

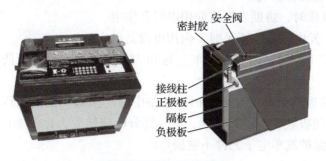

图 2-3　免维护蓄电池

（4）智能蓄电池　智能蓄电池是在普通蓄电池基础上增加了蓄电池传感器，同时将普通的蓄电池导线升级为受监控的导线，接线柱为安全接线柱。智能蓄电池主要由蓄电池传感器、安全接线柱、受监控的导线、数据线等组成，如图 2-4 所示。在实际工作中，需要发动机 ECU 以及一系列传感器的支持，并通过串行数据线进行通信，实现数据共享。

图 2-4　智能蓄电池

1）安全接线柱。安全接线柱的作用是在发生交通事故时，通过控制单元控制导线提供的信号，引爆安全接线柱内部的爆燃材料，蓄电池正极连接器就会被切断，同时切断起动机电路和发电机电路，避免发生爆炸。

2）蓄电池传感器。蓄电池传感器内部安装的智能芯片，通过电源线供电，同时提供蓄电池电压信号。工作时，蓄电池传感器可以连续测量蓄电池电压、蓄电池充电 / 放电电流、蓄电池电解液温度等参数，通过数据接口将数据传送至发动机 ECU。发动机 ECU 通过计算和分析，可以准确测定蓄电池的充电状态和技术状态。

3）受监控的导线。受监控的导线的两端都有传感器导线。发动机起动后，受监控导线的两端同时收到对方发出一个数字信号，如果导线正常，则收到 5V 的电压信号；如果导线出现故障，则会产生差异的测量值，通过数据线将信号传输给发动机 ECU 和仪表ECU，并发出报警信号。

2. 蓄电池的作用

1）当起动发动机时，给起动机提供强大的起动电流，同时给点火系统、燃油喷射系统及发动机其他用电设备供电。

2）当发电机过载时，协助发电机向用电设备供电。

3）当发电机不发电或发电不足时，向用电设备供电。

4）当发动机不工作时，向时钟、车上的ECU、电子音响系统及防盗报警系统等提供常规电源。

5）在发电机转速和负荷变化较大时，电路中会产生瞬间的高电压，这时蓄电池相当于一个大电容，它能吸收瞬间的过电压，将一部分电能转变为化学能存储起来，使汽车电源电压相对稳定，保护汽车电子元件不被损坏。

3. 蓄电池的结构组成

蓄电池一般由极板、隔板、电解液、壳体、连条等组成。汽车蓄电池由几个单体电池串联而成，每个单体电池电压为2.1V，结构如图2-5所示。

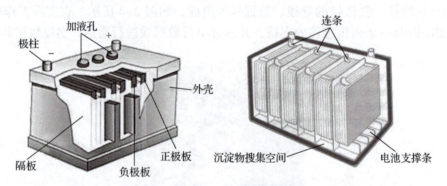

图2-5　蓄电池的结构组成

（1）正、负极板　极板分为正极板和负极板两种，均由栅架和填充的活性物质构成，正极板上的活性物质是二氧化铅（PbO_2），呈深棕色；负极板上的活性物质是海绵状纯铅（Pb），呈青灰色，如图2-6所示。

为了增大蓄电池的容量，将多片正负极板分别并联，组成正负极板组，装在单体内，每个单体中负极板比正极板多一片，即正极板都处于负极板之间，使其两侧放电均匀，可以防止正极板弯曲变形，如图2-7所示。

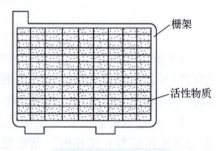

图2-6　极板的结构

（2）隔板　为了减小蓄电池的内阻和尺寸，蓄电池内部正负极板应尽可能地靠近。但为了避免因彼此接触而短路，正负极板之间要用隔板隔开。

（3）电解液　电解液由专用硫酸和蒸馏水按一定比例配制而成，密度一般为1.24~1.30g/cm³，温度为25℃。

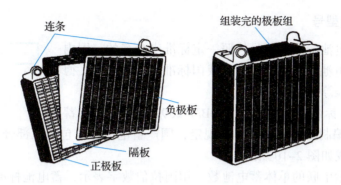

图 2-7 单格蓄电池极板组

（4）壳体 壳体用来盛放电解液和极板组，是由耐酸、耐热、耐振、绝缘性好且有一定机械强度的材料制成，一般采用橡胶或塑料材料，如图 2-8 所示。

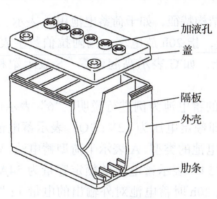

图 2-8 蓄电池的壳体

（5）连条 连条的作用是将单格蓄电池串联起来，提高整个蓄电池的端电压。普通蓄电池连条的串接方式一般为外露连接如图 2-9a 所示；新型蓄电池连条为内部连接，即连条设置在整个蓄电池盖下，如图 2-9b 所示。内部连接方式有穿壁式和跨越式两种：穿壁式连接是在相邻单格电池之间的间壁上打孔，将连条穿过，使两个单格蓄电池的极板组极柱连在一起；跨越式连接是在相邻单格蓄电池之间的间壁上边留有豁口，连条通过豁口跨越间壁，使两个单格电池的极板组极柱相连。内部连接方式距离短、节省材料、电阻小、起动性好，因而得到了广泛的应用。

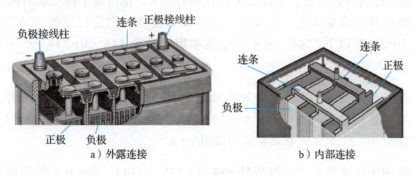

a）外露连接   b）内部连接

图 2-9 蓄电池的连条

4. 蓄电池的型号

汽车用铅蓄电池的型号都是按照一定标准来命名的。国内市场上使用的蓄电池型号主要是按照我国标准、日本标准、德国标准和美国标准等命名的。

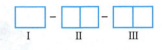

图2-10　蓄电池的型号构成

（1）我国JB标准蓄电池　根据JB/T 2599—2012《铅蓄电池名称、型号编制与命名办法》中规定，国产蓄电池型号包括三部分，并用短线隔开，蓄电池的型号构成如图2-10所示。

1）"Ⅰ"表示串联的单体蓄电池数，用阿拉伯数字表示，蓄电池标准电压是该数字的2倍。

2）"Ⅱ"表示蓄电池的类型和特征，用汉语拼音字母表示。

第一个字母表示蓄电池类型，如起动型蓄电池用Q表示、摩托车用蓄电池用M表示、船舶用蓄电池用C表示。

第二个字母表示电池的结构特征，如干荷蓄电池用A表示、免维护蓄电池用W表示等。

3）"Ⅲ"表示额定容量，指20h放电率，用阿拉伯数字表示，单位为A·h。在其后可用一个字母表示特殊性能，如G表示高起动率、S表示塑料槽、D表示低温起动性能好等。

以型号为6-QAW-54a的蓄电池为例进行说明。"6"表示由6个单格蓄电池组成，每个单格蓄电池电压为2V，即额定电压为12V；"Q"表示蓄电池的用途，即汽车起动型蓄电池；"A"和"W"表示蓄电池的类型，A表示干荷型蓄电池，W表示免维护型蓄电池（若不标表示普通型蓄电池）；"54"表示蓄电池的额定容量为54A·h（充足电的蓄电池，在常温以20h放电率电流放电20h时蓄电池对外输出的电量）；"a"表示对原产品的第一次改进，名称后加角标b表示第二次改进，依次类推。

> **注**　①型号后加D表示低温起动性能好，如6-QA-110D；②型号后加HD表示高抗振型；③型号后加DF表示低温反装，如6-QA-165DF。

（2）日本JIS标准蓄电池　以型号38B20L为例进行说明。"38"表示蓄电池的性能参数，数字越大，表示蓄电池可以存储的电量就越多；"B"表示蓄电池的宽度和高度代号，蓄电池的宽度和高度组合是由8个字母中的一个表示的（A~H），字符越接近H，表示蓄电池的宽度和高度值越大；"20"表示蓄电池的长度约为20cm；"L"表示正极端子的位置，从远离蓄电池极柱的位置看去，正极端子在右端的标R，正极端子在左端的标L。

（3）德国DIN标准蓄电池　以型号54434的蓄电池为例进行说明。"5"表示蓄电池额定容量在100A·h以下；"44"表示蓄电池额定容量为44A·h；"34"表示蓄电池尺寸组号。

> **注**　若开头为6，表示蓄电池容量在100~200A·h之间；若开头为7，表示蓄电池额定容量在200A·h以上。如610 17MF蓄电池额定容量为110A·h，MF表示免维护型；700 27蓄电池额定容量为200A·h。

（4）美国BCI标准蓄电池　以型号58430（12V、430A、80min）的蓄电池为例进行说明。"58"表示蓄电池尺寸组号;"430"表示冷起动电流为 430A;"80min"表示蓄电池储备容量为 80min。美国标准的蓄电池也可以这样表示:78-600。其中,"78"表示蓄电池尺寸组号,"600"表示冷起动电流为 600A。

二、蓄电池的工作原理及特性

蓄电池产生电流的大小取决于所用的材料,在极板之间所发生的化学反应情况取决于极板吸收和释放电子的能力。蓄电池材料及单格电压见表 2-1。

表 2-1　蓄电池材料及单格电压

蓄电池类型	负极板	正极板	电解液	单格电压 /V
铅酸蓄电池	铅	二氧化铅	稀硫酸	2.2
镍 – 铁蓄电池	铁	氧化镍	氢氧化钾	1.4
镍 – 镉蓄电池	镉	氢氧化镍	氢氧化钾	1.2
银 – 锌蓄电池	锌	氧化银	氢氧化钾	1.5
银 – 镉蓄电池	镉	氧化银	氢氧化钾	1.1

汽车上普遍采用以铅锑合金材料制成极板的铅酸蓄电池,其工作过程就是化学能与电能的转换过程,分为充电过程和放电过程,且充、放电过程是一种可逆的化学反应。

1. 蓄电池的工作原理

(1)放电过程　如图 2-11 所示,当正负极板间电路形成后,蓄电池开始放电产生电流。正极板中的活性物质氧进入电解液中,和电解液中的氢结合生成水,同时,硫酸根 SO_4^{2-} 和正极板上的铅结合生成硫酸铅 $PbSO_4$ 而沉附在正极板上。负极板上也发生硫酸根 SO_4^{2-} 和铅结合,生成硫酸铅 $PbSO_4$ 而沉附在负极板上。

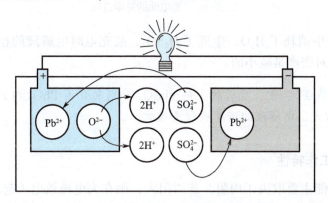

图 2-11　蓄电池的放电过程

如果外电路不中断,正、负极板上的活性物质将不断地转化为 $PbSO_4$,而电解液中的 H_2SO_4 将不断减少,H_2O 不断增多,那么电解液相对密度会下降。放电后的蓄电池电解液的相对密度只比水大一点。电解液的相对密度与放电程度之间的关系见表 2-2。

表 2-2　电解液的相对密度与放电程度之间的关系

蓄电池中的电量	相对密度值
充电完全	1.265
75% 电量	1.225
50% 电量	1.190
25% 电量	1.155
完全放电	≤ 1.120

放电过程特点　正负极板上的活性物质都转化为 $PbSO_4$，同时，电解液中的 H_2SO_4 转化为水，电解液的密度不断下降。

（2）充电过程　如图 2-12 所示，充电时，蓄电池接直流电源，因直流电源端电压高于蓄电池电动势，故电流从正极流入，负极流出。这时所发生的化学反应将使得蓄电池恢复到原来的形态，正极板上还是原来的 PbO_2，负极板上是海绵状的铅，电解液相对密度不断增大。

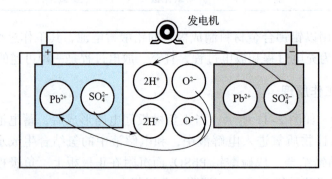

图 2-12　蓄电池的充电过程

可见充电过程中消耗了 H_2O，生成了 H_2SO_4，故充电时电解液的相对密度是增大的，而放电时电解液相对密度是减小的。

充电过程特点　正、负极板上的 $PbSO_4$ 分别转化为 PbO_2 和 Pb，电解液中硫酸的含量逐渐增大，电解液的密度也逐渐增大。

2. 蓄电池的工作特性

蓄电池起动性能主要取决于内阻，若内阻大，则在大电流放电（起动机工作）时，会引起端电压大幅度下降，从而降低起动性能。蓄电池的内阻由极板电阻、电解液电阻、隔板电阻及连条电阻等组成。正常情况下，起动型铅酸蓄电池的内阻都很小，能够为起动机提供几百安培的电流，其压降正常在 2~3V。

注意　发动机阻力、起动电流大小均会影响蓄电池压降。

（1）静止电动势和内阻　在静止状态下（是指不充电不放电的情况），蓄电池正、负极板的电位差（即开路电压）称为蓄电池的静止电动势 E_0，其大小取决于电解液的相对密度和温度。在相对密度为 1.05~1.30 范围内，单格蓄电池的静止电动势 E_0 可用经验公式来计算，即

$$E_0 = 0.84 + \gamma_{15℃}$$

式中，$\gamma_{15℃}$ 为电解液在 15℃时的相对密度。

实测所得电解液相对密度应换算成 15℃时的相对密度，换算公式为

$$\gamma_{15℃} = \gamma_t + \beta(t-15)$$

式中，γ_t 为实际测得的相对密度；t 为实际测得的温度；β 为相对密度温度系数（$\beta=0.00075$，即温度升高 1℃，相对密度下降 0.00075）。

蓄电池的内阻包括极板、隔板、电解液、铅质连条等。充电后，极板电阻变小；放电后，由于生成的 $PbSO_4$ 增多，极板电阻增大。隔板电阻因所用材料而异，木质隔板电阻比其他隔板电阻大。

电解液的电阻随相对密度、温度而变化，电阻随温度的降低而增大。另外，当相对密度为 1.2（15℃），因电解液离解最好，电阻最小。总之，蓄电池的内阻比较小，能获得较大的输出电流，适合起动的需要。

（2）放电特性　蓄电池的放电特性是指在恒流放电过程中，蓄电池的端电压 U_f、电动势 E 和电解液在 15℃时的相对密度 $\gamma_{15℃}$ 随时间变化的规律，图 2-13 所示为蓄电池的放电特性曲线。

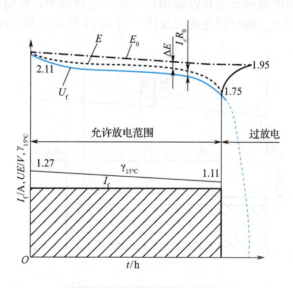

图 2-13　蓄电池的放电特性曲线

I_f—放电电流　U_f—端电压　E—电动势　E_0—静止电动势　R_0—内阻　t—放电时间
ΔE—电位差　$\gamma_{15℃}$—电解液在 15℃时的相对密度

放电过程中，电流恒定，单位时间内所消耗的硫酸量是一定的，所以电解液的相对密度 $\gamma_{15℃}$ 沿直线下降，一般 $\gamma_{15℃}$ 每下降 0.028~0.030，则蓄电池放电约为额定容量的 25%。因静止电动势 E_0 与 $\gamma_{15℃}$ 成正比，所以 E_0 也是沿直线下降。

放电过程中，因为蓄电池内阻只上有压降，所以端电压 U_f 总是小于电动势 E。放电刚开始时，端电压 U_f 从 2.1V 迅速下降，这是因为极板孔隙中硫酸迅速消耗，相对密度降低的缘故。当渗透到极板孔隙的硫酸和消耗的硫酸达到平衡时，端电压将随着整个容器电解液的相对密度降低而缓慢下降到 1.85V，接着迅速下降到 1.75V。此时应停止放电，若继续放电，端电压将急剧下降，损坏极板。这是因为放电接近终了时，极板的活性物质大部分已转变为 $PbSO_4$ 积聚在孔隙中，将孔隙堵塞，容器中电解液渗入极板内层比较困难，使极板孔隙中电解液相对密度迅速下降，从而使端电压急剧下降。

蓄电池放电终了的特征 ①电解液相对密度降低到最小许可值（约 1.11）；②单体蓄电池的端电压降至放电终止电压值 1.75V。

容许的放电终止电压与放电电流有关，放电电流越大，则连续放电时间越短，而容许的放电终止电压越低，见表 2-3。

表 2-3　容许的放电终止电压与放电电流的关系

放电电流 /A	$0.05C_n$	$0.1C_n$	$0.25C_n$	C_n	$3C_n$
连续放电时间 /h	20	10	3	0.5（30min）	0.08（5min）
容许的（单格蓄电池）终止电压 /V	1.75	1.70	1.65	1.55	1.5

注：C_n 为蓄电池的 20 小时率额定容量。

（3）充电特性　蓄电池的充电特性是指在恒流充电过程中，蓄电池的端电压 U_c、电动势 E 和电解液相对密度 $\gamma_{15℃}$ 随时间变化的规律。图 2-14 所示为蓄电池的充电特性曲线。

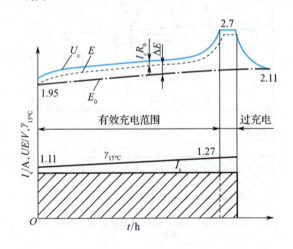

图 2-14　蓄电池的充电特性曲线

I_c—充电电流　U_c—充电端电压　E—电动势　E_0—静止电动势　R_0—内阻
t—充电时间　ΔE—电位差　$\gamma_{15℃}$—电解液在 15℃ 时的相对密度

在充电过程中，电解液相对密度 $\gamma_{15℃}$，静止动势 E_0 与充电时间成直线增长关系。端电压 U_c 也不断上升，并且总大于电动势 E_0。

充电开始阶段，电动势和端电压迅速上升，然后缓慢上升到 2.3~2.4V，开始产生气泡。接着电压急剧上升到 2.7V，但不再上升，电解液呈现"沸腾"状态，这就是充电终了。如果此时切断电流，电压将迅速降低到静止电动势 E_0 的数值。

端电压 U_c 如此变化的原因是：刚开始充电时，在极板孔隙表层中，首先形成硫酸，使孔隙中电解液相对密度增大，U_c 和 E_0 迅速上升，当继续充电至孔隙中产生硫酸的速度和向外扩散速度达到平衡时，U_c 和 E_0 随着整个容器内电解液相对密度缓慢上升；当端电压达到 2.3~2.4V 时，极板上的活性物质几乎全部恢复为 PbO_2 和 Pb，若继续通电，便使电解液中的 H_2O 分解，产生 H_2 和 O_2，以气泡形式放出，形成"沸腾"现象；因为 H^+ 在极板与电子的结合不是瞬时的而是缓慢的，于是在靠近负极板处积存大量的 H^+，使溶液和极板产生附加电位差（0.33V），因而端电压急剧升高到 2.7V 左右，此时应切断电路，停止充电，否则不但不能增加蓄电池的电量，反而会损坏极板。

蓄电池充电终了的特征　①蓄电池内产生大量气泡，形成"沸腾"现象；②电解液的相对密度、端电压上升到最大值，且 2~3h 内不再增加。

三、蓄电池的容量及影响因素

1. 蓄电池的容量

蓄电池的容量是指在放电容许的范围内蓄电池输出的电量，它标志蓄电池对外供电的能力，即

$$C = I_f t_f$$

式中，C 为蓄电池容量（$A \cdot h$）；I_f 为放电电流（A）；t_f 为放电时间（h）。

蓄电池的容量与放电电流大小、电解液的温度有关，因此，蓄电池的容量是在一定的放电电流、一定的终止电压和一定的电解液温度下确定的。容量有两种：20 小时率额定容量和储备容量。

（1）20 小时率额定容量　根据 GB/T 5008.1—2023《起动用铅酸蓄电池　第 1 部分：技术条件和试验方法》中规定，20 小时率额定容量是指蓄电池完全充电结束后 1~5h 内，并保持在（25±2）℃环境温度中，以 20 小时率放电电流放电，当电压达到（10.50±0.05）V（12V 蓄电池）时所输出的电量。

（2）20 小时率额定储备容量　20 小时率储备容量是指蓄电池完全充电结束后 1~5h 内，并保持在（25±2）℃环境温度中，以 25A 电流放电，当电压达到（10.50±0.05）V（12V 蓄电池）时所输出的电量。

2. 低温起动能力

起动能力表示蓄电池接起动机时的供电能力。低温起动能力试验有 –18℃低温起动能力试验和 –29℃低温起动能力试验。

（1）–18℃低温起动能力试验　蓄电池完全充电结束 24h 后，温度保持在（–18±1）℃时，按照 GB/T 5008.1—2023 中要求的步骤进行放电，试验终止时，12V 蓄电池端电压不应低于 7.2V。

（2）–29℃低温起动能力试验　蓄电池完全充电结束 24h 后，温度保持在（–29±1）℃

时，按照 GB/T 5008.1—2023 中要求的步骤进行放电，试验终止时，12V 蓄电池端电压不应低于 7.2V。-29℃低温起动能力只适用于超低温蓄电池。

3. 蓄电池容量的影响因素

影响蓄电池容量的因素主要有放电电流、电解液温度、电解液相对密度和极板构造等。

（1）放电电流　放电电流对蓄电池容量的影响如图 2-15a 所示。放电电流增大，极板表面活性物质的孔隙很快被生成的 $PbSO_4$ 所堵塞，使极板内层的活性物质不能参加化学反应，故蓄电池容量减小。

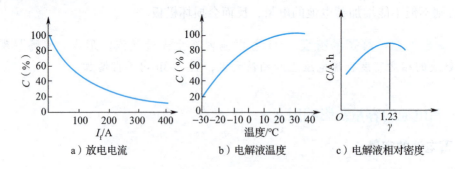

a）放电电流　　　　b）电解液温度　　　　c）电解液相对密度

图 2-15　不同因素对蓄电池容量的影响

（2）电解液温度　电解液温度对蓄电池容量的影响如图 2-15b 所示。随着电解液温度降低，蓄电池容量减小。这是因为电解液的温度降低后，黏度增加，渗入极板内部困难，同时内阻增大，蓄电池端电压下降所致。

（3）电解液相对密度　电解液相对密度对蓄电池容量的影响如图 2-15c 所示。适当增加电解液相对密度，可以提高蓄电池的电动势和容量，但相对密度过大又将导致黏度增加和内阻增大，反而使蓄电池容量减小。

（4）极板构造　极板的有效面积越大，片数越多，厚度越薄，则蓄电池容量越大。

四、蓄电池的充电类型和方式

1. 蓄电池的充电类型

蓄电池按充电目的不同，分为初充电、补充充电、锻炼循环充电、去硫化充电、预防硫化及均衡充电等类型。

（1）初充电　初充电是指新蓄电池或修复后蓄电池的首次充电。初充电的特点是充电电流小，充电时间较长。首先按厂家的规定，加注一定相对密度的电解液，电解液加入蓄电池之前，温度不能超过 30℃。注入电解液后，静置 3~6h。此时，若液面因电解液的渗入而降低，应补充到高出极板上缘 15mm，然后按表 2-4 中初充电电流大小进行充电。初充电常分为二个阶段：第一阶段充电至电解液中放气泡，单格蓄电池为 2.4V 为止；第二阶段将电流减半，再继续充电直到电解液中剧烈放出气泡（沸腾），电解液相对密度和电压连续 3h 稳定不变为止。全部充电时间为 60~70h。

表 2-4 蓄电池充电电流规范

蓄电池型号	额定容量 /A·h	额定电压 /V	初充电				补充充电			
			第一阶段		第二阶段		第一阶段		第二阶段	
			电流 /A	时间 /h	电流 /A	时间 /h	电流 /A	时间 /h	电流 /A	时间 /h
6-Q-60	60	12	4	25~35	2	20~30	6	10~11	3	3~5
6-Q-75	75		5		3		7.5		4	
6-Q-90	90		6		3		9.0		4	
6-Q-105	105		7		4		10.5		5	
6-Q-120	120		8		4		12.0		6	
3-Q-75	75	6	5	25~35	3	20~23	7.5	10~11	4	3~5
3-Q-90	90		6		3		9.0		5	
3-Q-105	105		7		4		10.5		5	
3-Q-120	120		8		4		12.5		6	
3-Q-135	135		9		5		13.5		7	
3-Q-150	150		10		5		15.0		7	
3-Q-195	195		11		7		19.5		10	

注意 充电过程中应经常测量电解液温度，当上升到 40℃时应将充电电流减半，若继续上升到 45℃，则应停止充电，待冷却到 35℃以下再充电。充电临近完毕时，应测量电解液相对密度，若不符合规范，应用相对密度为 1.4 的电解液或蒸馏水进行调整，然后再充电 2h，直至相对密度符合规范为止。

（2）补充充电 蓄电池在使用中，常有充电不足的现象，应根据需要及时进行补充充电，一般每月一次。如果发现下列现象，必须随时进行充电：

1）电解液相对密度下降到 1.15 以下。

2）冬季放电超过 25%，夏季超过 50%。

3）起动无力，灯光暗淡，单格蓄电池电压降至 1.7V 以下。

补充充电电流值也分两阶段进行，方法和初充电相同，一般为 13~16h，见表 2-4。

（3）锻炼循环充电 蓄电池在使用中常处于部分放电状态，参加化学反应的活性物质有限。为了迫使相当于额定容量的活性物质参加工作，以避免活性物质因长期不工作而收缩，可每隔 3 个月进行 1 次锻炼循环充电，即在正常充电后，用 20h 放电率放完电，再正常充足后装车使用。

（4）去硫化充电 蓄电池发生硫化故障后，内阻将显著增大，充电时温度升高也较快。硫化严重的铅蓄电池只能报废，硫化程度较轻的可以用去硫充电法加以消除。方法是先倒出蓄电池内的电解液，用蒸馏水反复冲洗数次，然后灌入蒸馏水至液面高出极板 10~15mm，用初充电电流进行充电，并随时测量相对密度。当相对密度升到 1.15 以上时，可用蒸馏水冲淡，继续充电至相对密度不再上升，之后进行放电，如此反复多次。或充 6h

中间停 2h，反复进行到在 6h 内相对密度不变为止。最后参照初充电方法充电并调整相对密度至规定值，按 20h 放电率放电检查容量。当容量达到额定容量的 8% 时，说明硫化已基本消除，即可装车使用。

（5）预防硫化　为预防蓄电池因充电不足而造成的硫化，每隔 3 个月进行一次预防硫化过充电，即用平时补充充电的电流值将电池充足，中断 1h，再用 1/2 的补充充电电流值进行充电至产生气泡为止。反复几次，直到刚接入充电，蓄电池立即产生气泡为止。

（6）均衡充电　蓄电池在使用过程中，因制造、使用等因素，会出现各单格蓄电池的端电压、电解液相对密度和容量等的差异，采用均衡充电的方法可消除这种差异。具体方法是：先用正常的充电方法进行充电，待蓄电池端电压稳定后，停止充电 1h，改用 20h 率充电电流值进行充电，每充 2h 停 1h，反复 3 次，直到蓄电池各单格一开始充电就立即剧烈地产生气泡为止，最后调整各单格蓄电池的电解液相对密度即可。

2. 蓄电池的充电方式

蓄电池的充电方式有恒压充电、恒流充电和脉冲快速充电三种，目前比较流行的充电方式是脉冲快速充电。

（1）恒压充电　在充电过程中，将充电电压保持恒定的方法称为恒电压充电，如图 2-16 所示。这种方法在充电过程中，随着电动势 E 的提高，充电电流 I_c 会逐渐减小，如果充电电压调节得当，则必然会出现充满电的情况，即充电电流为零时，就表示充电终了。

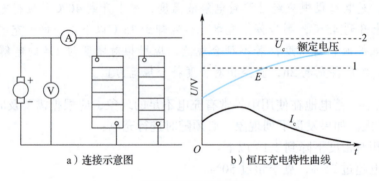

a）连接示意图　　　　b）恒压充电特性曲线

图 2-16　恒压充电

采用恒电压充电，要选择好充电电压，若充电电压过高，如图 2-16b 中虚线 2 所示，则充电电流大，导致过充电，从而影响蓄电池的使用寿命；若充电电压过低，如图 2-16b 中虚线 1 所示，则会使蓄电池充电不足，一般每单格蓄电池约需 2.5V。

恒电压充电，充电电流较大，开始充电后 4~5h 内蓄电池就可获得本身容量的 90%~95%，因而可大幅缩短充电时间，比较适合于补充充电。恒电压充电中，各蓄电池必须并联，且各蓄电池的额定电压要相同。

（2）恒流充电　在充电过程中，充电电流保持一定的充电方法称为恒流充电。在充电过程中，随着蓄电池电动势的提高，要保持电流恒定，充电电压也应相应提高。当单格蓄电池电压上升到 2.4V 时，应将电流减半，直到蓄电池完全充足。

采用这种方法充电，不论是 6V 还是 12V 蓄电池均可串联在一起，如图 2-17 所示，但各个电池的容量应尽可能接近，否则充电电流的大小应按容量小的蓄电池来计算，待小容量蓄电池充满后，应随时拿出，再继续给大容量的蓄电池充电。恒电流充电有较大的适应性，可任意选择充电电流，适合于初充电和去硫化充电，其缺点是充电时间长，且需不断地调整充电电压。

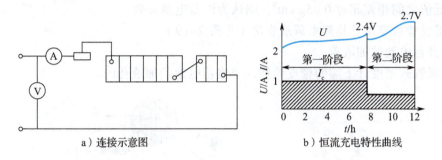

图 2-17　恒流充电

（3）脉冲快速充电　不论是恒流充电还是恒压充电，都属于常规充电。要完成一次初充电需 60~70h，补充充电也需 20h，由于充电时间较长，给使用带来了不便。但是单纯通过加大充电电流来缩短充电时间是行不通的。因为这样不仅使充电时蓄电池达不到额定容量，反而会使蓄电池升温速度加快，产生大量气泡，造成活性物质脱落，影响使用寿命。近年来，我国的快速充电技术发展较快，并成功地研制了可控硅快速充电机，使新蓄电池初充电一般不超过 5h，补充充电也只需 0.5~1.5h，大幅缩短了充电时间，提高了充电效率。快速脉冲充电曲线如图 2-18 所示。

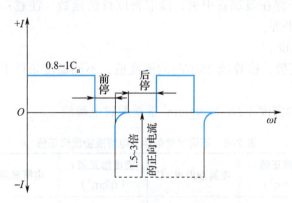

图 2-18　快速脉冲充电曲线

五、蓄电池的性能检测

应注意蓄电池的日常维护，保持蓄电池表面清洁干燥，不要让蓄电池过度放电，每次接通起动机时间不应超过 5s，避免低温大电流放电。判断一个完全放电或只是亏电的蓄电池是否需要更换，可以通过下列检测来确定。

1. 检查蓄电池充电状态

蓄电池的充电状态是通过检测电解液密度来确定的。蓄电池电解液密度检测工具有吸管式密度计、综合测试仪或内置密度计等，不同工具的检测方法也不同。一个充电完全的蓄电池电解液密度在 1.26~1.29g/cm³ 之间，不同的蓄电池密度的读数会有很小的变化。当蓄电池放电后，电解液中水的量会增加，密度的读数将会下降。蓄电池是否失效可以通过比较一次检测中各单格蓄电池之间密度计的最高和最低读数来判断，如果密度计读数的最高值和最低值之间相差超过 0.05g/cm³，则认为该蓄电池失效。

（1）用吸管式密度计检测电解液密度（见图 2-19）

1）打开蓄电池的加液盖。

2）把吸管式密度计下端的橡皮管插入单格蓄电池的加液孔内。

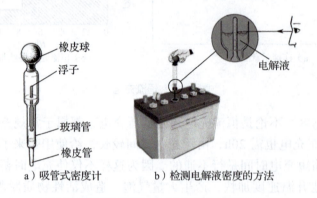

a）吸管式密度计　　　b）检测电解液密度的方法

图 2-19　吸管式密度计检测电解液密度的方法

3）用手将橡皮球捏瘪，再慢慢放开，电解液就会被吸到玻璃管中，注意量要适度。

4）使管内的浮子浮在玻璃管中央，读取密度计的读数。注意：读数时，要让眼睛与吸管式密度计的液面平齐。

5）测量电解液温度。

6）将测量的密度值，换算成 25℃时的密度值，不同温度条件下电解液密度修正值见表 2-5。

7）按照 25℃时的密度 1.26~1.29g/cm³ 重新配置电解液。

表 2-5　不同温度条件下电解液密度修正值

电解液温度 /℃	密度修正值 / (g/cm³)	电解液温度 /℃	密度修正值 / (g/cm³)	电解液温度 /℃	密度修正值 / (g/cm³)
40	0.0113	10	−0.0113	−20	−0.0337
35	0.0075	5	−0.00150	−25	−0.0375
30	0.0037	0	−0.00188	−30	−0.0412
25	0	−5	−0.0255	−35	−0.0450
20	−0.0037	−10	−0.0263	−40	−0.0488
15	−0.0075	−15	−0.0300	−45	−0.0525

（2）用综合测试仪检测电解液密度（见图 2-20）

1）水平放置测试仪，用取液管吸取电解液，滴在测试仪测试镜片上。

2）将综合测试仪迎着阳光，目视观察窗，即可读取密度值。

3）测量环境温度。

4）将读取密度值换算成25℃时的相对密度值。

5）参照标准，分析被测蓄电池密度是否合适。

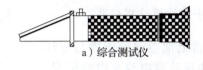

a）综合测试仪

b）检测电解液密度的方法

图 2-20　综合测试仪检测电解液密度的方法

若各电池槽中的电解液密度相互间的偏差不超过 0.05g/cm³，则可对蓄电池进行充电，以恢复其性能；若在一个或两个相邻电池槽中的电解液密度明显下降，则说明蓄电池有短路故障，应对其进行修复或更换。

（3）用内置密度计指示的电量　免维护蓄电池的内部安装了可以快速指示其电量的密度计，它只可以检测单格蓄电池的相对密度。在蓄电池的顶部有一个观察孔，可以清晰地看到内部颜色，如图 2-21 所示。当看到的为无色（或黄色）时，说明电解液过少；当看到的为绿色（或蓝色）时，说明电解液合适，且电量充足；当看到的为黑色（或红色）时，说明电解液合适，但电量不足，需充电。注释说明一般写在蓄电池盖上。

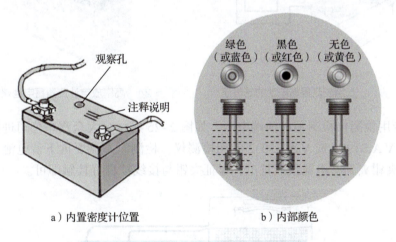

a）内置密度计位置　　　　　　　　b）内部颜色

图 2-21　从观察孔图形法确认蓄电池状态

2. 检测蓄电池电压

（1）检查蓄电池极柱电压降　检查蓄电池极柱电压降就是测量蓄电池正负极柱和电缆连接夹之间的电压差，判断连接处是否存在接触不良，如图 2-22 所示。用电压表测量起动机起动时电极柱和电缆之间的电压差，如果电压差超过0.1V，说明电极连接处存在额外的高电阻。

注意 如果存在高电阻，就要拆下连接器，对连接部位进行清洗。拆下电缆连接夹时，注意要先拆下负极，以防止正极通过扳手接地而造成短路。

（2）检查蓄电池端电压 蓄电池电解液密度与电压（有负荷时）结合，可以清楚地反映蓄电池充电的情况。一般用万用表测试发动机起动瞬时的蓄电池端电压大小来判断蓄电池性能，也可使用高率放电计或专用检测仪检测。

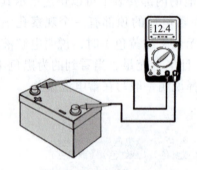
图2-22 检查蓄电池极柱电压降

1）用万用表测量蓄电池的端电压，如图2-23所示。测试时，将万用表置直流20V档；将万用表的正表笔接蓄电池的正极端，负表笔接负极端。读出指示电压值，12V为正常值；电压值低于9.6V，表明蓄电池已放电，需进行保养充电。

2）用高率放电计测量蓄电池端电压，如图2-24所示。要求测量12V蓄电池，充满电，密度在$1.24g/cm^3$，接入时间10~15s。在测试过程中，若电压能保持在10.5~11.6V以上，则存电量为充足，蓄电池无故障；若电压能保持在9.6~10.5V，则存电量为不足，蓄电池无故障；若电压降到9.6V以下，则存电量严重不足或蓄电池有故障。

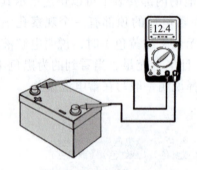

图2-23 万用表测量蓄电池的端电压

图2-24 高率放电计测量蓄电池端电压

3）用专用检测仪检测蓄电池端电压，如图2-25所示。大众汽车公司进行蓄电池检测时必须使用V.A.S1979或V.A.S5033专用检测仪，检测时不需要拆下蓄电池和连接线，只要按要求将夹钳夹到蓄电池接线柱上，保证夹钳与接线柱良好接触即可。

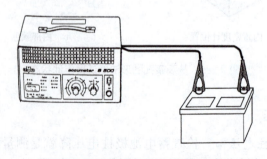

图2-25 蓄电池专用检测工具

蓄电池的容量不同时，相应的负荷电流是不同的，应按检测仪要求来调整。负荷电流和最低电压可参照表 2-6。测试电压不可低于最低极限电压，否则说明蓄电池充电不足或损坏。

表 2-6　负荷电流和最低电压

蓄电池容量 /A·h	冷态检测电流 /A	负荷电流 /A	最低电压（极限值）/V
70	340	200	9.5
80	380	300	9.5
82	420	300	9.5
92	450	300	9.5

（3）蓄电池低温输出能力检测　为了保证蓄电池在寒冷季节使用时具有足够的输出功率，应对蓄电池进行低温输出能力检测，即检测蓄电池冷态电流和最低电压；对于高压缩比发动机来说，此项检测非常重要。具体方法是：将万用表连接到蓄电池两端，起动发动机，并读取蓄电池端电压。测量结果可参照表 2-7 对比分析被测蓄电池技术性能。

表 2-7　不同温度下的蓄电池最低起动端电压

最小电压 /V	温度 /℃	最小电压 /V	温度 /℃
9.6	21	9.1	−1
9.5	16	8.9	−7
9.4	10	8.7	−12
9.3	4	8.5	−18

检测过程中，由于大电流流过蓄电池，其内阻压降较大。如果蓄电池正常，则电压只降到最低电压。最低电压值根据蓄电池容量、内阻和冷态检测电流的不同而不同。根据冷态检测电流即可了解在寒冷季节蓄电池的输出功率。

（4）蓄电池硫化充电检测　当蓄电池不能通过容量检测时，用蓄电池硫化充电检测可以判断蓄电池是否存在硫化。硫化是蓄电池使用时间较长，极板活性退化的现象。蓄电池硫化充电检测的方法是：

1）拆下蓄电池负极电缆，使蓄电池和汽车电气系统电路分开。

2）把蓄电池与充电设备相连，连接时要注意正负极的连接。

3）保持充电设备 40A 的电流，充电 3min，然后检查连接在蓄电池上的电压表的读数。

4）如果电压读数低于 15.5V，则说明该蓄电池没有被硫化；如果读数在 15.5V 以上，则说明该蓄电池已经硫化。

注意　有的蓄电池是以 16.5V 作为判断蓄电池是否硫化的分界线，因此在测试时要查阅蓄电池生产厂家给出的参考数据。

学习任务二 交流发电机工作原理与特性

学习任务描述

本学习任务主要介绍汽车用交流发电机结构、工作原理、工作特性，以及交流发电机主要零件的检测方法、整机测试方法及技术状况分析等内容。

基础知识和技能

一、交流发电机的类型与构造

发动机运转时通过传动带驱动发电机转动，发电机应对除起动机外的所有用电设备供电，并向蓄电池充电，以补充蓄电池在使用中所消耗的电能。交流发电机安装位置及结构如图 2-26 所示。

图 2-26　交流发电机安装位置及结构

1. 交流发电机的型号与类型

（1）交流发电机的型号　国产汽车交流发电机铭牌上应注明型号，型号由产品名称代号、电压等级代号、电流等级代号、设计序号、变形代号 5 部分组成。

第 1 部分为产品名称代号。交流发电机产品名称代号为 JF，整体式交流发电机产品名称代号为 JFZ，带泵的交流发电机产品名称代号为 JFB，无刷交流发电机产品名称代号为 JFW。

其中，J 表示"交"，F 表示"发"，Z 表示"整"，B 表示"泵"，W 表示"无"。

第 2 部分为电压等级代号，用一位阿拉伯数字表示，1 表示 12V，2 表示 24V，6 表示 6V。

第 3 部分为电流等级代号，用一位阿拉伯数字表示，各表示电流等级代号的电流范围见表 2-8。

第 4 部分为设计序号，按产品设计先后顺序，用 1~2 位阿拉伯数字表示。

第 5 部分为变形代号，用字母表示，交流发电机是以调整臂位置作为变形代号。从驱动端看：Z 表示左边，Y 表示右边，无字母则表示在中间。

表 2-8　各电流等级代号的电流范围

电流等级代号	1	2	3	4	5	6	7	8	9
电流 /A	≤19	20~29	30~39	40~49	50~59	60~69	70~79	80~89	≥90

例如，JFZ1913Z 型交流发电机的含义是：电压等级为 12V，输出电流大于 90A，第 13 次设计，调整臂位于左边的整体式交流发电机。

（2）交流发电机的类型　车用交流发电机是一个三相同步交流发电机，通过硅二极管组成的三相桥式整流电路将定子绕组所产生的交流感应电流变为直流电流输出，所以也称之为硅整流发电机。

1）按调节器是否单独安装，交流发电机可分为两大类：一类是调节器单独安装的，称为普通硅整流发电机；另一类是调节器安装在发电机内部的，称为整体式硅整流发电机，此类发电机广泛用于中高档车型，如迈腾、奥迪轿车等。

2）按总体结构的不同，交流发电机可分为普通式、整体式、带泵式、无刷式和永磁式等多种型式。

3）按磁场绕组搭铁形式不同，交流发电机可分为内搭铁式和外搭铁式两种，如图 2-27 所示。内搭铁交流发电机励磁绕组的两端通过电刷分别引至发电机端盖上的接线柱 F 和 E；外搭铁交流发电机励磁绕组的两端通过电刷分别引至发电机端盖上的接线柱 F_1 和 F_2，且两个接线柱均与发电机的后端盖绝缘，励磁绕组必须经过调节器才能搭铁。

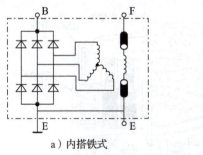
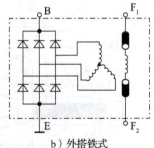

图 2-27　交流发电机的搭铁形式

4）按整流板二极管数目不同，分为 6 管式交流发电机、8 管式交流发电机、9 管式交流发电机和 11 管式交流发电机，如图 2-28 所示。图中，发电机接线端字母 F 为励磁，B（B_+）为电源输出，D_+ 为励磁供电端，N 为中性点电压输出端。

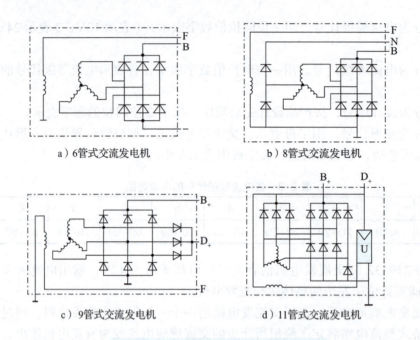

图 2-28　二极管数目不同的交流发电机

a）6管式交流发电机

b）8管式交流发电机

c）9管式交流发电机

d）11管式交流发电机

　　整流器有 8 只硅整流二极管，其中 6 只组成三相全波桥式整流电路，还有 2 只是中性点二极管，1 只正极管接在中性点和正极之间，1 只负极管接在中性点和负极之间。对中性点电压进行全波整流。

2. 交流发电机的构造

　　以普通硅整流交流发电机（以下简称交流发电机）为例介绍构造。交流发电机从总体结构上可分三相同步交流发电机和硅二极管整流器两大部分，主要组成零件有前后端盖、电刷及电刷架、整流二极管、转子、定子、风扇及带轮、电压调节器、集电环、轴承等，如图 2-29 所示。

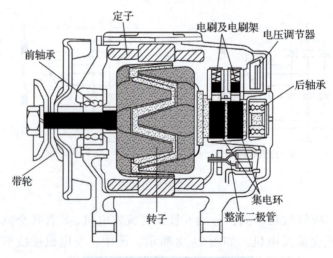

图 2-29　交流发电机总体结构

（1）转子总成　转子常称为转子总成如图 2-30 所示，是交流发电机的磁场部分，主要由 2 块爪极、磁场绕组、转子轴和集电环等组成。2 块爪极各具有 6 个鸟嘴形磁极，压装在转子轴上，在爪极的空腔内装有磁轭，其上绕有磁场绕组（又称励磁绕组或转子绕阻）。磁场绕组的两个引出线分别焊在与轴绝缘的 2 个集电环上，集电环与装在后端盖上的 2 个电刷接触。当 2 个电刷与直流电源接通时，电流流向磁场绕组，进而产生轴向磁通，使得一块爪极被磁化为 N 极，另一块爪极为 S 极，从而形成了 6 对相互交错的磁极，如图 2-31 所示。

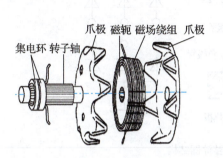

图 2-30　转子总成

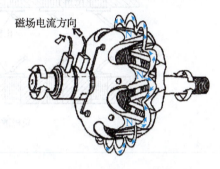

图 2-31　转子工作原理

（2）定子总成　定子常称为定子总成，也称电枢如图 2-32 所示，由铁心和三相绕组组成，其功用是产生感应电动势。定子铁心由相互绝缘的、内圆带槽的环状硅钢片叠成，定子槽内设置有三相电枢绕组。

为了使三相电枢绕组中产生大小相等、相位上互差 120°（电角度）的对称电动势，三相电枢绕组的连接方法有星形联结（也称 Y 形联结）和三角形联结（也称△形联结）两种，如图 2-33 所示。Y 形联结即将三相绕组的 3 个末端 U_2、V_2、W_2 连接在一起，将三相绕组的首端 U_1、V_1、W_1 作为交流发电机的交流输出端。△形联结是将每相绕组的首端和另一绕组的末端依次相连，因而有 3 个接头，这 3 个接点即为交流发电机的交流输出端。车用交流发电机大多采用 Y 形联结，只有少数大功率交流发电机采用△形联结。

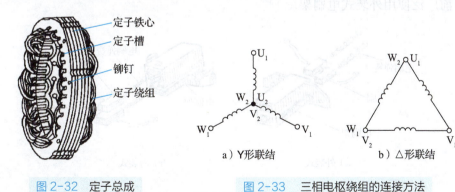

图 2-32　定子总成　　　　　图 2-33　三相电枢绕组的连接方法

（3）整流器　整流器的功用是将发电机定子绕组产生的交流电变换为直流电。一般由 6 只硅整流二极管和安装二极管的散热板组成，如图 2-34 所示。3 个负极管压装在负极散热板上，与发电机外壳接在一起成为发电机的负极（搭铁极）。压装在正极散热板上的二极管，其引线为二极管的正极，也称正极管，壳体上涂有红色标记。3个正极管的外壳压装在正极散热板的3个孔中，与正极散热板接在一起成为发电机的正极，经螺栓引至后端盖的外部作为发电机的电枢接线柱，标记"B（B+）"或"电枢"或"+"。正极散热板与后端盖之间用尼龙或其他绝缘材料制成的垫片隔开，并固定在后端盖上。

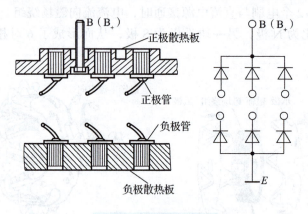

图 2-34　整流器结构

（4）前后端盖及风扇　前后端盖均由铝合金压铸或砂模铸造而成，这是因为铝合金为非导磁性材料，可减少漏磁并具有轻便、散热性能良好的优点。为了提高轴承孔的机械强度，增加其耐磨性，在端盖的轴承座孔内镶有钢套。

在发电机转子轴上装有风扇，可保证发电机在工作时不致因温升过高而损坏。后端盖上有进风口，前端盖上有出风口。当发电机轴旋转时，风扇也一起旋转，使空气高速流经发电机内部，从而对发电机进行强制冷却。

（5）电刷组件　电刷组件由电刷、电刷弹簧和电刷架组成。电刷装在电刷架的孔内，借电刷弹簧的压力与转子总成上的集电环保持接触，用于给转子绕组提供励磁电流。电刷架安装在发电机的后端盖上。电刷架有外装式和内装式两种，如图2-35所示，外装式从发电机的外部直接拆下电刷弹簧盖板后，即可拆下电刷；内装式须拆开发电机后，才能拆下电刷。目前广泛使用外装式电刷架。

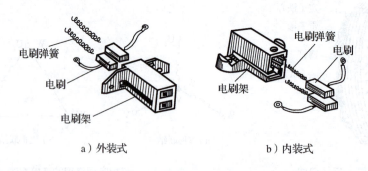

a）外装式　　　　　　　　b）内装式

图 2-35　电刷组件

（6）电压调节器　汽车发动机转速变化较大，交流发电机工作时，其转速变化范围也很大，若对发电机不加以调节，其端电压将随发动机转速的变化而变化，会引起用电设备故障。因此，发电机必须配备自动的电压调节装置。交流发电机电压调节器的作用就是当发动机转速变化时，自动对发电机的电压进行调节，使发电机的电压稳定，以满足车用电器设备的要求。目前汽车采用的电压调节器都为集成电路式电压调节器，传统的晶体管电压调节器已经淘汰。

集成电路电压调节器通过汽车电源电压变化来控制发电机的励磁电流，达到稳定发电机输出电压的目的。按检测电源电压的方式不同，电压调节器分为发电机电压检测式和蓄电池电压检测式两种；按安装位置不同，电压调节器分为独立式和集成式，如图 2-36 所示。

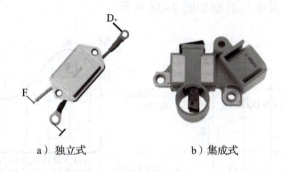

a）独立式　　　　　　b）集成式

图 2-36　电压调节器类型

二、交流发电机的工作原理与特性

1. 交流发电机的工作原理

（1）三相交变电动势的产生　汽车用交流发电机的工原理示意如图 2-37 所示。

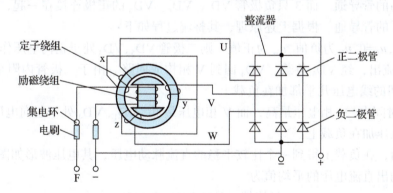

图 2-37　交流发电机工作原理

当转子旋转时，磁力线和定子绕组之间产生相对运动，在三相定子绕组中产生交流电动势。交流电动势的频率 f（Hz）为

$$f = \frac{np}{60}$$

式中，p 为磁极对数；n 为发电机转速（r/min）。

在交流发电机中，由于磁场的分布近似正弦规律，所以交流电动势也近似正弦波形。

三相电枢绕组在定子槽中是对称绕制的,因此三相交流电动势 e_U、e_V、e_W 大小相等,相位差互为 120°。

(2)整流原理 定子绕组中感应出的交流电动势,是通过 6 个硅二极管组成的三相桥式整流电路改变为直流电的。

二极管具有单向导电性。当给二极管加上正向电压(正极电位高于负极电位)时导通,即呈现低电阻电状态;当给二极管加上反向电压(正极电位低于负极电位)时截止,即呈现高电阻状态。利用二极管的这种单向导电特性,就可以把交流电变为直流电。

三相桥式整流电路及电压波形如图 2-38 所示。

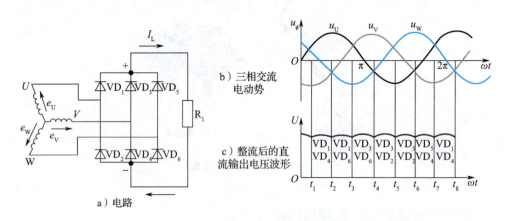

图 2-38 三相桥式整流电路及电压波形

在三相桥式整流电路中,3 只正极管 VD_1、VD_3、VD_5 的负极连接在一起,在某一瞬间,正极电位最高的管导通。而 3 只负极管 VD_2、VD_4、VD_6 的正极连接在一起,在某一瞬间,负极电位最低的管导通。根据上述原理,其整流过程如下:

在 $t=0$ 时,$u_U=0$,u_V 为负值,u_W 为正值。则二极管 VD_5、VD_4 处于正向电压作用下而导通。电流从 W 相流出,经 VD_5 负载、VD_4 回到 V 相构成回路。由于二极管内阻很小,所以此时 V、W 之间的线电压几乎都加在负载上。

在 t_1~t_2 时间内,U 相电压最高,而 V 相电压最低,VD_1、VD_4 处于正向电压而导通,U、V 之间的线电压加在负载上。

周而复始,在负载上得到一个比较平稳的直流脉动电压,其电压波形如图 2-38c 所示。

发电机输出直流电压的平均值为

$$Y 连接:U=1.35U_L=2.34U_\phi$$
$$\triangle 连接:U=1.35U_L=1.35U_\phi$$

式中,U_L 为线电压的有效值(V);U_ϕ 为相电压的有效值(V)。

三相定子绕组采用星形接法时,三相绕组 3 个末端的公共接点称为三相绕组的中性点,中性点对发电机的搭铁端是有电压的,称为中性点电压。它是通过 3 个负极管整流后得到的直流电压,故该点的直流电压等于发电机直流输出电压的一半,即

$$U_N=\frac{1}{2}U$$

式中，U_N 为中性点的直流电压（V）；U 为发电机直流输出电压（V）。

实际中，有的交流发电机用导线将中性点引出，接线柱标记为"N"，如图 2-39 所示。中性点通常用来控制各种用途的继电器，如磁场继电器、充电指示灯继电器等。有的发电机没有中性点接线柱，但是也把中性点电压充分地利用了，这些发电机在中性点处接上 2 只整流二极管，和三相绕组的 6 只整流二极管一道输出，可提高发电机功率，如图 2-28d 所示（11 管式交流发电机），中性点电压经过二极管 VD_{10} 和 VD_{11} 整流后，汇同到电源输出端。

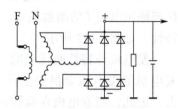

图 2-39 有中性点的交流发电机

（3）励磁方法 在发电机转速较低且电压低于蓄电池电压时，由蓄电池通过电源开关供给磁场电流，进行他励，使电压很快上升。随着发电机转速升高，当发电机电压超过蓄电池电压时，进行自励，并对外输出。励磁方法是先他励，后自励。

2. 交流发电机的工作特性

交流发电机的工作特性包括空载特性、输出特性和外特性。

（1）空载特性 当发电机空载时，发电机端电压 U 与发电机转速率 n 的函数关系，即 $U=f(n)$，称为发电机的空载特性，其曲线如图 2-40 所示。随着转速的增加，端电压将不断上升，由他励转入自励时，即能向蓄电池进行补充充电。空载特性是判断硅整流发电机性能是否良好的重要依据。

（2）输出特性 交流发电机输出特性也称负载特性，是指发电机向负载供电时，发电机输出电压保持一定，输出电流 I 与发电机转速 n 之间的函数关系，即 $I=f(n)$，称为发电机的输出特性，其曲线如图 2-41 所示。

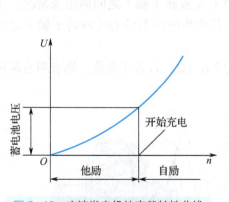

图 2-40 交流发电机的空载特性曲线

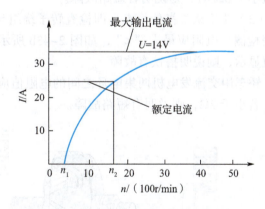

图 2-41 交流发电机的输出特性曲线

1）当发电机端电压保持不变时，当 $n > n_1$ 时，其输出电流随着转速增加而逐渐增大；当 $n < n_1$ 时，因发电机端电压低于额定值，发电机不能对外输出电流，车用电器只能由蓄电池供电，故 n_1 称为空载转速。n_1 常用来作为选择发电机与发动机传动比的主要依据。

2）当发电机达到额定功率（或电流）时的转速 n_2，称为额定转速（或满载转速），空

载转速 n_1 和满载转速 n_2 是发电机的主要性能指标。使用中，只要测得这两个数据，即可判断发电机性能是否良好。

3）当转速 n 达到一定值后，发电机的输出电流不再随转速升高而增加，此时的电流称为发电机的最大输出电流。

（3）外特性 当发电机转速不变时，发电机的端电压 U 与输出电流 I 的函数关系，即 $U=f(I)$，称为发电机的外特性，如图 2-42 所示。

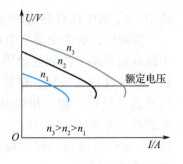

图 2-42 交流发电机的外特性

发电机外特性曲线表明：随着负载即输出电流的增加，发电机的端电压会很快下降，且转速越高，下降的斜率越大。因此，当发电机在高转速下运转时，如果突然失去负载，则其端电压会急剧升高，这时发电机中的二极管以及调节器中的电子元器件有被击穿的危险。

三、交流发电机零件检测

发电机拆解后，先用布或棉纱蘸适量清洗剂擦洗转子绕组、定子绕组、电刷及其他机件。然后再检测转子、定子的电阻值及绝缘电阻。为了取得较准确的测量数值，建议使用数字万用表测量。

1. 转子总成检查

（1）转子表面检查 转子表面不得有刮痕，否则表明轴承松动，应更换前后轴承。

（2）转子绕组短路与断路检查 用万用表检测两集电环之间电阻，如图 2-43a 所示。若阻值为"∞"，则说明断路；若阻值过小，则说明短路。一般 12V 发电机转子绕组的电阻约为 3.5~6Ω，24V 的电阻约为 15~21Ω。轿车用发电机转子绕组的电阻约为 3~4Ω。若电阻小于 3Ω 时，则说明有短路故障。

（3）转子绕组搭铁检查 即检查转子绕组与铁心（或转子轴）之间的绝缘情况。用万用表检测，电阻应最大"∞"，如图 2-43b 所示。若两集电环与铁心（或转子轴）之间有阻值显示，则说明搭铁有故障。

轿车用交流发电机两集电环之间的电阻值应为 2.6~3Ω。若大于此值，则表明有断路故障；若小于 2Ω，则说明有短路故障。

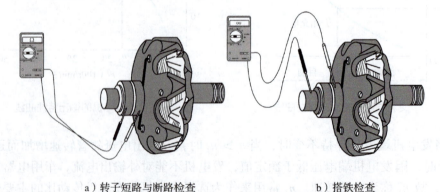

a）转子短路与断路检查　　b）搭铁检查

图 2-43 转子绕组检查

（4）转子轴检查　检查转子轴弯曲度，可用百分表检测转子径向圆跳动，如图2-44所示。发电机转子径向圆跳动误差不得超过0.01mm，否则应予以校正。检查爪极在转子轴上应固定牢靠、间距相等。

（5）集电环检查　检查集电环表面应平整光滑，无明显烧损，两集电环之间的槽内不得有油污和异物。若表面烧蚀严重或失圆，可用车床进行修整，发电机集电环最大偏摆量应不超过0.05mm，集电环圆度误差不超过0.025mm，厚度不小于1.5mm。最后用"00"号细砂布抛光并吹净粉屑。

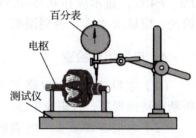

图2-44　检测转子轴的径向圆跳动

2. 定子总成检查

（1）定子表面检查　检查定子表面不得有刮痕，导线表面不得有碰伤、绝缘漆剥落现象。

（2）定子绕组短路与断路检查　用万用表检测定子绕组3个接线端，两两相测，如图2-45a所示。正常时，阻值小于1Ω且相等；若阻值过大，则说明断路；若阻值过小，则说明短路。

（3）定子绕组搭铁检查　即检查定子绕组与定子铁心间的绝缘情况。用万用表电阻档检测定子绕组接线端与定子铁心间的电阻，如图2-45b所示。若阻值不超过100kΩ，则说明搭铁有故障。若阻值显示"∞"，则说明正常。

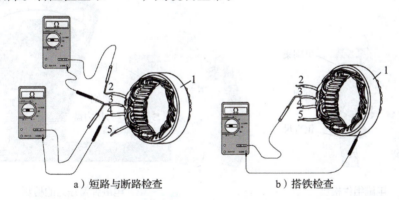

a）短路与断路检查　　　　　　　　b）搭铁检查

图2-45　定子绕组检查

1—定子铁心　2~5—定子绕组接线端

3. 整流器检查

可以在不解体的情况下，用示波器测试二极管波形，也可进行解体检测。以丰田发电机八管式整流器为例，介绍整流器二极管检测方法。

如图2-46所示，先将万用表选档开关置于二极管测试档，再将万用表的红黑表笔分别接在被测二极管的两极上，读取测试电压值；然后再将红黑表笔交换位置再接被测二极管的两极上，再一次读取测试电压值。如果两次测试数值一大（无穷大）一小（0.3~0.8V），则说明该二极管性能良好，否则，说明二极管有短路或短路故障。

检测正极管时，先将与数字万用表（选二极档）黑表笔接"B"端，红表笔分别接 $P1$、$P2$、$P3$、$P4$ 点，显示应在 0.45~0.5V；再调换两表笔检测，应显示"1"，否则说明二极管有故障。

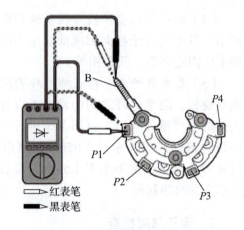

图 2-46　轿车发电机整流板性能检测

4. 电刷组件检查

（1）电刷架检查　电刷架不得有裂纹、弹簧折断或锈蚀现象，否则应更换。

（2）电刷高度检查　电刷磨损不得超过原高度的 1/2（或电刷磨损到磨损极限标记线时）如图 2-47 所示，否则更换电刷。如 JFZ1913Z 发电机新电刷的长度为 13mm，允许磨损极限为 5mm，超过此极限值时应予更换。电刷表面如果有油污应用干布擦拭干净，电刷在电刷架内应滑动自如。

（3）电刷弹簧压力检测　用天平秤检测电刷弹簧弹力，如图 2-48 所示。当电刷从电刷架中露出长度为 2mm 时，天平秤上指示的读数即为电刷弹簧压力，其值应为 2~3N。弹簧弹力过小时，应更换新电刷。

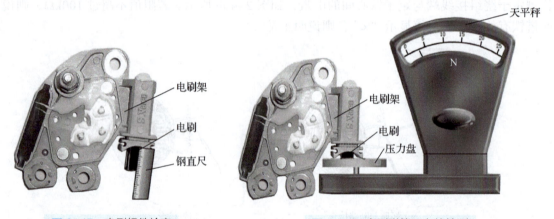

图 2-47　电刷组件检查　　　　图 2-48　电刷弹簧压力的检测

（4）电刷更换　先将电刷弹簧和新电刷装入电刷架内，然后用钳子夹住电刷引线，使电刷露出高度符合规定数值（13mm），再用电烙铁将电刷引线与电刷架焊牢即可。

5. 电压调节器检测

（1）电压调节器短路检测　电压调节器短路检测也称全励磁测试，即用蓄电池给发电机内的转子绕组供电，使转子绕组处于满励磁状态，进一步判断电压调节器是否失效。

如果发动机转速高于怠速，充电指示灯仍不熄灭，则可通过短路检测判断电压调节器是否正常。首先把电压调节器拆下，并在"F"接头和"-"接头之间，使用短路线连接，如图 2-49 所示，然后将电压调节器装回进行测试，此时电压调节器处于不工作状态。起动发动机并提高转速，如果电流输出在参数范围内，则表示电压调节器失效。

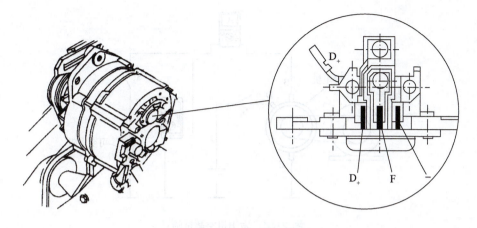

图 2-49　电压调节器短路检测

（2）电压调节器调节电压检测　即使用可调直流稳压电源和试灯测试其性能，接线方法如图 2-50a 所示。当连接 12V 的蓄电池和直流试灯时，试灯应亮；当连接 16~18V 电压时，试灯应不亮。否则应更换调节器。

电压调节器的管压降的检测电路如图 2-50b 所示。接通开关 SW，调节可变电阻 R 使电流表的读数为 4A 时，电压表的读数应不大于 1.5V。

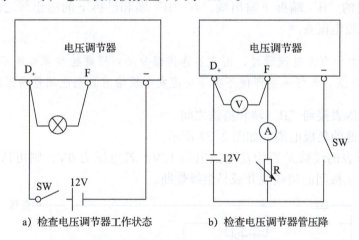

a）检查电压调节器工作状态　　b）检查电压调节器管压降

图 2-50　电压调节器调节电压检测

四、发电机整机性能检测

1. 发电机空载试验

发电机空载试验即检测发电机发电能力，接线方法如图 2-51 所示。试验时应先用蓄电池对发电机进行励磁，方法是当发电机转速提高时，闭合一下开关 S_1，然后再打开。将发电机转速逐渐提高，当电压表的读数达到 12.4~14.5V 时，发电机的转速应不大于 1050r/min，如果读数不符合要求，则说明电压调节器或发电机有故障。

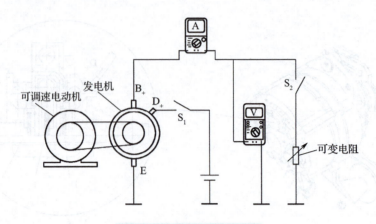

图 2-51 发电机空载试验

2. 发电机输出电流检查

1）以 JFZ1913Z 发电机为例，把点火开关转到"OFF"位置，拆下蓄电池的负极电缆。

注意 首先应保证蓄电池的技术状态正常；发电机传动带的张紧度正常；发电机运转时无异响等。

2）从发电机的"B"端拆下输出线，在"B"端和已拆下的输出线之间串联一个 0~100A 的测试用直流电流表。

注意 由于有大电流通过，因此各连接部分必须用螺栓和螺母牢牢固紧，切勿使用夹子固定方法。最好采用即使不拆下交流发电机输出线也能测量的钳形电流表。

3）把一个电压表接到"B"端和搭铁之间。

4）连接蓄电池的负极电缆，如图 2-52 所示。

5）检查电压表的读数是否为蓄电池电压 12V。若电压为 0V，则可认为发电机"B"端子与蓄电池（＋）极间的接线脱开或易熔线烧断。

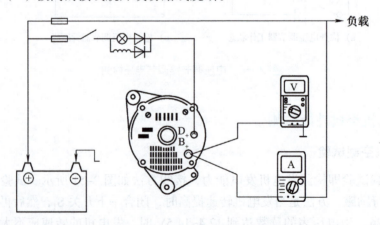

图 2-52 输出电流检查连接示意图

6）将照明开关置于"ON"位置使前照灯点亮后，起动发动机。

7）把前照灯调到远光束位置，取暖器送风机开关调到大风量位置，然后将发动机转速升高到 2500r/min，观察该电流表上的最大输出电流值。极限值应为额定输出电流的70%。如 JFZ1913Z 发电机的额定输出电流为 90A，其极限值为 63A。

> **注意** 额定输出电流值在交流发电机的铭牌上。发动机起动后，由于充电电流急剧下降，因此必须快速地读取最大电流值。当交流发电机本身或周围环境温度过高时，往往达不到规定的输出电流值。此情况应待交流发电机冷却后再进行试验。

8）电流表的读数值应大于极限值。若低于极限值而交流发电机的输出线也正常时，则说明交流发电机本身有故障，需要分解检测。

9）试验结束后，把点火开关置于"OFF"位置，拆下蓄电池的负极电缆。

10）拆下测试用电流表和电压表。

11）将发电机的输出线接到发电机"B"端上，再连接蓄电池负极电缆。

学习任务三 电源系统电路分析及故障诊断

学习任务描述

现代汽车电源系统电路根据控制原理不同，分为普通电源系统电路和网络控制的电源电路。电源系统控制的内容有励磁电路控制、充电指示灯控制和发电机负荷控制。对于交流发电机首先要由外来电源进行励磁控制，发电后进行自己励磁。发电机的发电状态在仪表上进行显示，即充电指示灯控制。在本学习任务中，主要学习任务普通电源系统电路和网络控制的电源电路的工作过程，以及电源系统常见故障现象及故障分析等。

基础知识和技能

一、普通电源系统电路

普通电源系统根据充电指示灯电路不同，分为中性点控制充电指示灯电路、继电器控制充电指示灯电路、励磁电路控制充电指示灯电路、二极管控制充电指示灯电路。普通电源系统电路原理如图 2-53 所示，当发电机不工作时，充电指示灯由蓄电池供电并点亮；当发电机正常工作时，发电机的 D_+ 端输出电流给充电指示灯，控制指示灯由亮变灭。

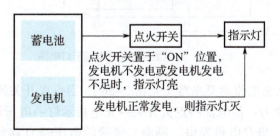

图 2-53 普通电源系统电路原理

1. 充电指示灯控制电路的类型

（1）中性点控制充电指示灯电路（见图2-54）　当点火开关置于"ON"位置时，中性点控制电路电流路径为：蓄电池→ 充电指示灯→ 继电器（常闭触点式）→搭铁，充电指示灯点亮。当发动机工作且发电机（＋）发电，中性点N输出其1/2的电压，并加到继电器绕阻上，常闭触点吸开，则充电指示灯熄灭。

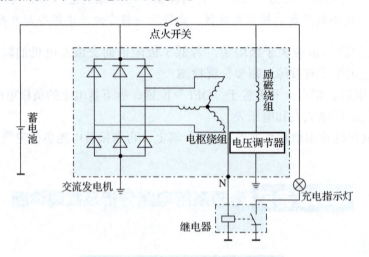

图 2-54　中性点控制充电指示灯电路

（2）继电器控制充电指示灯电路（见图2-55）　当点火开关置于"ON"位置时，充电指示灯控制电流路径为：蓄电池→点火开关→绕组L →二极管VD →励磁绕组→电压调节器→搭铁，触点K闭合。当触点K闭合后电流路径为：蓄电池→点火开关→充电指示灯→触点K →搭铁，充电指示灯亮起。当发电机发电，励磁二极管的电压经D接线柱加到二极管VD 一端，这时由于二极管两端电位相等，绕组L吸力消失，触点K断开，充电指示灯因电路断路而熄灭。

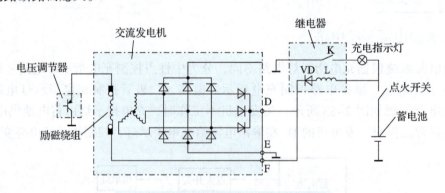

图 2-55　继电器控制的充电指示灯电路

（3）励磁电路控制充电指示灯电路（见图2-56）　当点火开关置于"ON"位置时，充电指示灯控制电流路径为：蓄电池→点火开关→充电指示灯→电压调节器→励磁绕组→搭铁，充电指示灯亮起。当发电机发电，励磁二极管的电压经D接线柱加到充电指示灯一端，这时由于充电指示灯两端电位相等，充电指示灯因无法获得电流而熄灭。

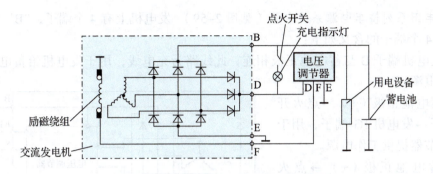

图 2-56 励磁电路控制的充电指示灯电路

（4）二极管控制充电指示灯电路（见图2-57） 当点火开关置于"ON"位置时，充电指示灯控制电流路径为：蓄电池→点火开关→ 充电指示灯→电压调节器→励磁绕组→接地，充电指示灯亮起。当发电机发电，整流二极管的电压经B接线柱加到充电指示灯一端，这时由于充电指示灯两端电位相等，充电指示灯因无法获得电流而熄灭。

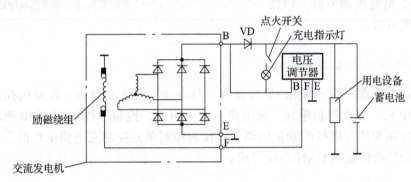

图 2-57 二极管控制的充电指示灯电路

2. 典型车电源电路分析

（1）大众系列轿车电源系统电路（见图2-58） 该发电机是整体式发电机，采用11只硅二极管，其中有6只整流二极管、3只励磁二极管、2只中性点二极管，电压调节器为集成电路并与电刷架制成一体，在发电机的外部有2个接线柱，分别为火线接线柱 B_+ 和磁场接线柱 D_+。

当点火开关置于"ON"位置时，充电指示灯控制电流路径为：蓄电池→点火开关→充电指示灯→ VD →接线柱 D_+ →励磁绕组→电压调节器 →接地，充电指示灯亮

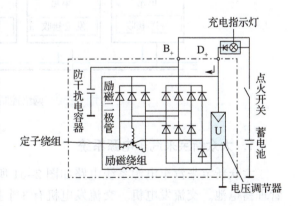

图 2-58 大众系列轿车电源系统电路

起。当发电机发电，电流经3只励磁二极管→接线柱 D_+，加到充电指示灯一端，这时由于充电指示灯两端电位相等，充电指示灯因无法获得电流而熄灭。

（2）丰田系列轿车电源系统电路（见图2-59）　发电机上有4个端子，"B""IG""S"和"L"，4个端子的含义如下：

1）发电机端子B与蓄电池正极相连，此线路为充电线，用于发电机给蓄电池和用电设备提供电源。

2）蓄电池正极（＋）→点火开关IG端子→发电机IG端子，用于给电压调节器提供工作电源。

3）蓄电池正极（＋）→点火开关IG端子→充电指示灯→发电机L端子，用于电压调节器充电指示灯。

4）蓄电池正极（＋）→发电机S端子，用于检测蓄电池的端电压，并将电压提供给电压调节器，以便及时控制励磁电流。

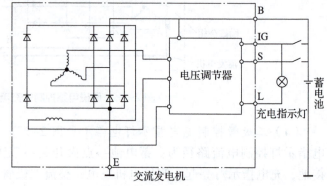

图2-59　丰田系列轿车电源系统电路

二、网络控制的电源电路

网络控制的电源系统一般由CAN总线、蓄电池、交流发电机、发动机控制单元、车身网络控制单元、仪表控制单元、充电指示灯等组成，控制原理如图2-60所示。车身电网控制单元控制交流发电机的励磁电路，由仪表控制单元控制充电指示灯的工作，各个控制单元之间的信息传输由CAN总线完成。

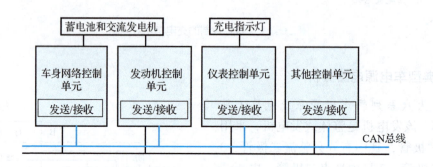

图2-60　网络控制的电源系统原理

1. 大众新宝来汽车电源系统

大众新宝来汽车电源系统电路如图2-61所示，由相关控制单元通过CAN总线控制和管理蓄电池、交流发电机。交流发电机有3个接线柱，分别为B_+、L、DFM。其中，B_+与蓄电池正极相连，L与车载电网控制单元相连，DFM与发动机控制单元相连。充电指示灯由仪表控制单元控制。

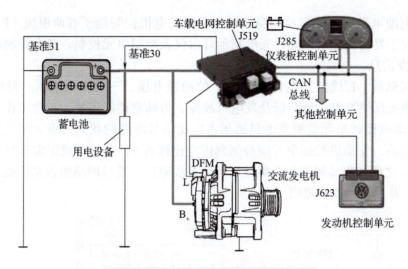

图 2-61 大众新宝来汽车电源系统电路

大众新宝来交流发电机内部机构主要有三相电枢绕组、励磁绕组、整流部分、电压调节器等，其内部电路如图 2-62 所示。电压调节器具有自动控制功能，通过 DFM 线向发动机控制单元发送电负荷信号，然后由发动机控制单元控制发动机转速，控制发电机在安全电负荷下运行，保证电源管理系统稳定的电压输出；L 线与车载电网控制单元连接，在发电机与车载电网控制单元之间传递信号；通过 CAN 总线，车载电网控制单元将发电机工作信号输入到仪表控制单元，然后控制组合仪表内的充电指示灯的亮和灭。

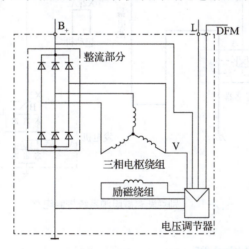

图 2-62 大众新宝来交流发电机内部电路

发电机的励磁电流由 B+ 提供，电压调节器通过 L 和转速 V 信号控制励磁电路，且 L 为发电机提供预励磁电流。如果 L 线信号中断，电压调节器可通过 V 信号控制励磁电路，使发电机进入正常发电模式。

2. 别克新君威电源系统网络控制过程

别克新君威电源系统控制电路如图 2-63 所示，由 B 端子向蓄电池供电，蓄电池电量传感器将蓄电池电量信息输送给车身控制单元，发电机控制端子有两根线（F和L），发电机工作受控于发动机控制单元，充电指示灯由仪表控制单元控制，各个控制单元之间由CAN总线收发信息。

　　发动机起动后，L线向发电机提供11V的励磁电压，不着车无电压。发电机F线向发动机控制单元反馈发电机负荷以及发电机故障，为脉宽调制信号，正常工作时，电压为3V左右；发动机控制单元监测发电机磁场占空比信号电路的状态。点火开关置于"ON"但发动机未起动，发动机控制单元应检测到占空比接近0，当发动机正常运行时，占空比应在5%~99%之间。当监测到发电机控制系统有故障后，通过网络通信系统点亮仪表中的充电指示灯，并设置相关故障码。

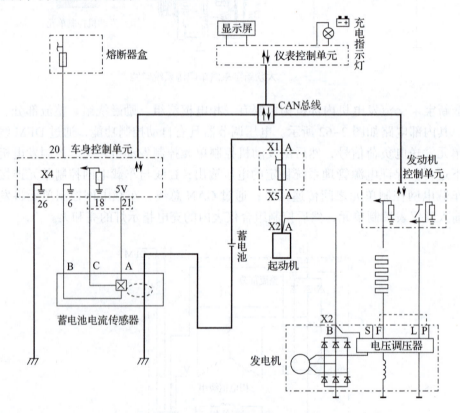

图2-63　别克新君威电源系统控制电路

三、电源系统常见故障分析

1. 电源系统常见故障分析

　　电源系统正常时，充电指示灯亮灭规律是：点火开关接通时，交流发电机的充电指示灯亮；发动机正常运转后，充电指示灯熄灭。当发电机出现不发电、发电电压不足、发电电压过高等故障时，可以通过观察充电指示灯来分析电源系统故障。电源系统故障诊断流程如图2-64所示。

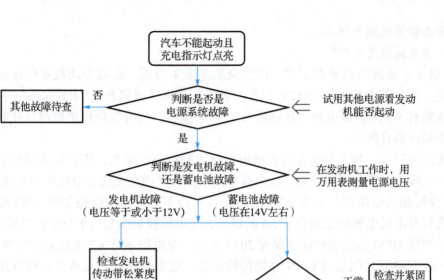

图 2-64 电源系统故障诊断流程

（1）基本检查

1）蓄电池技术状况检查。电源系统不能对损坏的蓄电池充电，为防止误导检查思路，要做好蓄电池检查。

2）发电机传动带检查。检查传动带是否有撕裂、磨光、浸油、裂缝等情况，如图 2-65 所示；检查传动带张紧度是否合适，如图 2-66 所示。以上任何情况均会造成电源系统故障，会误导检查思路。

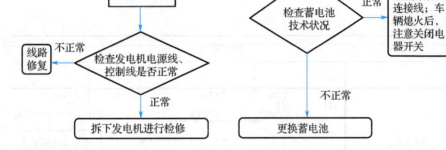

图 2-65 检查传动带是否有撕裂、磨光、浸油、裂缝   图 2-66 传动带张紧度检查

3）电器电缆接头检查。电器电缆接头松动、腐蚀、断开会造成电源系统故障，会误导检查思路。

（2）读取故障码 用诊断仪读取相关故障码，如果有发电机相关故障码，则按照故障码提示检查相关线路及部件。

（3）综合测试及分析

1）确认交流发电机是否正常。以大众新宝来车为例，起动发动机并怠速运转，充电指示灯亮，测量蓄电池电压为 12V 左右，当将发动机转速提升到 2400r/min 左右时（其他车型转速略有不同），蓄电池电压则能升到 14V 左右，此时发动机维持高怠速状况，说明发电机控制线路有故障。

关闭点火开关，拔下交流发电机的电源接线和控制线插头，用万用表测量电源输出端 B 与壳体之间，应符合正向导通，反向截止规律，否则说明交流发电机本身有故障。

2）查阅相关电路图。大众新宝来 1.6L 自动档车电源系统电路如图 2-67 所示，蓄电池电源线与发电机电源线之间有 175A 的熔丝，发电机控制线 L 与车身电控单元 J519 连接，发电机控制线 DFM 与发动机控制单元 J623 连接，充电指示灯 K2 由仪表控制单元 J285 控制，相关控制单元之间通过 CAN 总线传输信息。电源控制线路是否正常可以用万用表来判断。

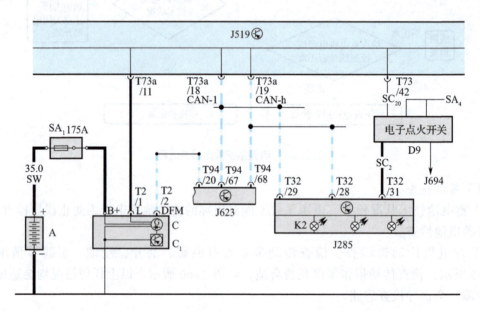

图 2-67　大众新宝来 1.6L 自动档车电源系统电路

3）诊断分析。

①用万用表测量。拆下 B、L/DFM 连接插头，测量 3 条线路与相应电控单元的连接导线，如果有断路、短路情况，应更换或维修。

测量线束端：B 线电压应为蓄电池电压；点火开关置于 "ON" 位置时，L/DFM 线电压为蓄电池电压，否则检查熔丝、导线及 J519、J623 电控单元。

②用诊断仪读取发电机负荷信号。大众新宝来车发电机具有负荷监控功能，即 DFM 线为负荷监控线，其输出的信号为 0~100% 脉宽调制信号，且随用电设备负载变化及发动机转速变化而变化，见表 2-9。当诊断仪读取的负荷率与表中不符合时，应检查 DFM 控制线路及车身电控单元 J519、发动机电控单元 J623。

表 2-9　发动机不同转速下对应的发电机负荷率

发电机用电设备负载	发动机不同转速下对应的负荷率（%）			
	700r/min	1400 r/min	2000 r/min	3000 r/min
发电机空载	38~47	23~27	18~20	16.9
只开前照灯	50~60	29~31	25~27	16.9
只开空调	45~60	32~34	25~30	16.9
同时开启前照灯和空调	74~99	49~51	47~50	20

在电子管理系统中，DFM 输入信号丢失后，系统会采用某个确定的值来替代。例如，大众新宝来发电机负荷率始终显示 5% 时，说明 DFM 线断路；如果负荷率始终显示为99%，说明 DFM 线短路，不同车型替代数据有所不同。

2. 电源系统检修注意事项

1）交流发电机和蓄电池均为负极搭铁，电路连接不能接反，否则蓄电的电压将正向加在整流二极管上，使二极管烧坏。

2）发电机运转时，不能用导线短接交流发电机的 B 端子与接地端子，否则交流发电机会烧坏。

3）发电机高速运转时，不能断开蓄电池正极连接线，否则会导致系统电压突然升高，甚至会烧坏发电机及正在工作的电控单元。

四、跨接起动要求和方法

1. 蓄电池的正确使用

1）在车上每次起动发动机不能超过 5s，两次起动间隔应在 15s 以上。

2）经常检查蓄电池的安装是否牢靠，起动电缆线与极柱的连接是否紧固，检查电缆线的线夹与极柱是否有氧化物，若有应及时清除。

3）经常检查蓄电池盖表面是否清洁，应及时清除盖上的灰尘、电解液等脏污。

4）保持蓄电池盖上的气孔畅通。蓄电池在充电时会产生大量气泡，若通气孔被堵塞，气体则不能逸出，当压力增大到一定的程度后就会造成蓄电池壳体炸裂。

5）定期检查电解液的液面高度，液面一般应高出极板 10~15mm，当液面低时，应补加蒸馏水（免维护蓄电池不要求）。

6）经常检查蓄电池的放电程度，使蓄电池始终保持充足电的状态。

7）当需要用 2 块蓄电池串联使用时，蓄电池的容量最好相等，否则会影响蓄电池的使用寿命。

8）普通铅酸蓄电池要注意定期添加蒸馏水（免维护蓄电池不要求）。

2. 跨接时的注意事项

1）连接跨接线时，操作人员应戴上护目镜。这是因为等待跨接起动汽车蓄电池的周围可能存在引起爆炸的氢气。

2）保证两部汽车的手制动都拉上，并且变速器档位为空档或停车档。

3）保证两部车身之间没接触。避免车辆起动过程中出现电流经接触的车身流向支援车。

4）连接起动电缆前必须关闭起动开关和所有电气附件。

5）不能使用支援车作为蓄电池充电机，因为这样会使支援车的交流发电机发生过载而损坏。

6）禁止使用超过16V的电压去跨接起动一辆装备有发动机电控单元的汽车，过高的电压会损坏汽车的电气部件。

7）在抛锚汽车正在起动时不能断开连接电缆，否则支援车上的电气部件可能会被高电压击穿而损坏。

3. 蓄电池的跨接方法

当汽车蓄电池电量耗尽或因亏电而无法正常起动发动机时，可以借助外援电力起动车辆，也称应急起动车辆。通常施救方法是对故障车辆的蓄电池进行跨接，根据施救设备不同而不同，一般有便携式起动电源、备用蓄电池、救援车等。但无论哪一种情况，都应备一组合适的跨接线，通常跨接线为一黑一红，两头有连接夹，如图2-68所示。

图2-68 跨接线

（1）便携式起动电源　便携式起动电源可以协助蓄电池起动车辆，也可快速充电使用。它的类型较多，设计紧凑，便携耐用。如图2-69所示，便携式起动电源一般包括主机、正极接线夹和负极接线夹。用起动电源跨接起动12V蓄电池时，跨接电压不能超过16V，以防损坏发动机电控系统。

（2）备用蓄电池　用备用蓄电池施救事故车时，连接方法如图2-70所示。先将备用蓄电池正极 D 和故障车的蓄电池正极 C 连接，再将备用蓄电池负极 A 和故障车的蓄电池负极 B 连接，当车辆发动机正常工作后，依照逆序进行卸掉连接线。

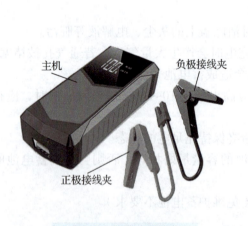

图2-69 便携式起动电源

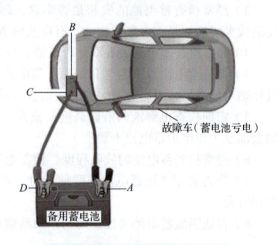

图2-70 备用蓄电池的连接方法

（3）救援车　当车辆不能正常起动时，借助其他车辆来应急起动，也是常见现象。应用救援车时，应注意以下几点：跨接线不能接触发动机的运转部位；接用救援车蓄电池起动时，应佩戴适合的眼部保护装置，切勿靠近蓄电池；在连接救援车蓄电池充电线前，应检查蓄电池状况；确保车辆间距，且两个点火开关都置于"OFF"位置；关闭所有用电设备（无线电设备、除霜器、刮水器和灯光等）后依照正确方法连线和起动。

用救援车施救故障车时，连接方法，如图2-71所示。

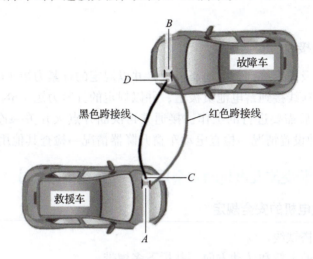

图 2-71　与救援车的连接方法

1）将红色跨接线正极（＋）的一端连接故障车蓄电池的正极 B。

2）将红色跨接线正极（＋）的另一端连接救援车蓄电池的正极 A。

3）将黑色跨接线负极（－）的一端连接救援车蓄电池的负极 C。

4）将黑色跨接线负极（－）的另一端连接故障车蓄电池负极 D 或发动机缸体。

5）确保跨接线连接牢固、不缠绕发动机的风扇叶片、传动带和其他运动部件。

6）起动救援车辆发动机并提高转速，再起动故障车辆。当故障车辆发动机正常工作后，再按连接时相反顺序拆除跨接线。

7）当故障车辆应急起动之后，应行驶到4S店或蓄电池专卖店对蓄电池进行补充充电或更换。

注意　尝试起动故障车时，如果起动困难，则可先停止起动操作，先发动支援车，把急速提升到1200~1500r/min并稳定运转5min以上，再次尝试起动，如果仍不能起动，则停止跨接起动。否则强行使用支援车会使它因发电机过载或电子系统被电火花击穿而损坏。

能力拓展

一、连接和断开蓄电池接线的安全规定（大众新宝来）

1. 断开蓄电池接线的安全规定

1）通过断开蓄电池接地线（断电），便可以在电气设备上安全地进行操作。

2）断开蓄电池正极导线只是在拆卸蓄电池时才需要。

3）断开蓄电池接线的正确步骤：关闭点火开关及所有用电器→拔出点火钥匙→打开蓄电池负极盖板（如果有）→拔下连接插头（如果有）→从蓄电池负极接线柱上旋下搭铁线→松开蓄电池正极线的紧固螺母→用螺钉旋具将熔丝架的固定卡夹撬开→将蓄电池正极线连同熔丝架取下。

2. 连接蓄电池接线的安全规定

1）将蓄电池正极导线接到蓄电池正极上，并以规定的拧紧力矩（6N·m）紧固螺母。

2）将蓄电池搭铁线接到蓄电池负极上，并以规定的拧紧力矩（6N·m）紧固螺母。

3）连接蓄电池后需要进行的工作：接通并再次断开点火开关→连接诊断仪读取故障存储信息→检查时钟设置情况→检查电动车窗升降器情况→检查其他用电设备的功能。

二、拆卸和安装交流发电机的安全规定（大众新宝来 1.6L）

1. 拆卸交流发电机的安全规定

1）断开蓄电池搭铁线。

2）标记多楔带的上侧和转动方向，并拆下多楔带。

3）脱开 DF 导线插头。

4）拆下 B_+ 连接螺栓，并脱开导线。

5）旋下发电机固定螺栓，并取出发电机。

2. 安装交流发电机的安全规定

1）注意多楔带拆卸时的标注方向，并确保多楔带安装的位置正确。

2）按规定的螺栓拧紧力矩紧固螺栓。

3）连接蓄电池连接线。

4）起动发动机，检查传动带的运行状况。

5）关闭发动机，安装工作结束。

📖 课程育人

钱学森是当代中国知识分子的杰出代表和光辉典范，为我国国防科技事业和社会主义现代化建设做出了杰出贡献，在中国科技界和全社会树起了一座精神的丰碑。深入揭示以"爱国、奉献、求真、创新"为标志的钱学森精神的内涵及其价值意蕴，对于社会主义核心价值体系建设具有重要的现实意义。钱学森之所以能取得举世瞩目的科学成就，成为中国近代史上百年难遇的科学家，与他胸怀祖国、服务人民的爱国精神密不可分。

44 岁的钱学森正是盛年英姿，他辗转五载，坎坷归来，要将满腹学识献给祖国。他驱驰半生，呕心沥血，呵护国防现代化的种子生根发芽，直至枝繁叶茂。他迎难而上，勤修不辍，不问报偿，只求泱泱中华，扬眉吐气，奋起砥砺尊严。正如他所说的:"我的事业在中国,我的成就在中国,我的归宿在中国。"他将此生许家国,志存兴邦忘功名。

钱学森不但创建了工程控制论和物理力学两门新的技术科学,还在主持中国航天技术研发过程中,创造性地将技术科学思想与国家需求紧密相结合,确立了结合航天和国防建设需要开展科研的指导原则,运用系统工程理论攻克了大量关键技术,为组织领导中国运载火箭和航天器的研制工作做出了巨大贡献,使中国航天工程在较短的时间内实现了跨越式发展。

思考与练习

1. 单选题

（1）蓄电池电解液的液面高度一般应高出极板（　　　）。

A. 3~5 mm　　　　B. 5~10 mm　　　　C. 10~15mm　　　　D. 15~20 mm

（2）蓄电池跨接起动时,备用蓄电池和故障车蓄电池的连接方法是（　　　）。

A. 正极与负极相连　　　　　　　　B. 正极与正极相连

C. 没有极性要求　　　　　　　　　D. 不用连接

（3）检测蓄电池的各单格比重值,如果最高值和最低值之间相差超过（　　　）时,则认为该蓄电池失效。

A. 0.01　　　　　B. 0.050　　　　　C. 0.1　　　　　D. 0.5

（4）为了延长蓄电池的使用寿命,正确的方法是（　　　）。

A. 要给蓄电池定期补充充电,使之保持完全充电状态

B. 长期搁置不用的蓄电池,要将蓄电池电放尽后存放

C. 低温时接通起动机时间尽量长些

D. 以上都包括

（5）当蓄电池充电时,若电解液温度迅速升高,而蓄电池端电压和相对密度上升相对缓慢,用放电测试仪测量端电压时,电压很低并且会迅速下降为零。说明蓄电池出现（　　　）故障。

A. 极板短路　　　B. 极板硫化　　　C. 自行放电　　　D. 电解液缺失

（6）轿车用发电机转子绕组的电阻约为（　　　）。

A. 8~10Ω　　　　B. 5~8Ω　　　　C. 2.6~3Ω　　　　D. 1~3Ω

（7）甲说:"汽车电源系统由蓄电池、交流发电机、点火开关、充电指示灯及线路组成。"乙说:"充电指示灯监控电源系统的工作情况,充电指示灯亮,说明发电机工作正常。"（　　　）的说法正确。

A. 甲正确　　　B. 乙正确　　　C. 甲乙都正确　　　D. 甲乙都错误

（8）轿车用的JFZ1913Z型发电机,其中数字13的含义是（　　　）。

A. 产品序号　　　B. 设计序号　　　C. 电压等级　　　D. 电流等级

（9）汽车上的交流发电机和蓄电池的搭铁极性必须一致，否则会使（　　）烧坏。

  A. 磁场绕组 B. 电枢绕组 C. 整流器 D. 电磁开关

（10）汽车刚起动时，发电机的转子绕组由（　　）供电。

  A. 发电机 B. 蓄电池 C. 两者都有 D. 都不对

2. 多选题

（1）在下列蓄电池中，属于汽车用铅酸蓄电池的有（　　）。

  A. 胶体蓄电池 B. 镍碱蓄电池 C. 免维护蓄电池 D. 干荷蓄电池

（2）蓄电池的容量大小标志着蓄电池对外供电能力的大小，其影响因素有（　　）。

  A. 放电电流 B. 电解液的温度 C. 电解液的相对密度 D. 极板的构造

（3）新型蓄电池连条的连接方式有（　　）。

  A. 穿壁式 B. 跨越式 C. 龙门式 D. 外露式

（4）蓄电池在发动机起动时给起动机提供强大的起动电流，同时给（　　）供电。

  A. 防盗系统 B. 点火系统 C. 燃油喷射系统 D. 发电机

（5）蓄电池常见故障有（　　）。

  A. 极板硫化 B. 极板短路 C. 电解液不纯 D. 自行放电

（6）下列零件中，（　　）属于交流发电机结构。

  A. 转子 B. 电刷组件 C. 单向离合器 D. 整流板

（7）充电指示灯电路的控制形式有（　　）。

  A. 二极管控制 B. 励磁电路控制 C. 继电器控制 D. 中性点控制

（8）电源系统充电不足的原因有（　　）。

  A. 发电机故障 B. 调节器故障 C. 线路连接松动 D. 发电机传动带过紧

（9）交流发电机的工作特性包括（　　）。

  A. 满载特性 B. 外特性 C. 输出特性 D. 空载特性

（10）发电机常见故障包括（　　）。

  A. 发电电压过高 B. 输出电流过大 C. 不发电 D. 发电电压不足

3. 判断题

（1）用起动电源跨接起动的电压不能超过16V，否则会损坏发动机电控系统。（　　）

（2）检查蓄电池电量的安全快捷方法是短路法。（　　）

（3）当蓄电池内部有断路和短路故障时，可进行跨接起动的。（　　）

（4）为了保证蓄电池能在寒冷季节使用，应检测蓄电池冷态电流和最低电压。（　　）

（5）免维护蓄电池的极板具有很强的抗过充电能力，且使用寿命长。（　　）

（6）汽车发电机的整流器正二极管输出端与蓄电池正极相连。（　　）

（7）发电机输出电压的调节是通过改变电枢绕组电流的大小来实现的。（　　）

（8）用万用表检测两集电环之间电阻，若阻值显示为"∞"，则说明磁场绕组断路。（　　）

（9）交流发电机的转子绕组连接方式有Y形接法和△形接法。（　　）

（10）发电机输出电压的调节是通过改变励磁电压的大小来实现的。（　　）

4．问答题

（1）汽车起动用蓄电池有哪些功用？

（2）铅酸蓄电池的构造及各部分的作用如何？

（3）试述蓄电池的充电特性与放电特性。

（4）简述蓄电池容量的含义及影响因素。

（5）画出电路图并简述交流发电机的工作特性。

（6）简述蓄电池充电的种类和方法。

（7）交流发电机由哪几部分组成？各起什么作用？

（8）蓄电池过充电或过放电有何危害？

（9）在车上如何判断蓄电池的充、放电程度？

（10）举例说明交流发电机中性点的作用。

（11）电压调节器有何作用？举例说明其控制过程。

（12）简述宝来车电源系统的组成和控制过程。

（13）简述普通电路中，充电指示灯的控制过程。

（14）电源系统常见故障有哪些？如何诊断？

（15）举例描述发电机性能测试的内容和方法。

起动系统

→ **目标及要求**

◎ **教学目标**

（1）起动系统的组成及作用

（2）起动机的工作原理与特性

（3）起动机的性能检测内容和方法

◎ **能力要求**

（1）能正确将起动机从车上拆下，并能正确将起动机安装到车上

（2）能拆装起动机总成，以及正确对起动机组成零件进行检测

（3）能正确分析起动系统工作电路，并能诊断和排除故障

→ **项目概述**

汽车起动系统的功用是施加一个外力使发动机从静止状态进入到工作状态，从而驱动发动机旋转。这个外力有人力驱动和电机驱动两种；按控制方式不同有直接起动、间接起动、防误起动及防盗起动四种。现代汽车均采用电机驱动，且轿车广泛采用电子防盗式起动系统。起动系统就是由起动机将蓄电池的电能转换为机械能，通过传动装置传递给发动机飞轮，驱动飞轮旋转，从而实现发动机的起动。

普通起动系主要由蓄电池、起动机、起动继电器、点火开关等组成，电子防盗起动系统在普通起动系统的基础上增加了防盗装置及电控单元。电机控制方式也发生巨大变化，从简单的点火开关控制发展成分为智能一键起动。本项目将围绕现代汽车起动系统的原理、控制电路及常见故障检测等内容进行介绍。本项目学习任务如图3-1所示。

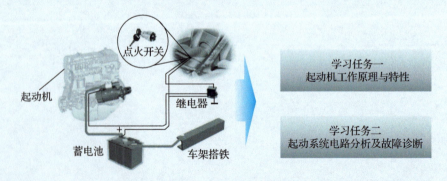

图 3-1 项目三学习任务

学习任务一 起动机工作原理与特性

学习任务描述

汽车起动机类型较多，其结构原理也有较大差异。本学习任务将介绍汽车起动机结构原理、起动机零件检查及整机性能检测等内容。

基础知识和技能

一、起动机结构原理

1. 起动机型号及分类

起动机的型号由五部分组成，如图 3-2 所示。

图 3-2 起动机的型号组成

第 1 部分为产品代号。起动机的产品代号：QD 表示起动机，QDJ 表示减速起动机，QDY 表示永磁起动机。

第 2 部分为电压等级。用阿拉伯数字表示。起动机的电压等级：1 表示 12V，2 表示 24V，6 表示 6V。

第 3 部分为功率等级。用阿拉伯数字表示，见表 3-1。

第 4 部分为设计序号。按产品设计先后顺序以 1~2 位阿拉伯数字表示。

第 5 部分为变型代号。指电器某些非主要结构的改变，以汉语拼音大写字母 A、B、C 等表示。

表 3-1 起动机功率等级

功率等级	功率 /kW	功率等级	功率 /kW
1	≤ 1	6	5~6
2	1~2	7	6~7
3	2~3	8	7~8
4	3~4	9	≥ 8
5	4~5		

例如，大众新宝来轿车用起动机型号为 QDY1106，表示永磁式起动机，额定电压为 12V，功率小于等于 1kW，首次设计，第 6 次变型。

汽车用起动机均采用直流电动机，目前起动机有多种类型，不同结构的起动机的特点及应用也不同，见表 3-2。

表 3-2　起动机的类型及特点

分类方式	起动机类型	特点及应用
按磁场产生方式不同分类	励磁起动机	汽车上的起动机普遍采用直流串励式电动机，如新宝来轿车用的 QDY1106 型、东风 EQZ120 型汽车用的 QD2623 型起动机等
	永磁起动机	永磁式起动机结构简单、体积小、质量轻，是近年来出现的新型起动机，目前在汽车上使用还比较少
按控制装置不同分类	直接操纵式起动机	直接操纵式起动机由脚踏或手拉杠杆联动机构直接控制起动机的上电开关来接通或切断主电路，也称机械式起动机。其结构简单、工作可靠，但由于受安装布局的限制，操作不便，因此已很少采用
	电磁操纵式起动机	电磁操纵式起动机由按钮或点火开关控制继电器，再由继电器控制起动机的主开关来接通或切断主电路，也称电磁控制式起动机。它可实现远距离控制，操作方便，在现代汽车上广泛采用
按传动机构啮合方式不同分类	强制啮合起动机	强制啮合起动机是利用电磁力拉动杠杆机构，使驱动齿轮强制啮入飞轮齿圈的起动机。其工作可靠性高，因此在现代汽车上广泛采用
	电枢移动起动机	电枢移动起动机是利用磁极产生的电磁力使电枢产生轴向移动，从内将移动齿轮啮入飞轮齿圈的起动机。其结构比较复杂，主要用于装大功率发动机的重型汽车，如太脱拉 T138、斯柯达 706R 等
	齿轮移动起动机	齿轮移动起动机是靠电磁开关推动安装在电枢轴孔内的啮合杆，使驱动齿轮与飞轮齿圈啮合的
	减速起动机	减速起动机是靠电磁吸力推动单向离合器，使小齿轮啮入飞轮齿圈的。其特点是在电枢和驱动齿轮之间装有一级减速齿轮，从而提高了起动机的起动转矩

（1）减速起动机　普通起动机电枢转速与驱动齿轮的转速相同。减速起动机在电枢与驱动齿轮之间装有一级减速齿轮（一般速比为 3~4），它的优点是：采用了高速低转矩的电动机，可使起动机重量和体积减小，且便于安装；提高了起动机的起动转矩，有利于发动机起动；电枢轴较短，不易弯曲等。减速齿轮有外啮合式、内啮合式和行星齿轮式三种，如图 3-3 所示。

1）外啮合式。外啮合式减速起动机有的用惰轮作为过渡传动，电磁开关铁心与驱动齿轮同轴，直接推动驱动齿轮进入啮合，无需拨叉。也有一些外啮合式减速机构不设惰轮，驱动齿轮啮合通过拨叉来拨动。例如，丰田皇冠轿车采用的外啮合式起动机是用惰轮作为过渡传动的，没有拨叉，如图 3-4 所示。

2）内啮合式。内啮合减速起动机的传动中心距小，一般为 20mm 左右，有较大的传动比，传动效率高，适合于较大功率的起动机。例如，国产 QD254 型内啮合式减速起动机，如图 3-5 所示。

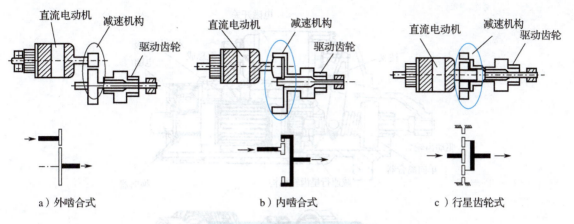

a）外啮合式　　　　　　　b）内啮合式　　　　　　　c）行星齿轮式

图3-3　减速起动机的类型

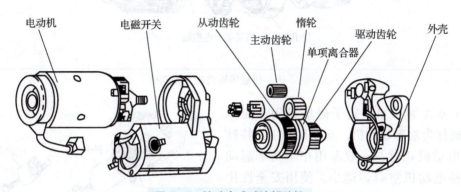

图3-4　外啮合式减速起动机

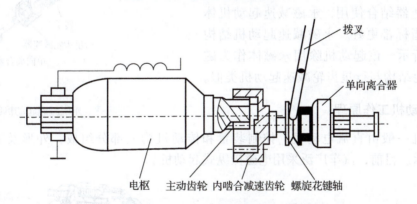

图3-5　内啮合式减速起动机

3）行星齿轮式。行星齿轮减速起动机输出轴与电枢轴同轴，行星齿轮减速器在电枢与驱动齿轮之间传递动力。行星齿轮机构由太阳轮、3个行星轮和齿圈组成，如图3-6所示。太阳轮装在电枢轴上，3个行星轮装在行星架上，齿圈固定不动。当电枢旋转时，太阳轮带动3个行星轮绕齿圈的内齿旋转，行星轮绕齿圈的运动，带动行星架旋转，行星架与输出轴连接。动力传递路线为：电枢轴（太阳轮）→行星轮及行星架（与输出轴一体）→单向离合器→驱动齿轮→飞轮。减速起动机除在电枢与驱动齿轮间增加一级减速齿轮，以起减速增加转矩的作用外，其他工作原理与普通起动机类似。

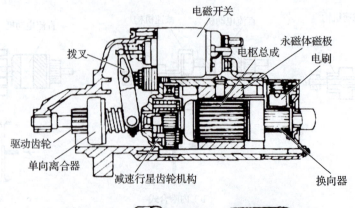

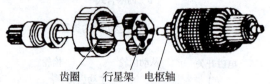

图 3-6　行星齿轮式减速起动机

（2）永磁起动机　定子磁场采用永磁体的起动机称为永磁起动机，起动机的工作特性与并励电动机相近，一般多用作小功率起动机。这种电动机空载转速小，使用安全性比串励电动机好。现在轿车所用的永磁起动机通常与减速器结合使用，永磁减速起动机体积和重量指标都更好。永磁减速起动机结构如图 3-7 所示。该起动机除用永磁体作为磁极外，其他结构与行星齿轮减速起动机类似。

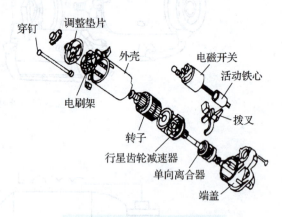

图 3-7　永磁减速起动机结构

2. 起动机工作原理

起动机一般由直流电动机、控制装置和传动机构三部分组成，外形及零件组成如图 3-8 所示。目前，汽车广泛采用电磁操纵式起动机。

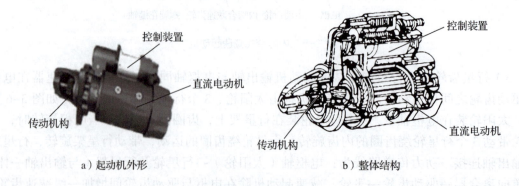

图 3-8　起动机结构

（1）直流电动机　直流电动机是将电能转变为机械能的装置，是以通电导体在磁场中受磁场力作用的原理为基础制成的。以单匝电枢绕组的直流电动机为例说明其工作原理，如图 3-9 所示。

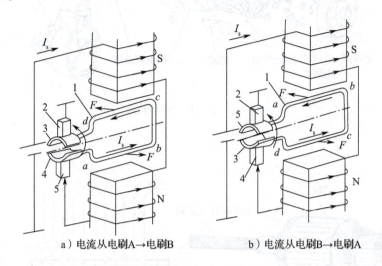

a）电流从电刷A→电刷B　　b）电流从电刷B→电刷A

图 3-9　直流电动机工作原理

1—电枢绕组　2—电刷 B　3—换向器铜片 B　4—换向器铜片 A　5—电刷 A

将电枢绕组置于磁场中，磁场方向如图 3-9 所示，直流电通过电刷和换向器铜片引入。当电流 I_s 从电刷 A 经 a、b、c、d 到电刷 B 时，根据左手定则判定，*ab* 和 *cd* 受磁场力 *F* 的方向如图 3-9a 所示，这个电磁力将形成力矩，使电枢绕组逆时针转动。当电枢绕组转到换向器铜片 A 与电刷 B 接触，换向片 B 与电刷 A 接触时如图 3-9b 所示，电流方向改变为 d、c、b、a，同时 *ab* 和 *cd* 的位置也改变，电磁转矩的方向保持不变，使电枢绕组继续逆时针旋转。直流电动机的电磁转矩 M 可表示为

$$M=C_m\Phi I_s$$

$$C_m=\frac{PN}{2\pi\alpha}$$

式中，C_m 为电机结构常数；P 为磁极对数；N 为电枢导线总根数；α 为电枢绕组的并联支路对数；Φ 为磁通量；I_s 为电枢电流。

由上分析可知，直流电动机能通过增加磁极对数、电枢导线总根数和减少并联支路对数，以及增大电枢和磁场电流来增大电磁转矩。实际的直流电动机电枢都用多匝并联绕成，电枢电流和磁场电流也很大（起动电流达 600A 以上），使起动机有足够转矩起动发动机。

直流电动机一般由电枢总成、磁极、电刷及电刷架和其他附件组成，如图 3-10 所示。

1）电枢总成。电枢总成由电枢轴、电枢铁心、电枢绕组及换向器组成，如图 3-11 所示。在电枢轴 3 上压有铁心 2，铁心的作用是增加磁力，它是由互相绝缘的薄硅钢片叠成的，采用叠片是为了减小铁心内因感应的涡流造成电流的损失。每片薄硅钢片上有槽，叠在一起形成沟槽，电枢绕组分多条支路嵌在铁心的沟槽内，并分别接到固定在电枢轴上互相绝缘的换向器铜片上。为了获得较大起动转矩，电枢绕组采用大截面的铜导线制成，以便几百安的起动电流通过。

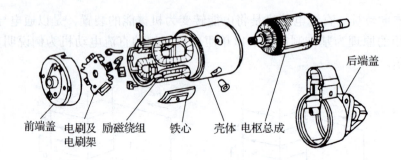

前端盖　电刷及　励磁绕组　铁心　壳体 电枢总成　　后端盖
　　　电刷架

图 3-10　直流电动机的构造

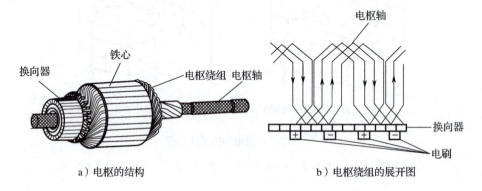

a）电枢的结构　　　　　　　　b）电枢绕组的展开图

图 3-11　电枢总成

2）磁极。磁极由铁心及励磁绕组构成，如图 3-12 所示，它固定在起动机壳体的内壁上。为了产生足够强度的磁场使电枢产生足够的起动转矩，磁极的数量一般为 2 对，功率较大的起动机也有采用 3 对的。励磁绕组也采用大截面的铜导线制成。

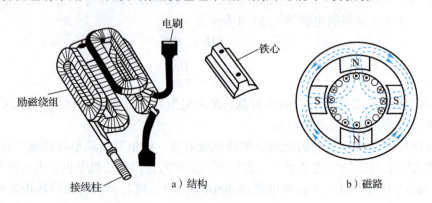

a）结构　　　　　　　　　b）磁路

图 3-12　磁极

4 个励磁绕组的连接方法有串联、并联和混联。无论采用何种连接，产生的磁极应相互交错。如图 3-13 所示。励磁绕组与电枢绕组的连接方式有串励、并励和复励三种形式，如图 3-14 所示。大多数电动机均采用串励，大功率的起动机采用复励。串励电动机的特点是电枢绕组和励磁绕组串联，电枢电流与励磁电流相等。

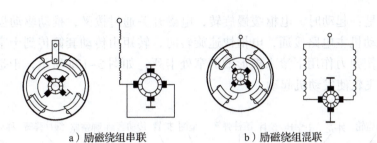

a）励磁绕组串联　　　　　　b）励磁绕组混联

图 3-13　励磁绕组的连接

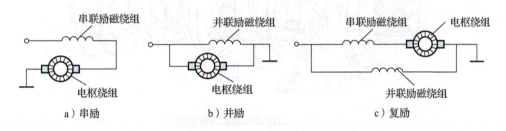

a）串励　　　　　　　b）并励　　　　　　　c）复励

图 3-14　磁场绕组与电枢绕组的连接方式

3）电刷及电刷架。由于起动机电流较大，所用电刷是用铜与石墨粉压制而成。电刷置于电刷架中，由盘形弹簧压紧到换向器上，电极引线搭铁，如图 3-15 所示。

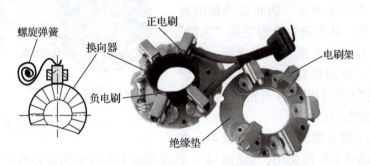

图 3-15　电刷与电刷架

4）其他附件。壳体主要起支撑和保护作用。起动机轴承由于结构限制一般采用滑动轴承，用于支承电枢轴，轴承配合间隙应适当，间隙过大会引起电枢轴旋转时跳动量过大，进而引起电枢轴与定子铁心之间出现摩擦，造成起动机运转无力。

（2）传动机构　普通起动机的传动机构主要是单向离合器。其作用是将电动机的动力传递给发动机飞轮以起动发动机，当发动机起动后，断开发动机对起动机的逆向驱动，以防止发动机带动起动机高速旋转而使起动机"飞散"。

起动机中常见的单向离合器有滚柱式、摩擦片式和扭簧式等。

1）滚柱式单向离合器。滚柱式单向离合器是汽车起动机中使用最多的一种传动方式，如图 3-16 所示，其外壳与驱动齿轮连为一体，十字块与传动套筒经滑动花键与电枢轴相接，外壳与十字块之间的间隙是宽窄不等的楔形槽结构。

工作过程是：起动时，电枢缓慢旋转，电磁开关通过拨叉，推动驱动齿轮与发动机飞轮啮合。当起动机主电路接通，电枢快速旋转时，转矩由传动套筒传到十字块，滚柱在外壳摩擦力和弹簧弹力作用下滚入楔形槽的窄处卡死，如图 3-17a 所示，于是将转矩传给驱动齿轮，带动飞轮使发动机起动。

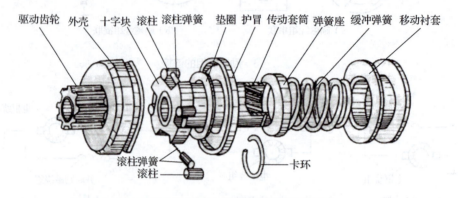

图 3-16 滚柱式单向离合器的结构

当发动机起动后，曲轴转速高于起动机，飞轮带动驱动齿轮旋转，在外壳摩擦力作用下，滚柱克服弹簧弹力，滚入楔形槽的宽处而打滑，如图 3-17b 所示，防止发动机的转矩传给驱动齿轮，从而避免电枢超速"飞散"的危险。起动后，由于拨叉回位弹簧，使单向离合器退回，驱动齿轮退出飞轮齿环。缓冲弹簧具有缓和驱动齿轮与飞轮间的冲击，保护驱动齿轮的作用。

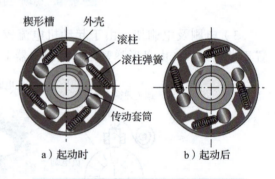

图 3-17 滚柱式单向离合器的工作过程

滚柱式单向离合器结构简单而紧凑，在中小功率的起动机上广泛使用，如新宝来、奥迪等轿车上均采用这种类型。但在大功率起动机上，由于滚柱容易变形卡死，所以大功率起动机上不适合用滚柱式单向离合器。

2）摩擦片式单向离合器。摩擦片式单向离合器多用于大功率柴油机的起动机上。摩擦片式单向离合器主要由主动摩擦片、被动摩擦片、内外接合鼓等组成，其结构如图 3-18 所示。离合器的外接合鼓固定在起动机轴上，内接合鼓旋装在驱动齿轮柄上，齿轮柄则自由套在起动机轴上，用螺母锁紧防止脱落。主动摩擦片以其外凸齿装入外接合鼓的切槽中，内接合鼓上的两个弹簧轻压摩擦片，使摩擦片具有传力作用。

工作过程是：起动时，经外接合鼓摩擦片带动内接合鼓转动，驱动齿轮与飞轮啮合后，由于内接合鼓和驱动齿轮柄之间的螺旋结构，使得内接合鼓向右移动，压紧摩擦片，电枢的转矩传递给飞轮。发动机起动后，飞轮带动驱动齿轮，内接合鼓与驱动齿轮的螺旋结构，使得内接合鼓向左移动，摩擦片松开，飞轮不能带动电枢，避免了电枢超速"飞散"的危险。

3）扭簧式单向离合器。扭簧式单向离合器主要由扭力弹簧、驱动齿轮、传动套筒等

组成，如图 3-19 所示。驱动齿轮空套在电枢轴的前端的光滑部分，传动套筒压套在电枢轴的花键部分，扭力弹簧两端各有 1 / 4 圈内径较小的部分，箍紧驱动齿轮与传动套筒。扭簧式单向离合器一般用于大功率发动机的起动机上。

工作过程是：起动时，电磁开关铁心经拨叉带动拨环，推动单向离合器使驱动齿轮与发动机飞轮啮合。电枢旋转时，通过花键带动传动套筒，在扭力弹簧与驱动齿轮和传动套筒之间摩擦力作用下，将传动套筒和驱动齿轮柄抱死，电枢转矩便由此传给飞轮。起动后，飞轮带动驱动齿轮，扭力弹簧被放松而打滑，保护电枢不致被飞轮带动而"飞散"，同时拨叉在回位弹簧作用下，使驱动齿轮回位。

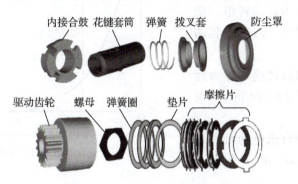

图 3-18 摩擦式单向离合器的结构　　　图 3-19 扭簧式单向离合器的结构

（3）控制装置　起动机的控制装置是电磁开关。电磁开关安装在直流电动机壳体上方，用于控制起动机驱动齿轮与飞轮的啮合与分离，以及电动机电路的通断。电磁开关主要由吸拉线圈、保持线圈、接触盘、铁心等组成，如图 3-20 所示。吸拉线圈与保持线圈的匝数相同，绕向也相同，都绕在套筒外侧。吸拉线圈与电动机串联，保持线圈与电动机并联。当电磁开关通电时产生吸力，吸引铁心，铁心的移动通过拨叉将驱动齿轮推向飞轮，同时通过电枢中的较小电流使电枢轴较缓慢地旋转，因而有利于啮合。当驱动齿轮与飞轮齿圈完全啮合时，动触点与接触盘也刚好完全闭合。此时，吸拉线圈被短路，只靠保持线圈吸力将触点与定触点保持在接通状态，强大的起动电流通过励磁绕组和电枢绕组使电动机快速转动。

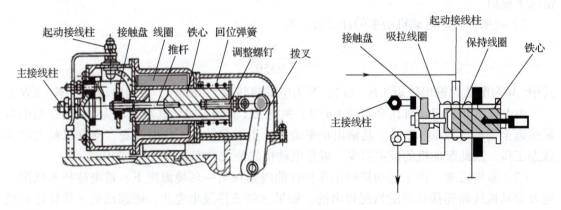

图 3-20 电磁开关的结构

工作过程是：发动机起动后，从起动开关到保持线圈的电流被切断，但在断开起动开关的瞬间，触点仍在闭合位置，电流从触点到吸拉线圈，再经保持线圈搭铁。这时，两线圈产生的电磁力大小相同，方向相反，相互抵消。在回位弹簧的作用下，铁心返回原位，触点断开，起动机因断电而停转，同时驱动齿轮退回。

3. 起动机工作特性

　　（1）工作特性　要使发动机顺利起动，必须克服运转阻力，尤其是压缩行程的压缩气体阻力和各运动件的摩擦阻力，克服这些阻力所需的转矩称为起动转矩。柴油机压缩比较汽油机大得多，起动更困难，需要的起动转矩也更大。

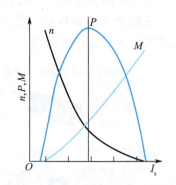

图3-21　串励直流电动机的工作特性

　　起动发动机时，还要求有一定的曲轴转速，称为起动转速。汽油机的起动转速要求不低于 50~70r/min，柴油机要求不低于 150~300r/min。

　　汽车起动机所用的电动机多为串励直流电动机，其工作特性如图3-21所示。其中，曲线 M、n、P 分别表示转矩特性、转速特性和功率特性。

　　1）转矩特性。电动机电磁转矩 M 随电枢电流 I_s 而变化的关系称为转矩特性。在起动机起动的瞬间，发动机的阻力矩很大，起动机处于完全制动状态，此时电枢转速为零，电枢电流达到最大值，转矩与电枢电流的平方成正比，所以制动电流所产生的转矩很大，足以克服发动机的阻力矩，使发动机起动。

　　2）转速特性。电动机的转速 n 随电磁转矩 M 而变化的关系称为转速特性。电动机的输出转矩较大时，电枢电流较大，电流随电动机转速的增加而急剧下降；电动机的输出转矩较小时，电枢电流又随电动机转速的减小而快速上升。

　　所以串励直流电动机具有重载转速低、轻载转速高的特性。重载转速低的特性可以保证电动机在起动时不会因超出允许的功率而烧毁，使起动安全可靠；轻载转速高的特性容易使起动机在轻载或空载时出现"飞车"现象，所以串励直流电动机不可在轻载或空载时情况下使用。

　　3）功率特性。电动机功率的计算公式为

$$P = \frac{Mn}{9550}$$

式中，M 为电动机输出转矩（N·m）；N 为电动机转速（r/min）；P 为电动机功率（kW）。

　　由上式可知：起动机在全制动（$n=0$）和空载（$M=0$）时，其功率均为0；而在电枢电流接近全制动电流的1/2时，其输出功率最大。由于起动机工作时间短，允许以最大功率状态工作，因此起动机的额定功率一般是电动机的最大功率或接近最大功率。

　　（2）影响因素　由于起动机的工作特性曲线是在某一环境温度下、蓄电池技术状况一定及起动机线路连接良好的情况得出的，如果这些条件发生变化，则起动机工作特性曲线也会发生变化。所以影响起动机工作特性的因素有蓄电池容量、电路接触电阻、环境温度等。

1）蓄电池容量。蓄电池容量越大、充电越足，则内阻越小，供给起动机的电流就越大，起动机的输出功率、转速、起动转矩就越大。反之，会使起动机的功率下降。

2）电路接触电阻。接触电阻主要是指起动电路导线与蓄电池极柱、起动机接线柱以及电动机内部电刷与换向器之间的接触电阻。电路接触电阻越大，起动机的输出功率、转速、起动转矩等越小。

3）环境温度。当环境温度下降时，蓄电池的容量也会下降，则蓄电池的内阻增加，所以，也会使起动机的功率下降。

二、起动机零件检测

1. 直流电动机的检测

（1）电枢轴的检测　用百分表检测电枢轴是否弯曲，如图3-22所示。若铁心表面摆差超过0.15mm或电枢轴颈摆差大于0.05mm时，均应进行校正或更换。另外，还应检查电枢轴上的花键齿槽，如严重磨损或损坏，则应修复或更换。

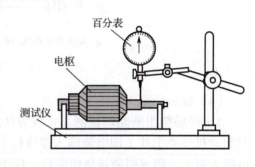

图3-22　电枢轴弯曲检测

（2）换向器的检测

1）换向器最小直径的检测（见图3-23a）。用游标卡尺检测换向器外径尺寸，换向器外径标准值要查找相关车型技术手册获得，测量值一般不小于标准值的1mm，否则应更换电枢。

2）换向器径向圆跳动量的检测（见图3-23b）。用砂纸打磨换向器表面后，用百分表检查换向器径向圆跳动量，一般不应大于0.05mm，否则应进行修整或更换。

3）换向器磨损的检测（见图3-23c）。换向器绝缘云母片深度的标准值为0.5~0.8mm，使用极限值为0.2mm，若云母槽深度低于使用极限值，可用锉刀修整，再用细砂纸打磨。

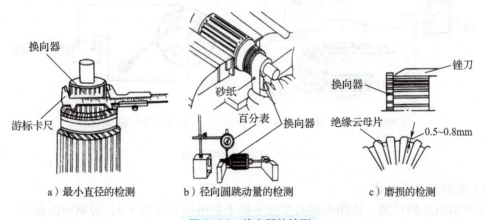

a）最小直径的检测　　　b）径向圆跳动量的检测　　　c）磨损的检测

图3-23　换向器的检测

（3）电枢绕组（转子）的检测

1）电枢绕组搭铁的检测（见图3-24a）。用万用表的一根表笔接触电枢，另一根表笔依次接触换向器铜片，电阻无穷大，说明正常，否则说明电枢绕组与电枢轴之间绝缘不良，有搭铁部位。

2）电枢绕组断路的检测（见图 3-24b）。检测相邻两换向器铜片间是否相通，若阻值为"0"，说明电枢绕组无断路故障；若电阻值为无穷大，说明此处有断路故障，应更换电枢。

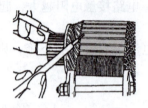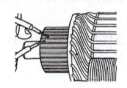

a）电枢绕组搭铁的检测　　　　b）电枢绕组断路的检测

图 3-24　电枢绕组的检测

（4）磁场绕组（定子）的检测

1）磁场绕组断路的检测。接线方法如图 3-25a 中 A 表所示，万用表的两表笔分别接触起动机外壳引线（即电流输入接线柱）与磁场绕组绝缘电刷接头是否导通。如果测得的电阻无穷大，则说明磁场绕组断路，应予以检修或更换。

2）磁场绕组搭铁的检测。接线方法如图 3-25a 中 B 表所示。检测磁场绕组电刷接头与外壳之间的电阻，阻值为∞，说明绝缘情况良好；阻值为 0，说明磁场绕组绝缘不良或搭铁；阻值较小，说明有绝缘不良处，应检修或更换磁场绕组。

3）磁场绕组短路的检测。接线方法如图 3-25b 所示，用 12V 直流电源与磁场绕组串联，电路开关接通后，将螺钉旋具放在每个磁极上，检查磁极对螺钉旋具的吸引力是否相同。若某一磁极吸力过小，就表明该磁场绕组有匝间短路故障存在。

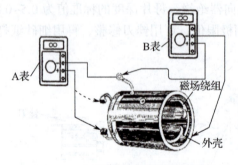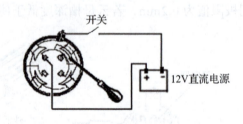

a）磁场绕组断路及搭铁的检测　　　　b）磁场绕组短路的检测

图 3-25　磁场绕组的检测

（5）电刷架总成的检测

1）电刷高度的检测。检测电刷高度应不低于新电刷高度的 2/3，否则应换新件。

2）电刷架接触面积的检测。检测电刷与整流子表面之间的接触面积应达到 75% 以上，否则应研磨电刷。

3）电刷架的检测（见图 3-26a）。用欧姆表检测电刷架正极（+）与负极（-）之间的导通性，应不导通，若导通，应修理或更换电刷架。

4）电刷弹簧的检测（见图3-26b）。用拉力计检测电刷弹簧，读取电刷弹簧从电刷分离瞬间的拉力计读数。标准弹簧安装载荷为17~23N，最小安装载荷为12N。若安装载荷小于规定值，应更换电刷弹簧。

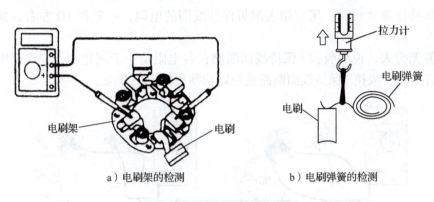

a）电刷架的检测　　　　　　　b）电刷弹簧的检测

图3-26　电刷架总成的检测

2. 传动机构的检测

（1）拨叉和回位弹簧的检测　检测拨叉应无变形、断裂、松旷等现象。回位弹簧应无锈蚀、弹力正常，否则应更换。

（2）驱动齿轮的检测　驱动齿轮的齿长不得小于全齿长的1/3，且不得有缺损、裂痕，否则应予更换；若齿轮磨损严重或扭曲变形，应更换。

（3）单向离合器的检测

1）单向离合器轴向滑动检测。将单向离合器及驱动齿轮总成装到电枢轴上，握住电枢，当转动单向离合器外座圈时，驱动齿轮总成应沿电枢轴滑动自如，如图3-27a所示。握住单向离合器外座圈，转动驱动齿轮，应能自由转动；反转时不应转动，否则，单向离合器有故障，应更换单向离合器，如图3-27b所示。

2）单向离合器打滑检测，如图3-27c所示。将离合器驱动齿轮夹在台虎钳上，在传动套筒中套入花键轴，将扭力扳手接在花键轴上测得力矩应大于规定值（参照维修手册），否则说明单向离合器打滑。反向转动单向离合器应不卡滞，否则应修理或更换单向离合器。

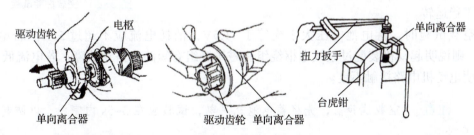

a）单向离合器轴向滑动检测（1）　b）单向离合器轴向滑动检测（2）　c）单向离合器打滑检测

图3-27　单向离合器的检测

3. 电磁开关的检测

（1）吸拉线圈的检测　用万用表测量吸拉线圈的电阻，一般在 0.6Ω 以下，如图 3-28a 所示。

（2）保持线圈的检测　用万用表测量保持线圈的电阻，一般在 1Ω 左右，如图 3-28b 所示。

若阻值无穷大，说明吸拉 / 保持线圈断路；若电阻值小于规定值，则说明吸拉 / 保持线圈匝间有短路。吸拉 / 保持线圈断路或短路均须更换电磁开关。

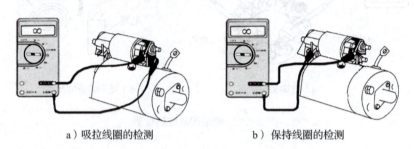

a）吸拉线圈的检测　　　　　　　　b）保持线圈的检测

图 3-28　电磁开关的检测

三、起动机整机性能检测

起动机性能试验包括空载性能试验、电磁开关动作试验和全制动性能试验。以 QDY1106 起动机的检测为例介绍空载性能试验和电磁开关试验，以 QD1229 和 QD1225 起动机的检测为例介绍全制动性能试验。

1. 空载性能试验

将起动机与蓄电池、电流表（量程为 0~ 100A 以上的直流电流表）连接。蓄电池正极与电流表正极连接，电流表负极与起动机"30"端子连接，蓄电池的负极与起动机外壳连接。用带夹电缆将"30"端子与"50"端子连接起来，如图 3-29 所示。此时驱动齿轮应向外伸出，起动机应平稳运转。

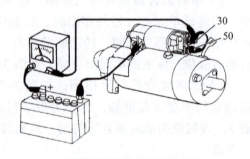

图 3-29　空载性能试验

空载试验时，蓄电池电压大于或等于 11.5V，消耗电流应不超过 55A。若电流大于 55A，则说明起动机装配过紧或电枢绕组和磁场绕组有短路或搭铁故障；若电流低于 55A，则说明电动机电路接触不良。

注意　空载试验前，先将蓄电池充足电，试验应在 3~5s 内完成，以防起动机被烧坏。

2. 电磁开关动作试验

（1）吸拉动作试验　将起动机固定到台虎钳上，拆下起动机"C"端子上的磁场绕组

电缆引线端子。用带夹电缆将起动机"C"端子和电磁开关壳体与蓄电池负极连接。用带夹电缆将起动机"50"端子与蓄电池正极连接,如图3-30所示。此时驱动齿轮应向外移动,同时用塞尺测量驱动齿轮与止推垫圈之间的间隙,应为1.5~2.5mm。若驱动齿轮不动或间隙不够,则说明电磁开关有故障,应予修理或更换。

(2)保持动作试验 在吸拉动作试验的基础上,当驱动齿轮保持在伸出位置时,拆下电磁开关"C"端子上的电缆夹,如图3-31所示。此时驱动齿轮应保持在伸出位置不动。若驱动齿轮回位,则说明保持线圈断路,应予修理。

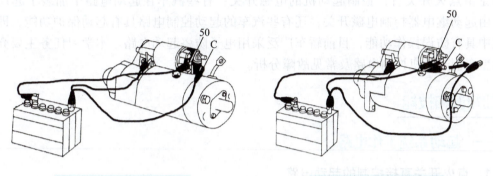

图 3-30　吸拉动作试验　　　　　　图 3-31　保持动作试验

(3)铁心复位试验 当蓄电池的正极接起动机"50"端子时,在保持动作试验的基础上,当拆下蓄电池与起动机外壳的负极接线,如图3-32所示。若驱动齿轮能迅速返回原来位置,则说明铁心复位功能正常,若驱动齿轮不能回位,则说明回位弹簧失效,应更换弹簧或电磁开关总成。

3. 全制动性能试验

全制动性能试验用于检测起动机的转矩和单向离合器的工作状态。首先将起动机固定在台虎钳上并连接线路,如图3-33所示。再用弹簧秤测出其发出的力矩,当制动电流小于480A时,输出最大力矩应不小于13N·m。

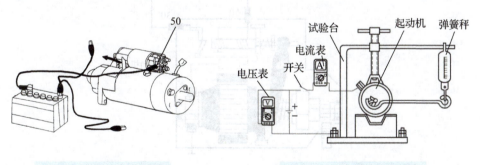

图 3-32　铁心复位试验　　　　　　图 3-33　全制动性能试验

注意　进行全制动性能试验时,要求动作要迅速,每次试验通电时间不应超过5s,以免损坏起动机及蓄电池。试验人员应避开弹簧秤夹具,以防受到伤害。

学习任务二　起动系统电路分析及故障诊断

学习任务描述

　　不同的车型有不同的起动系统电路。起动机的电磁开关与电磁拨叉合装在一起，有些汽车是由点火开关直接控制起动机的电磁开关；有些汽车在起动电路中加装了起动继电器，由起动继电器控制电磁开关；还有些汽车的起动控制电路具有起动保护功能，即起动系统中具有防误操作功能，目前轿车广泛采用电子防盗起动电路。本学习任务主要介绍几种典型车辆起动机控制电路及常见故障分析。

基础知识和技能

一、起动系统工作电路

1. 点火开关直接控制的起动电路

　　点火开关直接控制的起动电路如图 3-34 所示。当点火开关打到起动档时，电磁开关中的吸拉线圈和保持线圈电路被接通，产生电磁吸力将拨叉拉动，小齿轮与飞轮啮合，接触盘将主电路接通，起动机工作。电流由蓄电池正极→导线→点火开关 30 端子→点火开关 50 端子→导线→起动机电磁开关 50 接线柱。

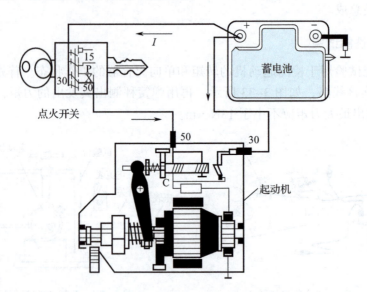

图 3-34　点火开关直接控制的起动电路

2. 起动继电器控制的起动电路

起动继电器控制的起动电路如图 3-35 所示。为了产生足够的吸力，起动机电磁开关的电流较大（一般为 35~40A），如果用点火开关直接控制如此大的电流，会影响点火开关的寿命，也不安全。为此，有些汽车在控制电路中装有起动继电器，由起动继电器触点的开闭控制电磁开关的通断，而起动开关（或点火开关）只控制起动继电器线圈电路的通断，因而减小了点火开关的通过的电流。

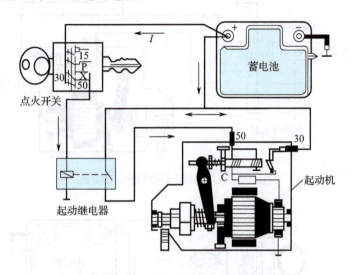

图 3-35 起动继电器控制的起动电路

起动时，接通点火开关，起动继电器线圈电路通电，使触点闭合，蓄电池电流经继电器到起动机电磁开关（"50"端子），电磁开关工作并接通起动机（"30"端子），起动机工作。

3. 防误继电器控制的起动电路

防误继电器控制的起动电路如图 3-36 所示。防误继电器是常闭触点式，其线圈由发电机中性点供电；当发电机正常工作时，防误继电器触点打开。

起动时，点火开关接通，电流由点火开关"50"端子→起动继电器线圈→防误继电器常闭触点通电→搭铁点，则起动继电器触点闭合，接通起动机"50"端子，随后接通起动机电磁开关电路，起动机通电工作。

起动后，发电机正常发电，中性点有电压，使防误继电器线圈通电，进而使其触点打开，且一直保持开启状态。

发动机工作时，即使点火开关误拨至起动档，接通起动继电器，由于防误继电器触点保持断开，起动机也不会通电工作，起到保护起动机的作用。

4. 电子防盗控制的起动电路

电子防盗控制的起动电路如图 3-37 所示。防盗系统继电器是常开触点式，其线圈电路由防盗系统 ECU 控制；当防盗系统 ECU 收到正确起动信号时，接通防盗系统继电器线圈电路，起动继电器接通，随后接通起动机电磁开关电路，起动机通电工作。

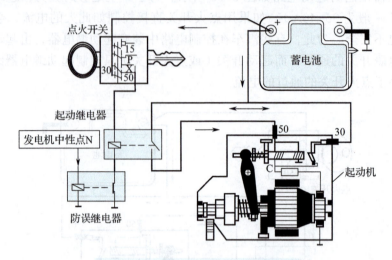

图 3-36　防误继电器控制的起动电路

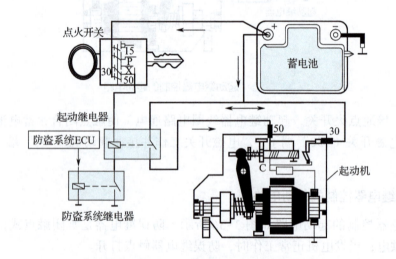

图 3-37　电子防盗控制的起动电路

二、典型车辆起动系统控制电路分析

1. 丰田车系起动系统控制电路

丰田车系起动系统控制电路如图 3-38 所示。为防止挂行驶档位时发动机起动，发动机控制模块利用 P/N 位开关信号，对点火 / 喷油进行控制。

图 3-38 中起动机由起动继电器控制，起动继电器线圈控制电路包括（*1）和（*2）两种线路：（*1）线路设有防盗系统继电器和防盗系统 ECU，该车型起动防盗程度高；（*2）线路没有防盗装置，当 P/N 位开关接通时，电流经 II2 插接器直接控制起动继电器。

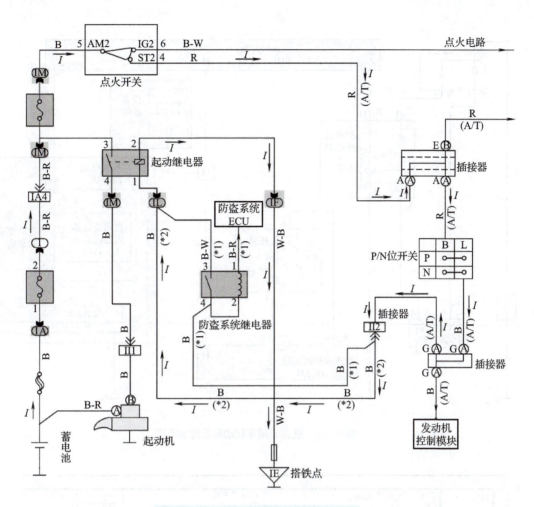

图 3-38　丰田车系起动系统控制电路

2. 别克通用车起动系统控制电路

别克通用车起动系统控制电路如图 3-39 所示。起动机由起动继电器控制，起动继电器由发动机控制模块（ECM）控制；点火开关信号发送给车身控制模块（BCM），档位开关信号发送给发动机控制模块，各个控制模块之间信息通过 CAN 总线传输，如图中双向箭头所示。

当点火开关置于 START 位置时，此信号发送给车身控制模块，然后车身控制模块发送信息至发动机控制模块。当发动机控制模块确认变速器位于驻车档或者空档时，发动机控制模块向起动继电器提供闭合电压，使起动继电器闭合，随后接通蓄电池至起动机电磁开关的电路，控制起动机工作。当发动机正常工作时，起动继电器线圈电路处于截止状态。

3. 大众迈腾车起动系统控制电路

一汽大众部分车型采用双起动继电器控制的起动机电路，如迈腾 B7L 车起动系统控制电路，如图 3-40 所示。J533 为数据总线控制单元，J623 为发动机控制单元，J519 为车载

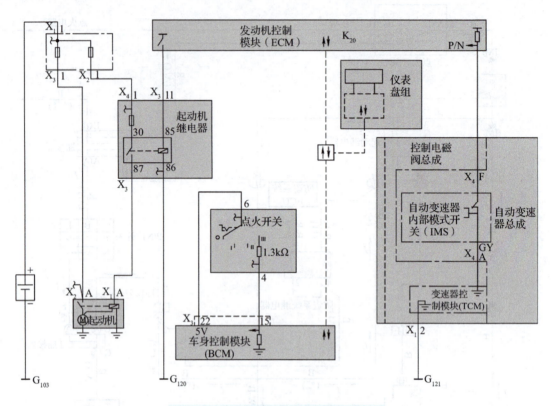

图 3-39　别克通用车起动系统控制电路

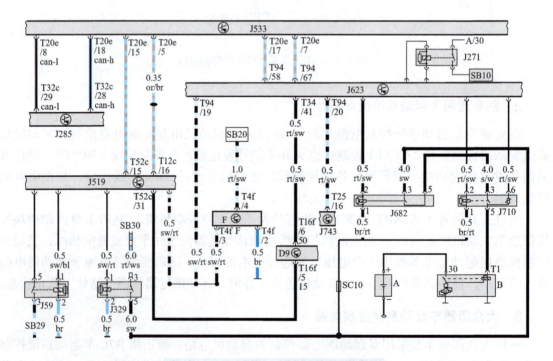

图 3-40　迈腾 B7L 车起动系统控制电路

电网控制单元，J743 为变速器控制单元，J682 为起动继电器，J710 为起动继电器 2，J329 为 15 电源继电器，J271 为主供电继电器，J285 仪表控制单元，J59 为 X 触点卸载继电器，A 为蓄电池，B 为起动机，D9 为点火开关，F 为制动踏板开关（霍尔式）。

1）通过 D9 接通 15 线，发送给 J519 脚 T52c/31 一个信号，通过 CAN 总线传递给 J533，再由 CAN 总线唤醒 J623、J285，J519 接通 J329 控制电路，使 J329 负荷电路接通。

2）J329 首先经过熔丝 SC10 → J682 和 J710 的 1 脚和 2 脚，由 J623 控制是否接通。

3）J623 需要收到 3 个条件后接通 J682 和 J710 控制电路：条件一是 J743 发送给 J623 一个 P 档信号；条件二是制动开关 F 发送给 J623 和 J519 一个制动信号，J519 控制制动灯亮；条件三是 D9 接通 T16f/50 线发送给 J623 一个起动信号。

4）控制 J682 和 J710 负荷导通，然后由 J329 经 J682 的 3 脚和 5 脚 → J710 的 3 脚和 5 脚 → B 控制端。

5）J710 的 6 脚是反馈线，作用是给 J623 提供反馈信号。当反馈信号为 12V 时，起动机正常工作，同时 J519 关闭大功率用电器信号；当反馈信号为 0V 时，起动机工作完成，同时 J519 开启大功率用电设备，如前照灯、音响等电路。

6）P 信号、F 信号通过 CAN 总线传输，由 J285 控制仪表显示；J59 由 J519 控制；J271 控制电路由 J623 控制。

三、起动系统常见故障分析

1. 故障诊断流程

起动系统的常见故障有起动机不工作、运转无力或工作时有异响等。出现这些故障的原因可能是由蓄电池、起动机、起动继电器、点火开关、起动系统线路等故障所引起的。起动系统故障诊断流程如图 3-41 所示。

2. 检查方法

起动系统故障检查包括基本检查和电路检查。以大众新宝来 1.6L 自动档轿车起动系统电路故障为例进行分析，基本检查包括对起动系统线路连接情况进行检查，重点检查蓄电池极柱的导线连接是否紧固（蓄电池电压应在 12V 以上），起动机接线柱的导线连接是否正常。

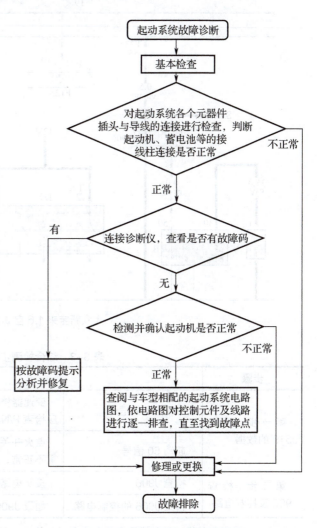

图 3-41　起动系统故障诊断流程

（1）查看诊断仪故障码　诊断仪选用通用或专用的均可，按要求正确连接诊断仪并查看故障码。如果有故障码提示，就按提示故障码逐一排查。

（2）综合测试及分析

1）确认起动机是否正常，将起动机上"50"端子的插头拔下，用万用表测量导线端电压值，应为蓄电池电压，若低于蓄电池电压时，用一根导线将起动机上的"50"端子与蓄电池正极跨接，如果起动机运转，就说明故障不在起动机本身，而在控制电路上。

2）检查控制电路，大众新宝来1.6L自动档轿车起动系统电路如图3-42所示，起动机电磁开关由起动继电器J906控制，J906由车载电网控制单元J519控制，J519通过驱动总线CAN-L和CAN-H与发动机控制单元J623、仪表板控制单元J285等模块通信。根据驾驶人的起动意图，起动系统控制电路将自动档车的P/N信号通过多功能开关F125发送给J519、起动信号通过电子点火开关D9和熔丝SC38发送给J519，最终由J519控制起动继电器J906完成起动任务。综合检测步骤和内容见表3-3。

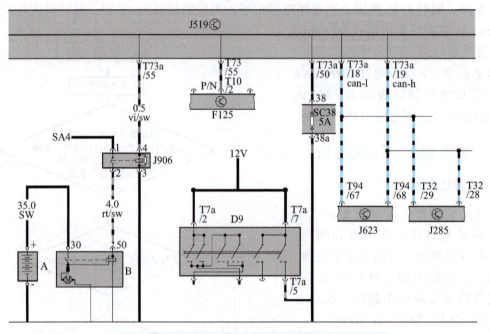

图3-42　大众新宝来1.6自动档轿车起动系统电路

表3-3　综合检测步骤和内容

步骤	内容	
第一步：读取 J519 的数据	P/N 位开关信号	变速器档位为 P/N，读取档位信号是否正常。如果不正常，应检查 P/N 信号多功能开关 F125
	起动 50 信号	点火开关置于起动位置，读取起动 50 信号是否正常。如果不正常，应检查 D9
第二步：检查 J906 及控制电路	检查 J906	按照电路插脚测试继电器 J906 线圈阻值及触点导通状态
	检查 J906 的控制电路	如果 J906 检查正常，检查 J906 控制电路

注：在确定起动机"50"端子无蓄电池电压的情况进行检测。

如果起动机出现运转无力故障，常见原因是起动电流过小。当起动电流过小时，无法使电枢绕组产生驱动发动机的转矩，一般温度下起动电流在 150~200A 之间，低温时在 250~300A 之间，不同车型起动机最低温度起动电流值有所不同（参考维修手册）。检测时，常用的工具有电流表、电流测量仪和高率放电计。检查起动机运转无力故障，首先用高率放电计检查蓄电池性能是否正常，如果蓄电池正常，再用仪器测量起动电流，如图 3-43 所示。

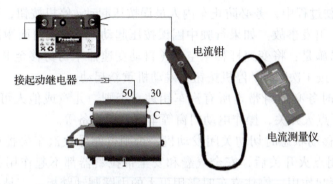

图 3-43 用电流测量仪测量起动电流的线路连接

能力拓展

一、起动车辆时注意事项

1）手动档车辆起动前应将变速器挂空档，起动的同时踩下离合器踏板（自动档车辆应将变速杆置于停车档或空档）。

2）每次接通起动机的时间不得超过 5s，两次之间应间歇 15s 以上。

3）发动机起动后应立刻松开点火开关，使起动机停止工作。

4）若经过 3 次起动，发动机仍没有起动着火，则应停止起动，进行简单的检查。如检查蓄电池的容量，接线柱的连接，油 / 电路等。否则将会使蓄电池的容量严重下降，起动发动机变得更加困难。

二、大众汽车一键操作事项

大众汽车起动 / 停机操作按钮设置在中控台上。只有当有效汽车钥匙置于车内时，方可用起动 / 停机按钮起动发动机；关闭点火开关，打开驾驶室侧车门，离开汽车时将自动激活电子转向柱锁止装置。

1）打开和关闭点火开关。正确操作方法：不踩制动踏板或离合器踏板，按 1 次起动 / 停机按钮即可完成。

2）应急起动功能。若系统在车内未识别到有效汽车钥匙，则将执行应急起动功能，同时组合仪表显示屏上将显示相应信息，如汽车钥匙内的电池电量不足或无电时可能出现该情况。操作方法是：按压起动 / 停机按钮后，立即将汽车钥匙置于右侧的转向柱饰板上钥匙孔内；点火开关自动打开，必要时可能会起动发动机。

3）应急关闭功能。若按1次起动/停机按钮无法关闭发动机，则需要执行应急关闭功能。操作方法是：3s内按2次起动/停机按钮，或按住起动/停机按钮1s以上，则关闭发动机。

4）发动机重新起动功能。关闭发动机后，若系统在车内未探测到有效汽车钥匙，则在5s内仍可重新起动发动机，组合仪表显示屏显示相应信息。

5）在车辆行驶过程中，务必防止车内人员误按压起动/停机按钮，否则可能激活发动机应急关闭功能，引发事故。如果行驶中因误按压起动/停机按钮而激活发动机应急关闭功能，正确处理措施是：将变速杆移至空档（自动变速器车切勿移至P档），轻踩离合器踏板或制动踏板，按1次起动/停机按钮，发动机重新起动。

6）离开车辆时务必随身带走所有汽车钥匙，否则，儿童或他人可能误将汽车闭锁，起动发动机或打开点火开关，操作电动门窗等车内电器设备等。

7）汽车处于移动状态时切勿关闭发动机，否则可能导致汽车失控或引发事故。其原因包括：一是关闭点火开关后，安全气囊和安全带拉紧器都不起作用；二是关闭发动机后，制动助力器不起作用，停住汽车时需用更大的力踩制动踏板；三是关闭发动机后，转向助力器不工作，需用更大的力操纵汽车转向；四是从点火开关中拔出钥匙，转向柱锁将锁止，汽车无法再转向。

📖 课程育人

团结协作的协同精神能够带来更多的机会和资源。雷锋同志说过："一滴水只有放进大海里才永远不会干涸，一个人只有当他把自己和集体事业融合在一起的时候才能最有力量。"如果水滴离开了大海就不能澎湃汹涌，就不能发展壮大，正是一颗颗水滴的汇聚才形成了大海。大海是一个庞大的集体，而水滴是微不足道的个体，可以说是个体成就了集体，集体的辉煌来源于个体的团结合作。

团结是由多种情感聚集在一起而产生的一种精神。团结并不只存在于志同道合的人群之中。想要成为一个团结优秀的集体，只需要用真诚去面对集体中的每一个人，让这个集体里的每一个人都感觉到心灵的温暖。学会在他人的赞赏中寻得自信，而不是狂妄自大；学会倾听他人的话语，而不是妄加评论；学会客观地看待他人的言论，而不是偏袒憎恶；学会发现他人的优点，而不是放大缺点；学会平和地对待他人的缺陷，而不是挖苦讽刺；学会在必要时让步，而不是斤斤计较，正所谓"忍一时风平浪静，退一步海阔天空。"理所当然的，个体之间还要互相帮助，这样才能成就一个成功的集体。一个团结的集体所遇到的任何困难都会迎刃而解，因为集体拥有个体无法比拟的无穷智慧。友爱产生动力，和谐铸就辉煌。虽然每个个体不是最优秀的，但团结在一起就可以组成一个最优秀的集体。

思考与练习

1. 单选题

（1）QDY1106 型号起动机，其中数字 6 的含义是（　　）。

A. 电压等级　　　　B. 功率等级　　　　C. 变型代号　　　　D. 产品代号

（2）实际的直流电动机电枢都用多匝线圈（　　）绕成，电枢电流和磁场电流也很大。

A. 串联　　　　　B. 并联　　　　　C. △形　　　　　D. Y形

（3）若用万用表检测起动机 "50" 端子与壳体间阻值为 0，则说明（　　）。

A. 保持线圈绝缘良好　　　　　　　　B. 保持线圈短路

C. 吸拉线圈绝缘良好　　　　　　　　D. 吸拉线圈短路

（4）磁场绕组电刷接头与起动机外壳之间的电阻值为（　　），说明绝缘情况良好。

A. 阻值较小　　　　B. 零　　　　　C. 阻值较小　　　　D. 无穷大

（5）（　　）控制起动机驱动齿轮与发动机飞轮的啮合与分离，以及电动机电路的通断。

A. 点火开关　　　　B. 电磁开关　　　　C. 拨叉　　　　D. 单向离合器

2. 多选题

（1）测量起动机 "50" 端子与 "C" 端子之间导通情况时，下列（　　）说法正确。

A. 若导通，则说明保持线圈正常　　　B. 若不导通，则说明保持线圈正常

C. 若导通，则说明吸拉线圈正常　　　D. 若不导通，则说明吸拉线圈正常

（2）当起动机的驱动齿轮出现下列（　　）情况时，应更换。

A. 齿轮严重磨损　　　　　　　　　　B. 齿轮扭曲变形

C. 齿轮出现裂纹　　　　　　　　　　D. 驱动齿轮只能单方向转动

（3）起动机电磁开关的作用有（　　）。

A. 控制驱动齿轮与飞轮的啮合与分离　B. 控制电动机电路的通断

C. 控制充电指示灯电路　　　　　　　D. 控制励磁电路

（4）用万用表检测起动机电枢绕组时，下列（　　）是正确的。

A. 电枢绕组与电枢轴间电阻为∞，说明电枢绕组绝缘良好正常

B. 电枢绕组与电枢轴间电阻为 0，说明电枢绕组绝缘良好正常

C. 相邻两换向片间阻值为 0，说明电枢绕组正常

D. 相邻两换向片间阻值为∞，说明电枢绕组正常

（5）用万用表检测起动机磁场绕组时，下列（　　）是正确的。

A. 磁场绕组电刷接头与起动机外壳间阻值为∞，说明磁场绕组正常

B. 磁场绕组电刷接头与起动机外壳间阻值为 0Ω，说明磁场绕组正常

C. 磁场绕组电刷接头与 "C" 端子间阻值为∞，说明磁场绕组断路

D. 磁场绕组电刷接头与 "C" 端子间阻值为 0Ω，说明磁场绕组正常

3. 判断题

（1）串励直流电动机的工作特性指转矩、转速、功率与电流之间的关系。　（　　）

（2）起动机励磁绕组的一端接在电源接线柱上，另一端与两个绝缘电刷相连。（　　）

（3）起动机的传动装置只能单向传递转矩。　（　　）

（4）减速起动机中的减速装置可以起到减速增扭的作用。　（　　）

（5）起动过程中，电磁开关内的保持线圈被短路，由吸拉线圈维持起动状态。（　　）

4. 问答题

（1）起动系统有哪些作用？由哪些零件组成？

（2）简述发动机工作特性及影响因素。

（3）简述起动机结构组成及各个部件作用。

（4）简述电磁开关的作用及控制过程。

（5）简述单向离合器的作用、类型及特点。

（6）举例说明起动机不工作故障诊断流程。

（7）参照图 3-34，描述起动机工作电路。

（8）参照图 3-35，描述起动机工作电路。

（9）参照图 3-36，描述起动机工作电路。

（10）参照图 3-37，描述起动机工作电路。

照明与信号系统

➔ 目标及要求

◎ 教学目标

（1）照明系统组成及控制电路
（2）喇叭装置组成及控制电路
（3）灯光信号系统组成及控制电路

◎ 能力要求

（1）学会照明系统电路检测及故障诊断方法
（2）学会喇叭装置电路检测及故障诊断方法
（3）学会灯光信号系统电路检测及故障诊断方法

➔ 项目概述

为了保证汽车的行驶安全，汽车上装备了多种照明和信号设备，且国家对汽车照明和信号设备在法律上也做了不同程度的规定。汽车照明设备主要用于夜晚及能见度较低时的道路照明，包括车内照明和车外照明；信号系统是安全行车所必需的要求，包括喇叭信号、灯光信号等。本项目学习任务如图4-1所示。

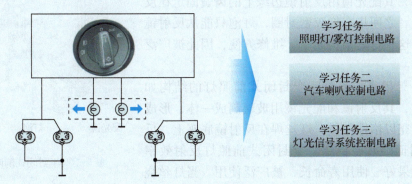

学习任务一
照明灯/雾灯控制电路

学习任务二
汽车喇叭控制电路

学习任务三
灯光信号系统控制电路

图4-1 项目四学习任务

学习任务一　照明灯/雾灯控制电路

学习任务描述

随着汽车技术的不断发展，汽车照明技术越来越完善。例如，从传统的固定前照灯发展到前照灯随转系统，从传统的卤钨灯泡发展到氙气灯。那么，当前汽车前照灯有哪些控制功能？常见故障有哪些？要掌握这些内容，应具备以下知识：

1）前照灯结构、控制电路及故障检修。
2）雾灯控制电路及故障检修。
3）典型照明系统控制电路。
4）照明系统常见故障分析。

基础知识和技能

一、前照灯

1. 前照灯的类型

前照灯按照反射镜结构不同，分为可拆式、半封闭式和封闭式；按照形状不同，分为圆形、矩形和异形；按照发射的光束类型不同，分为远光灯、近光灯；按安装方式不同，分为内装式和外装式；按灯泡结构不同，分为有灯丝式和无灯丝（弧光）式。可拆式前照灯由于反射镜和配光镜分别安装，因此气密性差，反射镜易受湿气和尘埃污染，严重降低反射能力和照明效果，目前已很少采用。下面主要介绍几种目前尚在使用的前照灯结构特点。

（1）半封闭式前照灯　半封闭式前照灯的结构如图4-2所示，其配光镜由反射镜边缘上的齿簧固定在反射镜上，两者之间垫有橡胶密封圈，灯泡只能从反射镜后端装入。这种灯具结构简单，维修方便，因此被广泛使用。

（2）全封闭式前照灯　全封闭式前照灯的结构如图4-3所示，其反射镜和配光镜用玻璃制成一体，形成灯泡，里面充以惰性气体。灯丝焊在反射镜底座上，反射镜的反射面经真空镀铝。全封闭式前照灯反射效率高、照明效果好、使用寿命长，被广泛使用。当灯丝烧断后，需要更换整个前照灯。

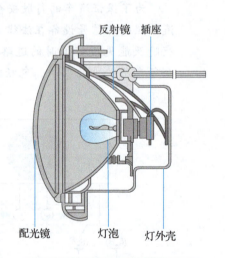

图4-2　半封闭式前照灯的结构

（3）弧光式前照灯　弧光式前照灯的结构如图4-4所示，这种灯的灯泡里没有灯丝，管内充有氙及微量金属（或金属卤化物）。有两个电极，在电极上加5000～12000V电压后，气体开始电离而导电。由气体原子激发到电极间少量水银蒸气弧光放电，然后转入卤化物弧光灯工作，采用多种气体是为了加快起动。弧光式前照灯由弧光灯组件、电控单元和升压器组成。它发出的光色和荧光灯相似，亮度是目前卤钨灯泡的 2.5 倍，寿命是卤钨灯泡的 5 倍，灯泡的功率为 35W，可节能 40%。

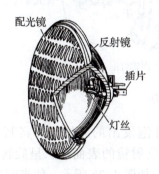

图 4-3　全封闭式前照灯的结构

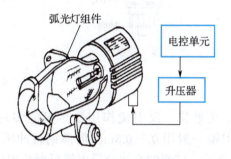

图 4-4　弧光式前照灯的结构

氙气灯是指内部充满以氙气为主的惰性气体混合体的高压气体放电灯。汽车用氙气灯的组件系统由弧光灯组件和电子镇流器组成。电子镇流器起着升压器的作用，将汽车电池 12V 电压瞬间提升，一般能达到 2kV 左右，将灯中的氙气电离形成电弧放电并稳定发光。

2. 前照灯的结构

前照灯一般由灯泡（光源）、反光镜、配光镜等组成，如图 4-5 所示。

（1）灯泡　灯泡是前照灯的光源部分，常见的灯泡有充气灯泡、卤钨灯泡和 LED 灯三种类型。

1）充气灯泡。充气灯泡是指玻璃泡内的空气抽出后，再充入惰性混合气体的灯泡。普通式充气灯泡一般充入的惰性气体为 96% 的氩气和 4% 的氮气。灯泡的结构主要包括配光屏、近光灯丝、远光灯丝、灯壳、定焦盘、灯头、插脚等，如图 4-6a 所示。

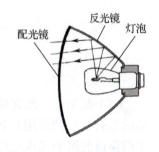

图 4-5　前照灯的结构

充入灯泡的惰性气体可以在灯丝受热时膨胀，增大压力，减少钨的蒸发，提高灯丝的温度和发光效率，节省电能，提高使用寿命。

2）卤钨灯泡。卤钨灯泡是利用卤钨再生循环反应的原理制成的灯泡。其原理是从灯丝蒸发出来的气态钨与卤族反应生成卤化钨，卤化钨再受热分解，使钨重新回到灯丝上，如此反复循环，从而防止钨蒸发和灯泡发黑现象。卤钨灯泡的结构如图 4-6b 所示。

卤钨灯泡尺寸小，灯泡内充入惰性气体的压力较高，工作温度高，故钨的蒸发也受到更为有力的抑制。卤钨灯泡发光效率高，亮度是充气灯泡的 1.5 倍，使用寿命是充气灯泡的 2~3 倍。

3）LED 灯。LED 是 Light Emitting Diode 的简称，也称发光二极管。以 LED 作为光源的灯，在汽车上不仅用于前照灯，也是汽车尾灯、高位制动灯、日间行车灯的重要组成。LED 灯具有节能、寿命超长、耐用性好、LED 元件体积小、紧凑性好（便于布置和造型设计）、响应速度快、亮度衰减低等优点。

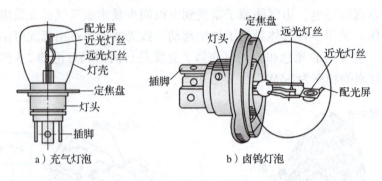

a）充气灯泡　　　　　　　　b）卤钨灯泡

图 4-6　灯泡的结构

（2）反射镜　反射镜作用是尽可能多地收集灯泡发出的光线，并将其聚合导向远方。反射镜一般用 0.6~0.8mm 的薄钢板冲压而成，反射镜的表面形状呈旋转抛物面，如图 4-7a 所示，灯泡的光线经反射镜反射后射向远方，如图 4-7b 所示，使光度增强几百倍，甚至上千倍，从而使车前 150m，甚至更远的路面清晰可见。

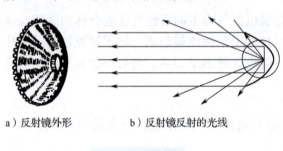

a）反射镜外形　　　　　　　b）反射镜反射的光线

图 4-7　反射镜

（3）配光镜　配光镜也称散光玻璃，由透光玻璃压制而成，是很多块特殊的棱镜和透镜的组合。它的作用是将反射镜反射出的平行光束进行折射，以扩大光线的照射范围，使车前路面的照明光线更均匀、良好。同时还能有效减小对面车辆驾驶人的炫目效应。

3. 前照灯的控制电路

（1）普通控制电路　普通前照灯控制电路由灯光开关、变光开关、远光指示灯、前照灯、远光灯继电器、近光灯继电器等组成，普通前照灯控制电路如图 4-8 所示，其特点是：采用灯丝搭铁，其前照灯都为并联。

当灯光开关位于前照灯 Head，变光开关位于 Low（近光档）时，电路为：蓄电池 →近光灯继电器→变光开关 Low →灯光开关→搭铁，近光灯继电器触点闭合，接通左、右近光灯电路，左、右近光灯亮。

当变光开关位于 High（远光档）时，电路为：蓄电池 →远光灯继电器→变光开关 /HU →灯光开关→搭铁，远光灯继电器接通其触点闭合，则接通远光灯电路，左、右远光灯及远光指示灯同时点亮。

车辆在行驶中，遇到对面来车需要用远光灯闪烁提示对方驾驶人时，可以使用变光开关的 Flash 档，或者是当灯光开关损坏时，可以通过变光开关的 Flash 档接通远光灯电路。

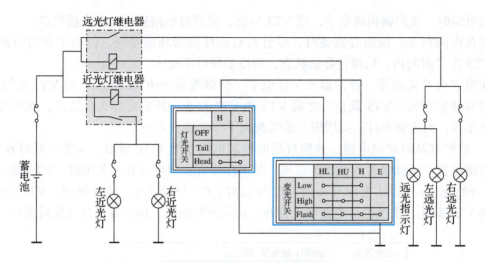

图 4-8 普通前照灯控制电路

（2）新型前照灯自动控制电路 目前，很多汽车的前照灯采用了自动控制系统，这样减轻了驾驶人的劳动强度，保证了夜间行车的安全性和方便性。前照灯自动控制一般包括自动点亮控制、光束自动调整、延时自动控制等。

1）自动点亮/延时关灯控制。自动点亮/延时关灯系统的功能：一是当环境亮度暗到预定程度时，自动点亮前照灯；二是前照灯延时控制电路可使前照灯在电路被切断后仍继续照明一段时间，为驾驶人离开黑暗的停车场所提供短时照明。

前照灯自动点亮系统控制电路如图 4-9 所示，车门关闭，打开点火开关，触发器控制 VT1 导通，为灯光自动控制器提供电源。控制器中检测电路会根据周围环境的明亮程度自动点亮或熄灭前照灯。

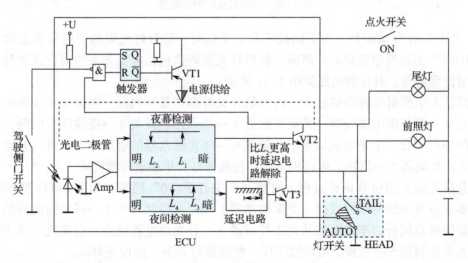

图 4-9 前照灯自动点亮系统控制电路

①当周围环境的亮度较强时，检测电路输出低电平，VT2 和 VT3 截止，所有灯不亮。

②当周围环境的亮度较暗时，夜幕检测电路输出高电平，VT2 导通时，尾灯电路接通；

当环境更暗时，夜间输出高电平，使VT3导通，前照灯电路接通，点亮前照灯。

③在夜间行车，前照灯点亮时，尽管路灯能使周围环境变亮，但由于延时电路的作用，VT3在 T 时间内，仍保持导通状态，所以前照灯不熄灭。

④当点火开关断开，触发器处于低电平。但触发器仍由 $+U$ 供电，使VT2继续导通；当打开驾驶室门时，VT1截止，之后VT2和VT3截止，所有灯熄灭。这样，在夜晚黑暗等处下车前，因为有车灯照亮周围，给驾驶人下车提供了方便。

2）前照灯延时控制电路。前照灯延时控制电路如图4-10所示，主要由延时控制器、前照灯继电器、手动延时调整器等组成。其工作原理：当点火开关关闭时，VT1截止，电容C1开始充电；当C1电压升高到VT2导通时，C1开始放电，VT3导通，VT关断；随后很快VT3截止，前照灯继电器触点打开，使前照灯断路，即实现了自动延时关灯。

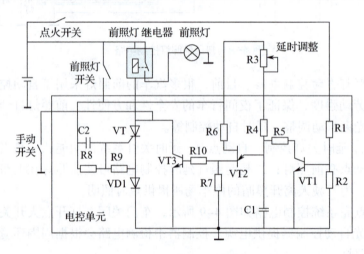

图4-10　前照灯延时控制电路

3）光束位置自动调整。当车辆载荷发生变化时，前照灯光束的照射位置也随之发生变化，因而不能适当地照亮前方路面。前照灯光束调整包括降低光束照射位置调整和升高光束照射位置调整，其控制电路如图4-11所示。

①降低光束照射位置调整过程。将控制开关拧到"Ⅲ"档时，如图4-11a所示，由光束控制器6→降光继电器线圈→光束控制器4→光束控制开关4→搭铁构成回路，使降光继电器的触点闭合，于是电流从光束控制器6→降光继电器的触点→电动机→升光继电器触点→光束控制器5→搭铁，电动机工作，使前照灯光束照射位置降低。

②升高光束照射位置调整过程。将控制开关打至"0"档时，如图4-11b所示。由光束控制器6→升光继电器的线圈→光束控制器1→光束控制开关1→搭铁构成回路，使升光继电器的触点闭合，于是电流从光束控制器6→升光继电器触点→电动机→降光继电器触点→光束控制器5→搭铁，电动机工作，使前照灯光束照射位置升高。

4）动态转弯自动调整。具有动态转弯调整功能的前照灯，在转弯时可对灯光进行动态调节，即在前照灯的投射模块内装有一个电动机，该电动机可在车辆转弯时，在水平方向上改变灯光照射方向，灯光转动的角度在转弯方向的内侧可达15°左右，在外侧可达7.5°，这时灯光转弯内模块的转动角是外模块的2倍。这样在相同的灯光强度的情况下，

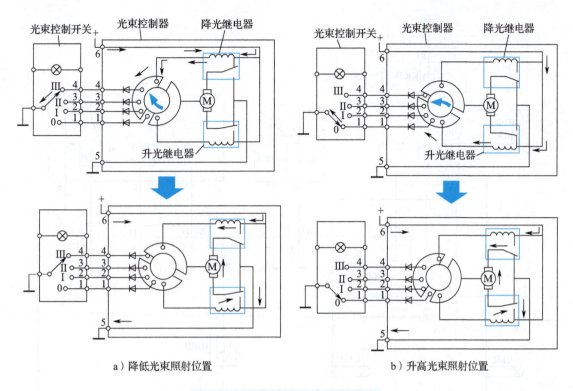

a）降低光束照射位置　　　　　b）升高光束照射位置

图 4-11　前照灯光束自动调整电路

通过角度变化可使车辆在转弯时得到更好的照明效果，且得到最大的照亮范围，如图 4-12 所示。

车辆在静止时不回转，当车速小于 6km/h 时，前照灯内的投射模块不会回转。当车速超过 10km/h 时，灯光回转的角度主要取决于方向盘转动的角度。这样就可以满足在车辆静止时不得摆动前照灯灯光的法律规定。同时，当车在这种低速状态进行加速时，在转向角度不变的情况下，可以使得前照灯的偏转均匀过渡。

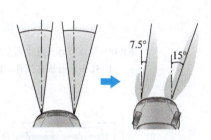

图 4-12　灯光动态转弯自动调整

（3）典型车辆前照灯控制电路

1）上海通用科鲁兹汽车的前照灯电路如图 4-13 所示。前照灯开关图示位置未接通，当 S30 开关接通日间行车灯档，即接通 3 端子，则向车身控制电路 K9 发送日间行车灯开关接通信号；当 S30 开关接通前照灯档，即接通 4 和 3 端子，则向车身控制电路 K9 发送前照灯开关接通信号；S30 开关接通 5 端子，车身控制电路 K9 收到前照灯远近光自动控制信号。

多功能开关 S78 接通 4 端子，为远光闪烁功能；接通 2 端子，为远光常亮功能。

2）大众新宝来车前照灯控制电路如图 4-14 所示。将车灯开关 E1 打到前照灯档位置，即可打开前照灯近光灯控制电路：J519 → SC44 → E1 → SC46（和 SC47）→ M29（和 M31）→（−）；将变光开关 E4 抬起时，接通远光灯控制电路：D30 → E4 → SC18 → M30（和 M32）→（−）。

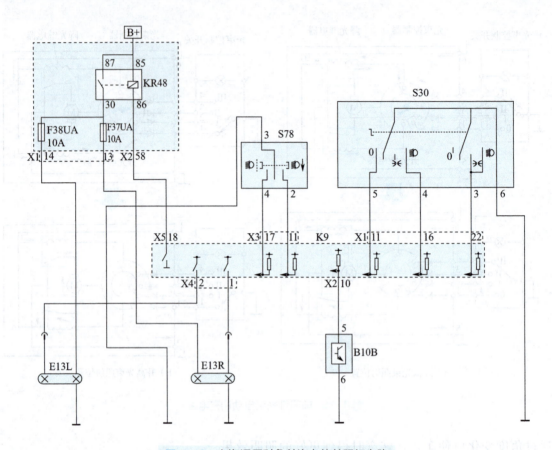

图 4-13　上海通用科鲁兹汽车的前照灯电路

KR48—前照灯远光继电器　S30—前照灯开关　S78—多功能开关　K9—车身控制电路
E13L—左前照灯组件　E13R—右前照灯组件　B10B—环境光照/日照传感器

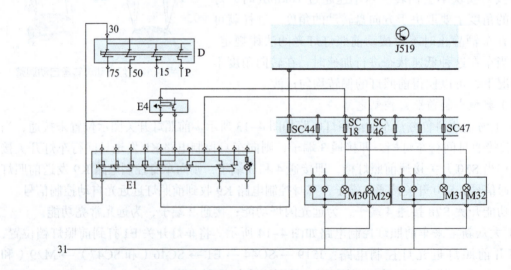

图 4-14　大众新宝来车前照灯控制电路

E1—车灯开关　E4—变光开关　J519—车身控制单元　D—点火开关　M29—左近光灯
M31—右近光灯　M30—左远光灯　M32—右远光灯

4. 前照灯的常见故障分析

轿车前照灯的常见故障有前照灯远光和近光都不亮、单侧远（近）光灯不亮、单侧远（近）光灯暗等。不同的故障有不同原因，因此要仔细分析控制电路才能准确诊断故障部位，见表 4-1。

表 4-1　前照灯常见故障、原因及诊断方法

故障	可能原因	诊断方法
前照灯远光和近光都不亮	（1）灯泡烧坏 （2）熔丝熔断 （3）灯开关及其导线连线不良、断路 （4）变光/超车开关有故障	（1）用目测方法检查灯丝是否烧断 （2）用万用表检测灯丝电阻是否正常，检测灯泡供电电压 （3）检测熔丝两端的搭铁电压。若两端均为电源电压，则熔丝正常；若一端为电源电压，另一端无电压，应更换熔丝 （4）用万用表检测灯开关在不同档位时各端子导通是否正常。若不导通，说明灯开关及其导线连接不良或断路 （5）用万用表检测变光/超车开关在不同档位时各端子导通是否正常。若不导通，说明变光/超车开关有故障
仪表板上的远光指示灯不亮	（1）指示灯烧坏 （2）中央电路板插接器及其导线连接不良、断路 （3）仪表板上的印制电路断路	（1）用目测方法检查灯丝是否烧断或用万用表检测灯丝电阻是否正常 （2）检测灯泡供电电压，如果供电电压正常，应更换灯泡 （3）用万用表检查中央电路板插接器及其导线连接情况，找出断点部位 （4）用万用表检查仪表板上的印制电路，找出断点部位
单侧远（近）光灯不亮	（1）灯泡烧坏 （2）熔丝熔断 （3）单侧供电或搭铁电路断路	（1）用目测方法检查灯丝是否烧断 （2）万用表检测灯丝电阻是否正常，检测灯泡供电电压，如果供电电压正常，应更换灯泡 （3）检测熔丝两端的搭铁电压，两端均为电源电压，熔丝正常。若一端为电源电压，另一端无电压，应更换熔丝 （4）用万用表电压档分别检测单侧不亮灯光电路供电或搭铁电路。若供电、搭铁端子搭铁电压均为电源电压时，说明搭铁线断路；若供电、搭铁端子搭铁电压均无电压时，说明供电线断路
单侧远（近）光灯暗	（1）插接器接触不良 （2）灯泡搭铁不良 （3）灯泡功率不足	（1）断开灯泡插接器，检查灯泡插接器是否有烧蚀、松动现象 （2）检查灯泡搭铁线是否松动，若松动，说明灯泡搭铁不良 （3）将两侧灯泡对调，观察亮度变化。若灯暗一侧随灯泡调换位置而移动，说明该灯泡功率不足，应更换新灯泡。否则，应进行电路检查

二、雾灯

1. 雾灯的作用

雾灯的设计不是作为照明用途，而是在极端恶劣的天气情况下（能见度小于 20m），提供一个强大的散射光源，使本车能够被其他车辆发现。大多雾灯设计为黄色，是因为黄色灯光的穿透能力较强。雾天能见度较低，打开前后雾灯对行车安全较为有利。

2. 雾灯的控制电路

以大众新宝来轿车为例，该车设有前雾灯和后雾灯，前雾灯左右各一个，功率为 55W；后雾灯只有一个，功率为 21W，其雾灯控制电路如图 4-15 所示。首先将点火开关接通，使雾灯继电器接通，再将车灯开关置于侧灯档或前照灯档，然后将车灯开关拉出一档则为前雾灯开关，拉出两档则为前后雾灯开关。前雾灯控制电路：J519 → SA4 → J59 → SC43 → E7 → L22/L23 →（-）；前后雾灯控制电路：J519 → SA4 → J59 → SC43 → E18/E7 → L46/L22/L23 →（-）。雾灯指示灯由仪表控制单元控制，在雾灯电路接通时同时点亮。

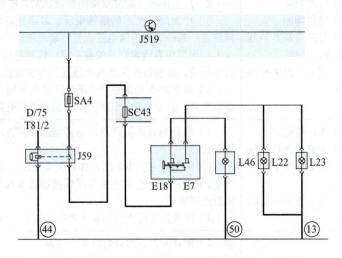

图 4-15　大众新宝来轿车的雾灯控制电路

D—点火开关　J519—车身电网控制单元　E18—后雾灯开关　E7—前雾灯开关　J59—雾灯继电器
L46—后雾灯　L22—左前雾灯　L23—右前雾灯　⑬　㊹　㊿—搭铁点

3. 雾灯的常见故障分析

轿车雾灯的常见故障有双侧雾灯不亮、单侧雾灯不亮和雾灯常亮等，不同的故障有不同原因，因此要仔细分析控制电路才能准确诊断故障部位，见表 4-2。

表 4-2　雾灯常见故障、原因及诊断方法

故障	可能原因	诊断方法
双侧雾灯不亮	（1）雾灯开关故障 （2）熔丝损坏 （3）灯泡损坏 （4）电路故障	借鉴前照灯的检查方法和步骤
单侧雾灯不亮	（1）熔丝损坏 （2）灯泡损坏 （3）电路故障	
雾灯常亮	（1）雾灯开关故障 （2）电路故障	

三、前照灯 / 雾灯拆装及更换注意事项

大众新宝来 1.6 前照灯有卤素前照灯和气体放电前照灯两种装配，前照灯 / 雾灯总成及安装位置如图 4-16 所示，在保证前照灯 / 雾灯正常的使用功能的前提下，拆装及更换应注意以下事项。

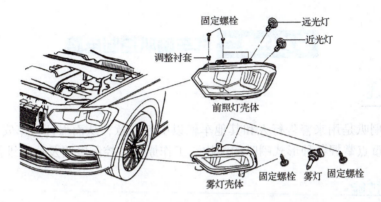

图 4-16　大众新宝来 1.6 前照灯 / 雾灯总成及安装位置

1. 拆卸和安装前照灯注意事项

1）拆卸前照灯不必断开蓄电池的搭铁线，但需要关闭点火开关及所有用电器，拔出点火钥匙。

2）如果拆卸前照灯，应在重新安装后对其进行调整。

3）安装前照灯以倒序进行，安装过程中要注意拧紧力矩以及前照灯在车身上的安装位置。如果前照灯与车身间的间隙尺寸不均匀，必须校正安装位置。

4）校正前照灯安装位置，必要时应拆下前保险杠盖板进行多次调整，以达到要求。

5）更换远 / 近光灯灯泡时须拆下大灯，且远 / 近光灯灯泡与灯座不能单独更换。

6）在安装灯泡时不要接触灯泡玻璃，否则会在灯泡玻璃上留下手指痕迹，使灯泡玻璃变得模糊。

2. 拆卸和安装前雾灯注意事项

1）拆卸前雾灯前应关闭点火开关及所有用电器，拔出点火钥匙。

2）从轮罩外板前部件取下维修盖板，脱开前雾灯连接插头。

3）前雾灯的灯泡与灯座不能单独更换。

4）安装以倒序进行。检查前雾灯功能，必要时进行调整。

3. 拆卸和安装前照灯注意事项

1）拆卸和安装气体放电灯泡时要遵循前照灯的安全说明。

2）不要用手接触灯泡玻璃。在灯泡工作时，热量会使指印上的油污气化并在反射罩上留下痕迹，从而影响前照灯的亮度。

3）安装时确保灯罩盖板正确到位，防止因雨水进入导致前照灯彻底损坏。

4）日间行车灯和停车灯（LED 灯）是集成在前照灯内的，不能单独更换。如果一个 LED 灯故障，则必须更换整个前照灯。

5）气体放电灯泡控制单元与灯泡集成于一体，如果出现故障不能单独更换。

6）前照灯的照明距离调节电动机位于前照灯壳体内，如果出现故障不能单独更换。

学习任务二　汽车喇叭控制电路

学习任务描述

汽车上的喇叭是用来警告行人和其他车辆以引起注意，从而保证行车安全的。在本学习任务中，应重点掌握各种形式喇叭的结构、工作原理、控制电路及故障维护方法等。

基础知识和技能

一、喇叭结构及声响原理

1. 喇叭声响原理

汽车的喇叭由振动机构和电路断续机构两部分组成。根据外形的不同，喇叭分为筒形、螺旋形和盆形喇叭。根据控制方式不同，喇叭又分为普通喇叭和电子喇叭：普通喇叭是靠触点的闭合和断开，控制线圈激励膜片振动，从而产生声响的；电子喇叭中无触点，是利用晶体管电路使膜片振动，从而产生声响的。喇叭具有操作方便、结构简单、检修容易等优点。

喇叭的基本组成如图 4-17 所示，它主要由外壳膜片、衔铁、线圈和一对触点组成。内电阻的作用是当触点打开后弱磁场可以保持一会儿，从而缩短触点再次闭合时建立磁场的时间。

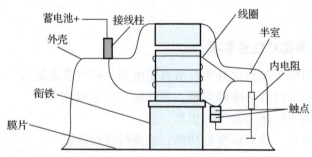

图 4-17　喇叭的基本组成

为了产生声响，电流经过闭合的触点达到线圈，产生电磁场，吸引衔铁带动膜片向上移动，使触点打开；电路断开后，衔铁和膜片随即复位，又使电路再次闭合。这个过程每秒重复数次，从而使膜片发生振动，膜片的振动又带动喇叭内空气的振动，从而产生声响。

2. 喇叭结构及工作原理

（1）盆形喇叭 盆形喇叭具有尺寸小、重量轻等特点，因此被现代汽车广泛采用。盆形喇叭的结构如图 4-18 所示，工作原理：当按下喇叭按钮时，电流由蓄电池正极→线圈→触点→喇叭按钮→搭铁，构成回路。线圈通电后产生吸力，将衔铁吸下，使膜片向下拱曲，直至触点打开；触点打开后，线圈电路被切断，电磁力消失，衔铁和膜片回位，直至触点闭合。在如此反复过程中，膜片不断振动并与共鸣板一起作用产生声波。

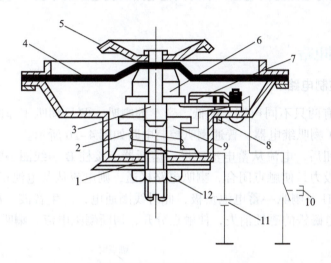

图 4-18 盆形喇叭的结构

1—下铁心 2—线圈 3—上铁心 4—膜片 5—共鸣板 6—衔铁 7—触点
8—调整螺钉 9—铁心 10—喇叭按钮 11—蓄电池 12—锁紧螺母

（2）电子喇叭 由于普通喇叭常出现触点烧蚀、氧化现象，使喇叭工作可靠性下降，因此现在汽车多采用电子喇叭，即无触点电喇叭。它利用晶体管控制电路来激励膜片振动产生声响，一般由多谐振荡电路和功率放大电路组成，电子喇叭控制电路如图 4-19 所示。

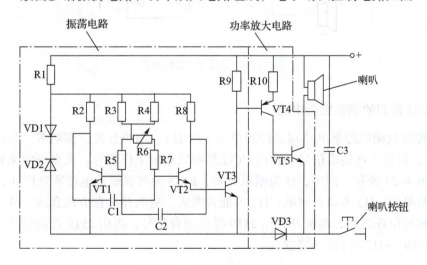

图 4-19 电子喇叭控制电路

工作原理：当按下喇叭按钮，电路通电，多谐振荡电路通过 C1、C2 正反馈电路形成正反馈过程，使 VT1 迅速饱和导通，而 VT2 迅速截止，VT3 也截止，电路进入暂时稳态。此时，C1 充电使 VT2 的基极电位升高，VT2 开始导通，VT3 也随之导通。然后，C2 的充电又使 VT1 导通，VT1 迅速饱和导通后，VT2、VT3 迅速截止，如此反复形成振荡。此振荡电流信号经 VT4、VT5 的直流放大，控制喇叭线圈电流的通断，从而使喇叭发出声响。

电容 C3 是喇叭的电源滤波电容，以防其他电路瞬变电压的干扰。可变电阻 R6 可用于调节喇叭的音量。

二、喇叭控制电路

1. 普通喇叭控制电路

目前汽车均装有两只不同声调（高低、音）的喇叭，两只喇叭工作时消耗电流较大，因此在电路中加设了喇叭继电器。普通喇叭控制电路如图 4-20 所示。

当按下喇叭按钮后，电流从蓄电池正极→熔断器→接柱 B →线圈→喇叭按钮→搭铁，由于线圈通电产生吸力，使触点闭合，喇叭电路接通，则电流从蓄电池正极→接柱 B →触点臂→触点→接柱 H →喇叭→蓄电池负极，此时线圈通电，产生音波。放开喇叭按钮后，线圈的电流切断，电磁铁的磁性消失，使触点分开，切断喇叭电流，喇叭停止发声。

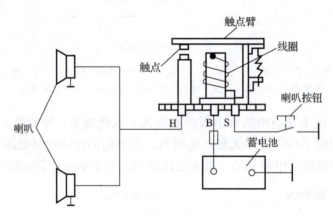

图 4-20　普通喇叭控制电路

2. ECU 控制的喇叭控制电路

ECU 控制的喇叭控制电路包括控制单元（ECU）、喇叭开关、喇叭等。先由喇叭开关向控制 ECU 发送工作请求信号，再由 ECU 给喇叭输出工作信号。大众新宝来轿车喇叭控制电路如图 4-21 所示。图中，H 为喇叭开关，F138 为气囊螺旋电缆和复位环，J519 为车载网络控制单元，H2 为高音喇叭，H7 为低音喇叭。喇叭开关在方向盘内，并串联在气囊螺旋电缆和复位环之间，喇叭开关给 J519 提供闭合信号，再由 J519 控制喇叭工作，控制电路为：J519 → H2 和 H7 →搭铁。

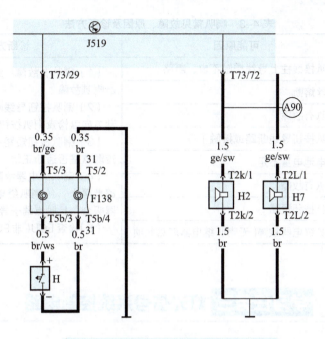

图 4-21　大众新宝来轿车喇叭控制电路

三、喇叭常见故障

汽车喇叭常见故障包括高低音喇叭都不响、喇叭声音低哑、喇叭按钮放松后喇叭一直响等故障。不同的故障现象有不同原因，有的通过调整可以解决，有的则需要维修才可以解决。因此要仔细分析控制电路才能准确诊断故障部位。

1. 喇叭的调整

喇叭调整包括音调调整和音量调整。喇叭音调的高低取决于膜片振动的频率，振动越快，音调越高。不同形式的喇叭，调整方法也不同，通常喇叭的调整方式如图 4-22 所示。

（1）音调的调整　音调的高低取决于膜片振动的频率，改变铁心间隙可以改变膜片的振动频率，从而改变音调（若在制造时已经调好，工作中不用调整）；若减小间隙，则音调提高；若增大间隙，则音调降低。音调调整可通过音调调整螺钉 2 完成。

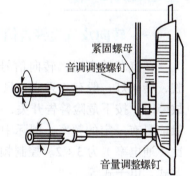

图 4-22　喇叭的调整方式

（2）音量的调整　音量的大小与通过线圈的电流大小有关。若线圈通过电流大，则喇叭音量就大；若线圈通过电流小，则喇叭音量就小。线圈通过的电流大小，可以通过改变喇叭触点的接触压力来调整。音量调节可通过音量调整螺钉 1 完成。

2. 喇叭常见故障分析

当喇叭声响出现异常后，通过调整未能恢复正常时，应对喇叭电路进行分析。喇叭常见故障、原因及诊断方法见表 4-3。

表 4-3 喇叭常见故障、原因及诊断方法

常见故障	可能原因	诊断方法
高低音喇叭都不响	喇叭接线柱上导线接触不良、断路	（1）喇叭有故障：给喇叭直接供电，判断喇叭故障 （2）喇叭按钮导线断路或接触不良：转动方向盘检查喇叭按钮是否可靠接地 （3）喇叭按钮短路：按动喇叭按钮，检查触点是否通断正常 （4）喇叭继电器故障（无喇叭继电器忽略此项）：给喇叭继电器线圈通电，继电器吸合，且触点端子导通为正常 （5）检查ECU（非ECU控制的忽略此步）
高低音喇叭都不响	熔丝熔断	
高低音喇叭都不响	喇叭有故障	
高低音喇叭都不响	喇叭按钮导线断路或接触不良	
喇叭声音低哑	蓄电池电量不足	
喇叭声音低哑	喇叭有故障	
喇叭按钮放松后喇叭一直响	喇叭按钮短路	
喇叭按钮放松后喇叭一直响	喇叭继电器故障（无喇叭继电器忽略此项）	

学习任务三 灯光信号系统控制电路

学习任务描述

目前汽车除了照明信号和喇叭信号装置外，还有一些信号系统。这些信号系统在汽车行驶中，具有非常重要的安全性作用。本学习任务主要介绍转向及危险警告信号系统、制动信号系统及倒车信号与倒车雷达系统等。

基础知识和技能

一、转向及危险警告信号系统

在汽车转弯时，转向信号灯发出明暗交替的闪光信号，以示汽车向左或向右转向行驶，转向灯一般有 4 只或 6 只，光色为橙色。危险警告灯与转向信号灯共用，当车辆出现故障时，按下危险警告开关，全部转向灯同时闪烁，以提醒其他车辆避让。转向信号灯一般应具有一定的频率，国际中规定为 60~120 次/min，而且要求信号效果良好，亮暗时间比（通电率）为 3:2。控制频闪的装置为闪光器，根据结构不同分为热线式、翼片式、电容式、电子式等。

1. 普通转向灯控制电路

汽车转向信号系统一般由转向信号灯、转向指示灯、转向开关、闪光器等组成。目前很多轿车采用集成电路电子闪光器，其电路如图 4-23 所示。集成电路电子闪光器由集成电路和继电器组成，其电流电路是：当 SW 向左（右）闭合时，由 B_+ 给闪光器提供电源电压，由 IC 控制继电器线圈电路，使继电器触点反复开、闭，于是转向灯及转向灯信号灯就以 80 次/min 的频率闪烁。

若有一个转向灯损坏，则 R_S 的电流就会减小，使 IC 控制的闪光频率加快 1 倍，从而起到故障自诊断作用。

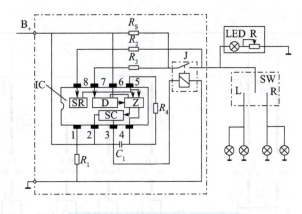

图4-23 集成电路电子闪光器

IC—集成电路 R_S—取样电阻 J—继电器 LED—转向指示灯 SW—转向灯开关

2. 危险警告信号电路

当汽车出现危险情况时，只要接通危险警告开关，汽车前后左右的转向灯就会同时闪烁，提示汽车有危险。危险警告信号电路由左和右转向灯、闪光器继电器、危险警告开关等组成，如图4-24所示。当危险警告开关闭合时，危险警告信号电路为：蓄电池正极→危险警告开关→闪光器继电器→危险警告开关→转向灯开关→转向灯及转向指示灯→搭铁，这样转向灯及转向指示灯同时闪烁，发出危险警告信号。

3. 典型轿车转向及危险警告灯电路

（1）大众新宝来轿车转向灯及危险警告灯电路（见图4-25） 图4-25中，J519为车身控制模块，M5为左

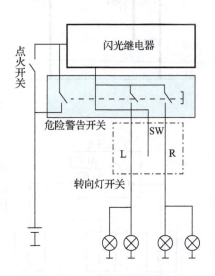

图4-24 危险警告信号电路

前转向信号灯，M18为左前侧转向信号灯，M19为右前侧转向信号灯，M6为左后转向信号灯，M7为右前转向信号灯，M8为右后转向信号灯，E2为转向开关，E3为危险警告灯开关，K6为危险报警指示灯。汽车右转向时，拨动转向开关E2，向车身控制模块J519提供右转信号，由车身控制模块J519控制右转向信号灯及右侧信号灯M19和M7工作；汽车左转向时，拨动转向开关E2，向车身控制模块J519提供左转信号，由车身控制模块J519控制左转向信号灯及左侧信号灯M18和M6工作；当出现危险或需要对外界提供警告信号时，将E3开关合上，并向J519提供信号，由J519控制M6、M7、M18和M19同时工作。

（2）丰田车系轿车转向灯及危险警告灯电路（见图4-26） 当向右转向时，工作电路为：点火开关通过闪光继电器端子4供电，当转向开关向右转向时，闪光继电器接通右前、右后转向灯及转向指示灯，使右侧转向灯及指示灯闪亮；当转向开关向左转向时，闪光继电器接通左前、左后转向灯及转向指示灯电路，使左侧转向灯及指示灯闪亮；当危险警告灯开关闭合时，由蓄电池直接给闪光继电器端子4供电，闪光继电器同时接通所有转向灯电路及转向指示灯电路，使所有转向灯和指示灯都闪烁。

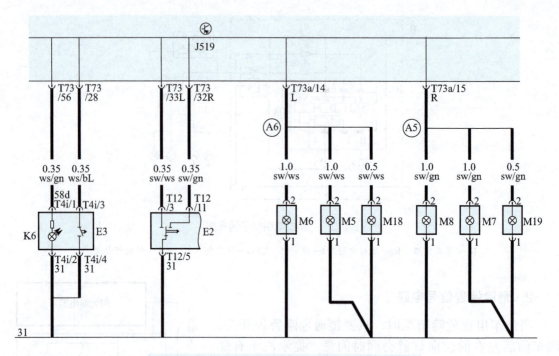

图 4-25　大众新宝来轿车转向灯及危险警告灯电路

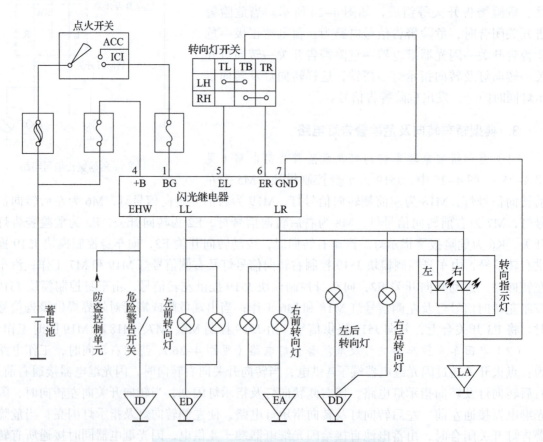

图 4-26　丰田车系转向灯及危险警告灯电路

二、制动信号系统

1. 组成及要求

汽车制动信号系统一般由制动信号灯、制动指示灯、制动开关等组成。目前很多轿车安装了高位制动信号灯，这对于防止发生追尾事故有相当好的效果。制动灯安装在汽车后面（也称尾灯），当踩下制动踏板时，便发出较强的红光，以示本车制动或减速，向后车或行人发出灯光信号提醒。制动灯多为组合灯具，一般功率为20W左右。

2. 制动信号灯开关

制动信号灯由制动信号开关控制，常见的制动信号灯开关有液压式、气压式、弹簧式等类型。

（1）液压式制动信号灯开关 液压式制动信号灯开关用于液压制动系统的汽车上，主要由膜片、动触点、弹簧、接线柱等组成，如图4-27所示。当踩下制动踏板时，由于制动系统的液压压力增大，液压使膜片向上弯曲，而动触点同时接通两个接线柱，使制动信号灯通电发亮。松开制动踏板时，制动系统液压压力降低，动触点在弹簧的作用下复位，制动信号灯电路被切断。

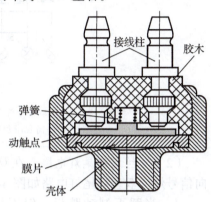

图 4-27 液压式制动信号灯开关

（2）气压式制动信号灯开关 气压式制动信号灯开关用于气压制动系统的汽车上，主要由膜片、动触点、弹簧、接线柱等组成如图4-28所示。当踩下制动踏板时，制动压缩空气推动膜片向上弯曲，使触点闭合，接通制动信号灯电路。

（3）弹簧式制动信号灯开关 弹簧式制动信号灯开关（见图4-29）是一种较为常用的制动开关，装在制动踏板的后面，当踩下制动踏板时，开关闭合，制动信号灯亮。

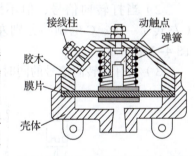

图 4-28 气压式制动信号灯开关

 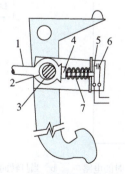 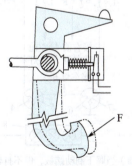

a）实物图　　　　b）未制动时的踏板臂位置　　　　c）制动时的踏板臂位置

图 4-29 弹簧式制动信号灯开关

1—主制动缸推杆　2—推杆孔　3—轴衬　4—制动踏板臂销　5—制动灯开关总成　6—开关触头　7—制动灯开关弹簧

3. 制动信号灯电路

制动信号灯电路一般不受点火开关控制，直接由电源、熔丝到制动信号灯开关。制动信号灯电路根据尾灯的组合形式分为以下两种。

（1）三灯组合式尾灯电路　这种组合式尾灯采用单丝灯泡，每个灯泡只有一个功能。随着功能的增加，尾灯灯泡的数量也会增加，如图4-30所示。

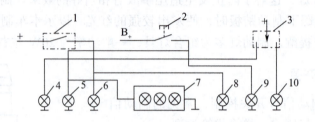

图4-30　三灯组合式尾灯电路

1—灯光开关　2—制动信号灯开关　3—转向信号灯开关　4—左转向信号灯　5—左制动灯
6—左驻车灯　7—高位附加制动灯　8—右驻车灯　9—右制动灯　10—右转向信号灯

（2）双丝灯的尾灯电路　在双丝灯泡中，大功率的灯丝既用于制动信号灯，也用于转向信号灯。双丝灯尾灯电路如图4-31所示，其工作原理介绍如下：

1）当踩下制动踏板，但不打转向时，电路为：电流经制动信号灯开关→转向灯开关→两个电刷A、D→分别到尾灯灯丝4、7→搭铁，构成回路，如图4-31a所示。

2）当打转向信号，但不踩下制动踏板时，电路为：电流经闪光器→转向灯开关（左转）→B、C电刷→分别左前转向信号灯和左后尾灯灯丝7→搭铁，构成回路，如图4-31b所示。

3）当打左转向信号的同时踩下制动踏板时，只有右侧尾灯灯丝4起作用。

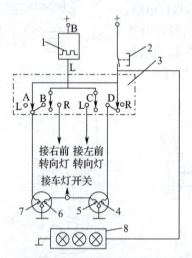

a）当踩下制动踏板，但不打转向时的电路　　　b）当打转向信号，但不踩下制动踏板时的电路

图4-31　双丝灯尾灯电路

1—闪光器　2—制动信号灯开关　3—转向灯开关　4—右后尾灯灯丝　5—右后驻车灯丝
6—左后驻车灯丝　7—左后尾灯灯丝　8—高位附加制动灯

三、倒车信号与倒车雷达系统

1. 倒车信号系统

汽车倒车信号系统一般由倒车信号灯、倒车指示灯、倒车开关、倒车蜂鸣器与语音报警器等组成。

（1）倒车信号灯光　倒车信号灯安装在汽车尾部，灯光为白色，用于照亮车后路面，并提醒后面的车辆或行人本车正在倒车。

（2）倒车灯开关　倒车灯开关通过控制倒车灯提示车后的行人或车辆注意安全。倒车灯开关常安装在变速杆上，主要由弹簧、触点、膜片、钢球等组成，如图 4-32 所示。钢球平时被倒车档叉轴顶起，当挂入倒档时，钢球被松开，使触点闭合，将倒车信号电路接通，倒车灯亮。

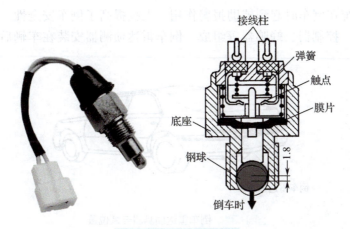

图 4-32　倒车灯开关

检测倒车灯开关时，首先将倒车开关插接器断开，用万用表调整到电阻档。在倒档和空档两种状态下测量倒车开关接线柱间的电阻，倒档时应为 0Ω，空档时应为无穷大。

（3）倒车蜂鸣器与语音报警器　随着集成电路技术的发展，倒车蜂鸣器与语音报警器已被广泛应用。当汽车倒车时，倒车蜂鸣器能发出间歇的鸣叫，语音报警器能重复发出语音，以此提醒过往行人避让车辆，从而确保车辆安全倒车。

（4）倒车信号电路　倒车信号电路主要包括继电器、倒车蜂鸣器、倒车灯开关、熔丝等，如图 4-33 所示。

倒车时，倒车灯开关闭合，其电路为：电流由蓄电池正极→熔断器→倒车灯开关→倒车灯→搭铁，倒车灯亮；同时，电流经继电器中的触点到倒车蜂鸣器，使倒车蜂鸣器发出响声。此时，

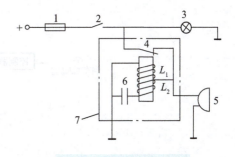

图 4-33　倒车信号电路

1—熔断器　2—倒车灯开关　3—倒车灯
4—触点　5—倒车蜂鸣器　6—电容器　7—继电器

线圈 L_1 和 L_2 中均有电流通过，流经 L_2 的电流同时向电容器充电，由于 L_1 和 L_2 的电流大小相等，方向相反，产生的磁通量互相抵消，故触点继续闭合。随着电容器 6 两端电压逐渐升高，L_2 中的电流逐渐减小，当 L_1 中磁通量大于 L_2 的磁通量时，磁吸力使触点打开，倒车蜂鸣器停止发声。

当触点打开后，电容器经 L_1 和 L_2 放电。当电容器两端的电压下降到一定值时，磁吸力小于弹簧弹力，触点又重新闭合，倒车蜂鸣器又发声。电容器又开始充电，如此反复，倒车蜂鸣器利用电容器的充电和放电，使触点时开时闭，从而控制倒车蜂鸣器间歇发声，以警告行人和其他车辆的驾驶人注意。

在倒车时，倒车灯不受继电器控制，一直发亮，在夜间时，倒车灯还兼有倒车照明作用。

2. 倒车雷达系统

倒车雷达系统在倒车时起到辅助报警作用，大幅提高了倒车安全性。倒车雷达系统由倒车雷达侦测器、控制器、蜂鸣器等组成。倒车雷达侦测器安装在车辆后部保险杠上，如图 4-34 所示。

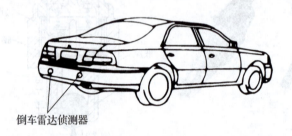

图 4-34　倒车雷达侦测器安装位置

（1）倒车雷达系统的工作原理　倒车雷达系统的工作原理如图 4-35 所示。倒车雷达侦测器向汽车后部发射超声波，并接收反射波。控制器接收从倒车雷达侦测器传来的信号，经计算判断障碍物离车尾的距离。如达到报警位置，就传送信号给倒车蜂鸣器。

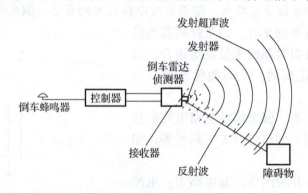

图 4-35　倒车雷达系统的工作原理

倒车雷达系统可进行左右范围侦测和上下范围侦测，如图 4-36 所示。当挂入倒档后，倒车雷达侦测器进入自我检测，然后开始检测汽车后部障碍物。如风神Ⅱ号轿车装备的倒车雷达系统，在汽车后部50cm处检测到物体表面积为25cm²以上的障碍物，就会发出报警声，以提醒驾驶人注意。

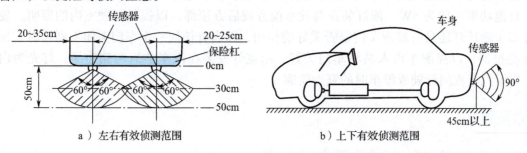

a）左右有效侦测范围 b）上下有效侦测范围

图4-36　倒车雷达系统有效侦测范围

（2）倒车雷达系统电路　日产汽车倒车雷达系统电路如图4-37所示。当汽车挂入倒档时，系统电路接通，发射器发出的超声波碰到障碍物时有部分被反射回来，再被接收器接收，并转换成脉动电信号（一般有几个障碍物就有几个反射波，也就有几个脉动电信号），这些信号经过处理后，电控单元根据发射、反射的时间差就可以判断障碍物与汽车尾部的距离，并根据距离判断是否需要报警。

日产汽车倒车雷达系统的超声波发射器和接收器并排安装在汽车的尾部，电路部分安装在驾驶室内，使用大约5m的带屏蔽导线连接，以防外界干扰。该系统的防撞距离为3m左右，报警灵敏度可通过电位器RP来调节。

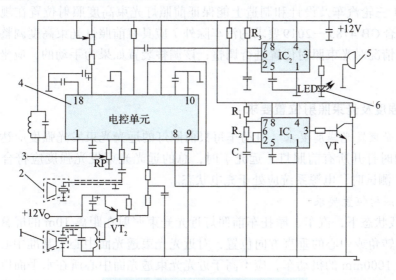

图4-37　日产汽车倒车雷达系统电路

1—发射器　2—接收器　3—电位器　4—电控单元　5—倒车蜂鸣器　6—发光二极管

四、其他照明及信号电路

汽车上除了前面介绍的前照灯、雾灯、转向灯、制动信号灯、倒车信号灯外，还有行李舱灯、杂物箱灯、阅读灯、示宽灯、顶灯等，这些照明或信号的电路比较简单，但不同的车型也不同。

　　行李舱灯和杂物箱灯在行李舱门或杂物箱门打开时点亮，方便在箱内存放或取出物品，灯泡功率一般为 5W。顶灯装在驾驶室前方或后方顶部，以提供驾驶室内的照明。现在许多车辆顶灯还具有检测车门是否关好的作用，即当有任何一个车门关闭不到位时，顶灯点亮报警，以提醒车内人员将车门关好。示宽灯安装在汽车前后两侧边缘，灯光为白色，以示汽车夜间行驶或停车时的宽度轮廓。

能力拓展

一、汽车照明灯具标准及要求

1. 国标基本要求

　　1）机动车装备的前照灯应有远光、近光变换功能；当远光变为近光时，所有远光应能同时熄灭。同一辆机动车上的前照灯不应左右的远、近光灯交叉开亮。

　　2）所有前照灯的近光均不应眩目，汽车（三轮汽车和装用单缸柴油机的低速货车除外）、摩托车装用的前照灯应分别符合 GB 4599—2007、GB 21259—2007、GB 25991—2010、GB 5948—1998 及 GB 19152—2016 的规定。安装有自适应前照灯系统的，应符合 GB/T 30036—2013 的规定。

　　3）机动车前照灯光束照射位置在正常使用条件下应保持稳定。

　　4）汽车（三轮汽车及设计和制造上能保证前照灯光束高度照射位置在规定的各种装载情况下均符合 GB 4785—2019 要求的汽车除外）应具有前照灯光束高度调整装置/功能，以便根据装载情况对光束照射位置进行调整；该调整装置如果为手动的，应坐在驾驶座上就能被操作。

2. 发光强度及光束照射位置要求

　　（1）远光光束发光强度要求　机动车每只前照灯的远光光束发光强度应达到表 4-4 所列的要求，同时打开所有前照灯（远光）时，总的远光光束发光强度应符合 GB 4785—2019 的规定。测试时，电源系统应处于充电状态。

　　（2）光束照射位置要求

　　1）在空载状态下，汽车、摩托车前照灯近光光束照射在距离 10m 的屏幕上，近光光束明暗截止线转角或中心的垂直方向位置，对近光光束透光面中心（基准中心，下同）高度小于或等于 1000mm 的机动车，应不高于近光光束透光面中心所在水平面以下 50mm 的直线且不低于近光光束透光面中心所在水平面以下 300mm 的直线；对近光光束透光面中心高度大于 1000mm 的机动车，应不高于近光光束透光面中心所在水平面以下 100mm 的直线且不低于近光光束透光面中心所在水平面以下 350mm 的直线。除装用一只前照灯的三轮汽车和摩托车外，前照灯近光光束明暗截止转角或中心的水平方向位置，与近光光束透光面中心所在位置面相比，向左偏移应小于或等于 170mm，向右偏移应小于或等于 350mm。

表 4-4　前照灯远光灯光束发光强度最小值要求　　　（单位：cd）

机动车类型		检查项目					
		新注册车			在用车		
		一灯制	二灯制	四灯制①	一灯制	二灯制	四灯制①
三轮汽车		8000	6000	—	6000	5000	—
最大设计车速小于 70km/h 的汽车		—	10000	8000	—	8000	6000
其他汽车		—	18000	15000	—	15000	12000
普通摩托车		10000	8000	—	8000	6000	—
轻便摩托车		4000	3000	—	3000	2500	—
拖拉机运输机组	标定功率 > 18kW	—	8000	—	—	6000	—
	标定功率 ≤ 18kW	6000②	6000	—	5000②	5000	—

①四灯制是指前照灯具有四个远光光束；采用四灯制的机动车，其中两只对称的灯达到两灯制的要求时视为合格。

②允许手扶拖拉机运输机组只装用一只前照灯。

2）在空载状态下，轮式拖拉机运输机组前照灯近光光束照射在距离 10m 的屏幕上，近光光束中心的垂直位置应小于或等于 $0.7H$（H 为前照灯近光光束透光面中心的高度），水平位置向右偏移应小于或等于 350mm 且不应向左偏移。

3）在空载状态下，对于能单独调整远光光束的汽车、摩托车前照灯，前照灯远光光束照射在距离 10m 的屏幕上，其发光强度最大点的垂直方向位置，应不高于远光光束透光面中心所在水平面（高度值为 H）以上 100mm 的直线且不低于远光光束透光面中心所在水平面以下 $0.2H$ 的直线。除装用一只前照灯的三轮汽车和摩托车外，前照灯远光灯发光强度最大点的水平位置，与远光光束透光面中心所在垂直面相比，左灯向左偏移应小于或等于 170mm 且向右偏移应小于或等于 350mm，右灯向左和向右偏移均应小于或等于 350mm。

📖 课程育人

黄旭华是核潜艇研究设计专家，是中国第一代核动力潜艇研制创始人之一，被誉为"中国核潜艇之父"。34 岁的黄旭华，受命研制核潜艇，此后他如泥牛入海，杳无音讯，成了一个被弟弟妹妹误认为是不要家的，不养育父母的不孝儿子。三十多年后，当他母亲看到一篇题目为《赫赫而无名的人生》的文章里面介绍的"黄总设计师"，才知道这段隐藏的秘密，此时的母亲满眼泪水，自豪不已。有人问黄旭华"忠孝不能两全，怎么理解？"他说："我觉得对国家的忠就是对父母最大的孝。"蹈历奇兵游瀚海，忠勇堪书白马篇。

思考与练习

1. 单选题

（1）为了防止夜间会车炫目，将前照灯远光灯切换为近光灯，近光灯丝位于（　　）。

    A．反射镜焦点处   B．反射镜焦点上方或前方

    C．反射镜焦点下方   D．反射镜焦点以外任一位置

（2）当车辆遇到危险时，可将危险警告灯开关打开，使（　　）同时闪烁。

    A．示位灯和雾灯   B．左右前照灯

    C．全部转向灯   D．雾灯和前照灯

（3）下列不属于转向灯系统的是（　　）。

    A．转向信号灯   B．转向指示灯

    C．闪光器   D．变光开关

（4）汽车喇叭的音量调整是通过触点压力来实现的，触点（　　），音量就高。

    A．压力越大   B．压力越小

    C．接触时间越长   D．接触时间越短

（5）关于电子闪光器，下述（　　）说法是正确的。

    A．无故障报警功能   B．容易发热

    C．闪光频率稳定，亮暗分明   D．结构复杂，成本高

2. 多选题

（1）白炽灯泡充以约86%氩和约14%氮的混合惰性气体，其目的是（　　）。

    A．减少钨的蒸发   B．增强发光效率

    C．聚合平行光束   D．延长灯泡的寿命

（2）关于前照灯，下述（　　）说法是正确的。

    A．应能保证车前明亮而均匀的照明

    B．应能防止炫目

    C．使驾驶人至少能看清车前100 m内路面上的障碍物

    D．使驾驶人至少能看清车前100 m以外路面上的障碍物

（3）按前照灯光学组件结构不同，前照灯有（　　）等类型。

    A．组合式   B．封闭式

    C．半封闭式   D．可拆式

（4）汽车喇叭在触点间并联了电容，其目的是（　　）。

    A．灭弧   B．避免触点烧蚀

    C．减小触点张开时的火花   D．使其声音悦耳

（5）在用前照灯检测仪调整前照灯前，车辆必须要做的准备工作是（　　）。

    A．前照灯灯罩清洁   B．轮胎气压符合标准

    C．打开空调等辅助用电器   D．车辆必须停在平坦路面

3. 判断题

（1）高亮度弧光灯有传统灯泡的灯丝，充有氙气及微量金属或金属卤化物。　（　　）

（2）在紧急遇险状态时，全部转向灯可通过危险警告灯开关接通同时闪烁。　（　　）

（3）弧光放电前照灯由弧光灯组件、电控单元和升压器三大部件组成。　（　　）

（4）高亮度弧光灯亮度是卤素灯泡的 2.5 倍，但多耗约 40% 的电能。　（　　）

（5）前照灯光学系统主要由灯泡、反射镜和配光屏组成。　（　　）

4. 问答题

（1）汽车前照灯在结构上采用了哪些防止眩目措施？

（2）简述汽车灯泡类型及特点。

（3）试举例说明汽车喇叭的音量和音调调整过程。

（4）简述前照灯常见故障、原因及诊断过程。

（5）简述雾灯常见故障、原因及诊断过程。

（6）简述汽车转向信号系统组成及工作过程。

（7）简述汽车制动信号系统组成及工作过程。

（8）简述汽车倒车信号系统组成及工作过程。

（9）参照图 4-14，写出大众新宝来轿车远光灯不亮的故障诊断过程。

（10）参照图 4-15，写出大众新宝来轿车前后雾灯都不亮的故障诊断过程。

仪表与警告系统

→ 目标及要求

◎ 教学目标

（1）掌握汽车仪表的结构及工作原理

（2）掌握警告系统的控制电路

◎ 能力要求

（1）掌握汽车仪表电路检测及故障诊断

（2）学会警告系统电路检测及故障诊断

→ 项目概述

汽车仪表是用来指示汽车运行及发动机的工作状况，以便驾驶人能随时了解各系统的工作情况，保证汽车能安全可靠的行驶。汽车仪表一般包括冷却液温度表、燃油表、车速里程表等。

警告系统主要由警告指示灯及导线组成。当汽车或发动机的某一系统处于不良或特殊状况时，警告指示灯点亮，以提示驾驶人注意。汽车警告灯一般包括冷却液温度过高警告灯、机油压力过低警告灯、气压过低警告灯、充电指示灯、燃油液面过低警告灯、制动液面过低警告灯、制动器摩擦片磨损极限警告灯、轮胎气压指示灯、空气滤清器堵塞警告灯等。本项目设置的学习任务如图 5-1 所示。

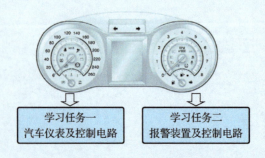

图 5-1　项目五学习任务

学习任务一　汽车仪表及控制电路

学习任务描述

不同车型配置的仪表不同，所以仪表电路也不同。基本仪表有冷却液温度表、燃油表、车速里程表和发动机转速表等，这些仪表的结构原理及工作电路如何？当仪表上出现故障时，如何进行诊断分析？要掌握这些内容，应具备以下知识：

1）汽车仪表的类型及原理。
2）典型汽车仪表电路。
3）汽车仪表常见故障分析。

基础知识和技能

一、汽车仪表类型及原理

现代汽车仪表多采用组合仪表，组合仪表中一般有冷却液温度表、燃油表、车速里程表和发动机转速表等，同时仪表板上还有许多指示灯、警告灯、仪表灯等。下面分别对汽车中主要仪表的类型和工作原理进行介绍。

1. 燃油表

燃油表的作用是指示汽车油箱中存油量的多少，燃油表电路主要由传感器、油量指示等组成。传感器安装在燃油箱中，一般为可变电阻式。根据结构原理的不同，燃油表分为电磁式和电热式两种。

（1）电磁式燃油表　电磁式燃油表的结构原理如图 5-2a 所示。电磁式燃油表内有两个互成一定角度的铁心，铁心上分别绕有线圈，其中线圈 L1 与可变电阻串联，线圈 L2 与可变电阻并联，两个铁心的下端对着带指针的偏转衔铁，传感器由可变电阻、滑片和浮子等组成。当燃油箱内油面位置高低变化时，浮子带动滑片移动，从而改变电阻的大小，其等效电路如图 5-2b 所示。

工作原理：当油箱油量减少时，浮子下沉，可变电阻阻值变小，通过的电流变小，而线圈 L1 的电流增大，产生的电磁吸力增大，偏转衔铁使指针逆时针转动。当油箱油量增加时，浮子上浮，可变电阻阻值变大，通过的电流变大，而线圈 L1 的电流减少，产生的电磁吸力减小，偏转衔铁使指针顺时针转动。

（2）电热式燃油表　电热式燃油表又称双金属片式燃油表，结构如图 5-3a 所示，其传感器结构原理与电磁式的传感器相同，等效电路如图 5-3b 所示。

工作原理：当油箱油量减少时，传感器浮子下沉，可变电阻阻值增大，加热线圈中的电流减小，双金属片变形小，使指针指示值较小。当油箱油量增加时，传感器浮子上浮，可变电阻阻值减小，加热线圈中的电流增大，双金属片变形大，使指针指示值变大。

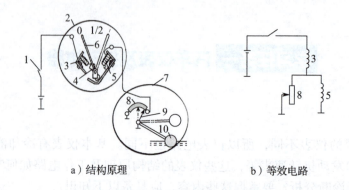

a）结构原理　　　　　　　　b）等效电路

图 5-2　电磁式燃油表结构及工作电路

1—点火开关　2—燃油表　3—线圈 L1　5—线圈 L2　4—偏转衔铁　6—指针
7—传感器　8—可变电阻　9—滑片　10—浮子

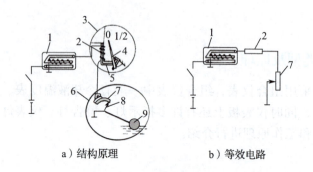

a）结构原理　　　　　　　　b）等效电路

图 5-3　电热式燃油表结构及工作电路

1—电源稳压器　2—加热线圈　3—燃油表　4—指针　5—双金属片
6—传感器　7—可变电阻　8—滑片　9—浮子

由于加热线圈中的电流除与可变电阻有关外，还与电源电压有关，因此该电路中应配有电源稳压器。

2. 冷却液温度表

冷却液温度表是用来指示发动机冷却液工作温度的。冷却液温度表电路主要由传感器、冷却液温度表等组成。传感器安装在发动机气缸盖的冷却水套上，有热敏电阻式和电热式两种。冷却液温度表按结构原理的不同有电热式和电磁式两种。

（1）电热式冷却液温度表　电热式冷却液温度表又称双金属片式冷却液温度表，与它配套的传感器有电热式和热敏电阻式两种。

1）电热式冷却液温度表与电热式传感器电路（见图 5-4）。传感器内的双金属片上绕有加热线圈，加热线圈的一端通过双金属片与接线柱相连，另一端经固定触点搭铁。

工作原理：当冷却液温度较低时，传感器内的双金属片主要依靠加热线圈产生变形，这样需较长时间加热，双金属片才能变形而使触点断开。触点断开后，由于周围温度较低，双金属片会很快冷却，使触点又闭合，所以冷却液温度较低时，触点闭合时间较长，使流过冷却液温度表加热线圈的电流增大，则冷却液温度表中的双金属片变形较大，从而带动指针向右偏转较大，指示数值较小。当冷却液温度较高时，传感器内双金属片的周围温度高，触点的断开时间较长，而流过冷却液温度表加热线圈的电流较小，所以冷却液温度表内双金属片变形较小，从而带动指针向右偏转较小，指示数值较大。

　　2）电热式冷却液温度表与热敏电阻式传感器电路如图 5-5 所示。传感器的主要元件为负温度系数的热敏电阻，当温度升高时，电阻值下降；当温度降低时，电阻值升高。

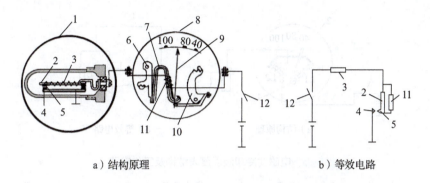

a）结构原理　　　　　　　　　　　b）等效电路

图 5-4　电热式冷却液温度表与电热式传感器电路

1—传感器　2、7—双金属片　3、11—加热线圈　4—固定触点　5—移动触点
6、10—调节齿扇　8—冷却液温度表　9—指针　12—点火开关

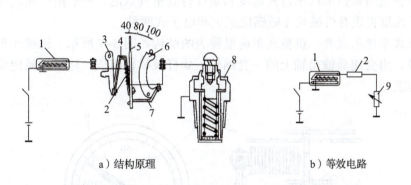

a）结构原理　　　　　　　　　　　b）等效电路

图 5-5　电热式冷却液温度表与热敏电阻式传感器电路

1—电源稳压器　2—加热线圈　3、6—调节齿扇　4—双金属片　5—指针
7—弹簧片　8—热敏电阻式传感器　9—热敏电阻

　　工作原理：当冷却液温度较低时，热敏电阻阻值较大，流过冷却液温度表加热线圈的电流较小，则加热线圈温度较低，使双金属片变形较小，指示数值较小；当冷却液温度较高时，热敏电阻阻值较小，流过冷却液温度表加热线圈的电流较大，则加热线圈温度较高，使双金属片变形较大，指示数值较大。

　　这种型式的电路中需配有电源稳压器，其作用是在电源电压波动时，起稳定电路电压的作用，以保护仪表的读数准确。

　　（2）电磁式冷却液温度表　电磁式冷却液温度表的结构如图 5-6a 所示。传感器一般为热敏电阻式，且不需要电源稳压器。冷却液温度表内有两个互成一定角度的铁心，铁心上分别绕有线圈，其中线圈 L1 与传感器并联，线圈 L2 与传感器串联，两个铁心的下端对着带指针的偏转衔铁，其等效电路如图 5-6b 所示。

工作原理：当冷却液温度较低时，热敏电阻传感器阻值较大，则线圈 L2 中的电流较小，线圈 L1 中的电流较大，磁场较强，则吸引偏转衔铁向低温方向偏转；当冷却液温度较高时，热敏电阻传感器阻值较小，则线圈 L2 中的电流较大，磁场较强，则吸引偏转衔铁向高温方向偏转。

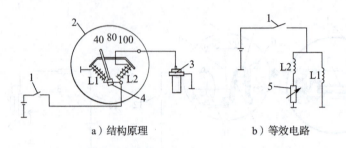

a）结构原理   b）等效电路

图 5-6　电磁式冷却液温度表结构及工作电路

1—点火开关　2—冷却液温度表　3—冷却液温度传感器　4—偏转衔铁　5—热敏电阻

3. 车速里程表

车速里程表是用来指示汽车行驶速度和累计行驶里程数的，一般由车速表和里程表两部分组成。车速里程表有机械式（磁感应式）和电子式两种。

（1）机械式车速里程表　机械式车速里程表的结构如图 5-7 所示。机械式车速里程表没有电路连接，由变速器输出轴上的一套蜗轮、蜗杆及软轴组成，通过机械传动来完成车速里程指示功能。

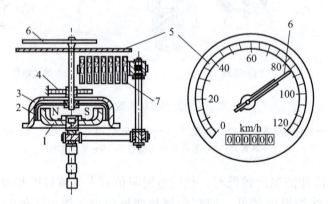

图 5-7　机械式车速里程表的结构

1—永磁体　2—铝碗　3—罩壳　4—盘形弹簧　5—刻度盘　6—指针　7—十进制里程表

1）车速表。车速表由永磁体、指针、铝碗、罩壳、刻度盘等组成。罩壳是固定的，铝碗是杯形的，永磁体及罩壳之间有一定的间隙，没有机械连接。铝碗与指针一起转动，在静态时，由于盘形弹簧的作用，使指针指在刻度盘"0"的位置上。

工作原理：当汽车直线行驶时，变速器输出轴上的蜗轮、蜗杆以及软轴等带动永磁体转动，同时在铝碗上感应出电涡流，产生转矩，使铝碗向永磁体转动方向转动，带动指针同转一个角度。因为电涡流的强弱与车速成正比，所以指针指示的速度也必与汽车的行驶速度成正比。

2）里程表。里程表是由蜗轮、蜗杆和计数轮等组成的。蜗轮、蜗杆和汽车传动轴之间具有一定的传动比。在汽车行驶时，软轴驱动车速里程表的小轴，经三对蜗轮、蜗杆带动里程表的第一计数轮转动。第一计数轮上的数字为1/10km，每两个相邻的计数轮之间，又通过本身的内齿和进位计数轮的传动齿轮，形成1：10的传动比。这样在汽车行驶时，就可以将其行驶里程不断累计起来。

（2）电子式车速里程表 电子式车速里程表由车速传感器、电子电路、步进电动机、电子车速表和电子里程表等组成，目前很多轿车都采用了电子式车速里程表。车速传感器安装在变速器的输出轴上，由转子和舌簧开关组成，如图5-8所示。转子是一个有4对磁极，每转1周，舌簧开关中的触点闭合8次，产生8个脉冲信号。

电子式车速里程表电路的作用是将车速传感器送来的电信号，经过整形、触发，然后输出一个与车速成正比的电流信号，其电路如图5-9所示。

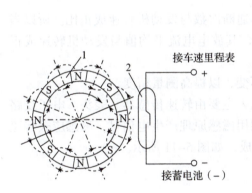

图5-8 车速传感器的结构

1—转子 2—舌簧开关

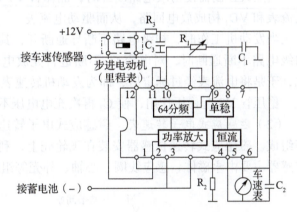

图5-9 电子式车速里程表的电路

电子车速表根据车速传感器输出的与车速成正比的电流信号，驱动车速表指针偏转，来指示相应的车速。电子里程表由一个步进电动机和一个十进制齿轮计数器组成。步进电动机是一种利用电磁铁原理将脉冲信号转换为线位移或角位移的电动机。

4. 发动机转速表

发动机转速表用于指示发动机的运转速度。目前汽车多采用电子式发动机转速表，具有结构简单、指示精确、安装方便等特点。根据信号源不同，发动机转速表分为脉冲式电子转速表和磁感应式电子转速表。

（1）脉冲式电子转速表 脉冲式电子转速表的信号来自点火系统初级电路的脉冲电压。电子转速表的信号就是从点火线圈中获得初级电流中断时产生的脉冲信号，并在点火线圈中转换成电压脉冲，经数字集成电路处理后，在表头上偏转指针来显示发动机转速的。脉冲式电子转速表的电路如图5-10所示。

工作原理：当点火控制器使初级电路导通时，晶体管 VT 处于截止状态，电容 C_2 充电。其充电电路为：蓄电池正极→点火开关→ R_3 → C_2 → VD_2 →蓄电池负极，构成回路。

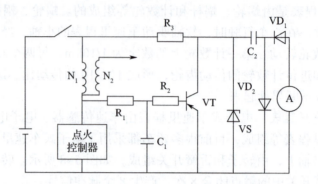

图 5-10　脉冲式电子转速表电路

当点火控制器使初级电路断开时，晶体管 VT 导通，此时 C_2 便通过导通的晶体管 VT、电流表和 VD_1 构成放电回路，从而驱动电流表。

当发动机工作时，初级电路不断导通断开，其通断次数与发动机转速成正比。所以当初级电路不断通断时，对电容 C_2 不断进行充放电，其放电电流平均值与发动机转速成正比，于是将电流表经过标定后，即为发动机转速表。

稳压管 VS 起稳压作用，使 C_2 再次充电电压不变，以提高测量精度。

（2）磁感应式电子转速表　磁感应式电子转速表主要由转速传感器、表头、电子线路等组成。磁感应式转速传感器安装在飞轮壳上，利用磁感原理产生电信号。磁感应式转速传感器主要由永磁体、感应线圈、心轴、外壳等组成，如图 5-11 所示。

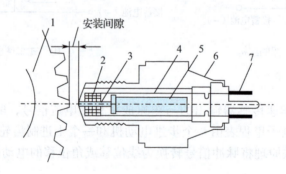

图 5-11　电磁感应式电子转速表工作原理

1—转子　2—感应线圈　3—心轴　4—连接线
5—永磁体　6—壳体　7—接线柱

工作原理：当飞轮（转子）转动时，齿顶与齿底不断地通过心轴，其间隙的大小发生周期性变化，使穿过心轴中的磁通也随之发生周期性地变化，于是在感应线圈中感应出交变电动势。该交变电动势的频率与心轴中磁通变化的频率成正比，即与通过心轴端面的飞轮齿数成正比。而信号的频率和幅值与发动机转速成正比，当转速升高时频率升高，幅值

增大，指针摆动角度也相应增大，于是转速表指示的转速就高。

二、电子仪表及显示系统

1. 电子仪表系统工作原理

汽车电子仪表系统以微处理器为核心，利用来自不同传感器的模拟信号或数字信号通过中央处理器的运算处理，最后电子仪表显示器显示所有信息。汽车电子仪表系统能准确、迅速地处理各种复杂信息，并以数字、文字或图形的形式显示出来，向驾驶人发出汽车各种工作状态的信号和故障信息。电子仪表系统的基本组成有传感器与开关、电控单元及显示器，如图 5-12 所示。

（1）传感器与开关　电子仪表系统中，传感器的作用是将发动机的转速、发动机温度、燃油量、车速及机油压力等参数转变为电信号输送给电控单元。常见传感器与开关有发动机转速传感器、发动机温度传感器、机油压力开关、燃油量传感器及车速传感器等。

（2）电控单元　电控单元主要由微处理器、输入接口电路和显示器驱动电路等组成。微处理器对信号进行分析与计算后，输出控制信号，控制相关的显示器工作。

（3）显示器　显示器用于显示发动机转速、发动机温度、燃油量、车速等信息，同时具有发动机温度过高报警、机油压力过低报警、制动液面过低报警等功能，报警方式有警告灯亮起或闪烁、蜂鸣器鸣响等。

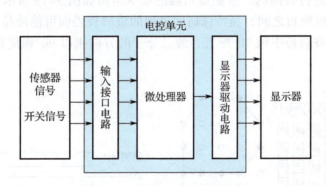

图 5-12　电子仪表系统的基本组成

2. 电子仪表系统显示装置

汽车电子仪表系统显示方式一般有模拟式、数字式和图形式三种。模拟式显示器是通过指针的偏摆反映示值的。数字式和图形式显示器根据工作原理的不同，分为发光二极管显示器、液晶显示器、真空荧光显示器、阴极射线管显示器等。由于阴极射线管显示器过于笨重，已经淘汰。

（1）发光二极管显示器（LED）　发光二极管显示器有直线排列式、七画数字式、光点阵式等多种结构形式。七画数字式是指每个数字位用七画构成，如图 5-13 所示。由控制器输出的控制信号经译码器转换为相应笔画发光二极管的高位电，以显示 0~9 中的某一个数字。

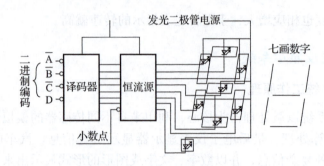

图 5-13　七画数字式显示器

光点阵数字显示发光二极管显示器，每个发光二极管点亮后，构成数字笔画的一点，如图 5-14 所示。光点阵数字显示器的原理与七画数字式相同，只是它是由多个发光二极管实现的。

发光二极管显示器是一种固态发光器件，具有体积小、结构简单和使用寿命长等优点，但其发光亮度是通过调节二极管电流来实现的，所以发光亮度较强时，其电流较大，所需的电功率较大；而发光亮度较弱时，在阳光的照射下又不容易辨识，因此发光二极管显示器不容易实现大屏幕显示。

（2）液晶显示器（LCD）　液晶显示器是在其他光源的激发下，在阻止和允许光线通过这两种状态之间进行转换的。液晶显示器的基本结构如图 5-15 所示，液晶被封装在两块有透明电极膜的玻璃板之间，经特殊研磨处理的玻璃板表面可使液晶分子被强制性同方向配置，即在前后玻璃板中做 90°配置，液晶分子的方向则以 90°螺旋状排列，如图 5-16 所示。

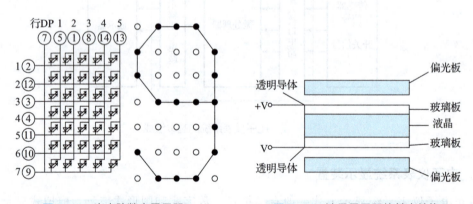

图 5-14　光点阵数字显示器　　　　图 5-15　液晶显示器的基本结构

当光源的光线从一侧射入时，通过偏光板的光成为直线光进入液晶层，经液晶分子螺旋状 90°的偏转后到达另一侧的玻璃板，偏光板使偏光轴垂直的光线不能通过，从而变暗。当两玻璃板之间加上一个电压时，在电场力的作用下，液晶分子的长轴方向转成与玻璃板表面互相垂直，此时，从一侧偏光板进入的光线就不会再引起旋转，光线通过另一侧的偏光板而呈明亮状态。这样，通过控制玻璃板上透明笔画电极的通断电，就可显示数字、字母或图形。

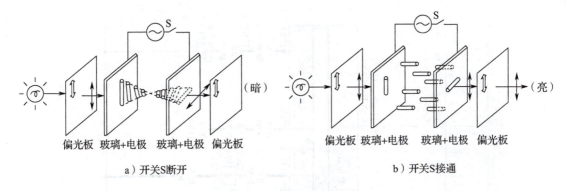

a）开关S断开   b）开关S接通

图 5-16 液晶显示器工作原理

液晶显示器的显示面积大、能耗低，显示清晰且不受阳光直射的影响，通过滤光镜还可以显示不同的颜色，因此，应用极为广泛。

（3）真空荧光显示器（VFD） 真空荧光屏显示器是一种低压真空管，主要由真空玻璃盒、热阴极（灯丝）、栅极、荧光屏等组成，如图 5-17 所示。其原理是：对热阴极施加一个恒定的电压，就会发射电子，而电子通过栅极加速后射向阳极，使阳极上的荧光物质在电子的冲击下发光。由于阳极是用不同的笔画段组成，通过数字开关电路的控制，就能显示不同的数字和字母。

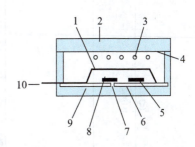

图 5-17 真空荧光显示器工作原理

1—栅极 2—真空玻璃盒 3—热阴极（灯丝） 4—透明导电膜 5—阳极 6—绝缘层 7—通水口 8—荧光屏 9—电路 10—引脚

真空荧光屏显示器有七笔画和十四笔画两种，七笔画段只可显示数字，而十四笔画段可显示全部字母和数字。真空荧光屏显示器易与控制电路连接，适应环境能力强，且能显示数字、单词及形状图表等。

三、典型汽车仪表

大众新宝来轿车的组合仪表板包括转速表、车速表、多功能显示器，在显示器中有燃油量指示、档位指示、保养指示等，如图 5-18 所示。

转速表显示值 ×1000 为发动机每分钟转速，转速表中红色区域起始点表示发动机最高允许转速；复位按钮是单程里程记录器清零复位功能。

多功能显示器有警告和信息文本、行驶里程、时间、车外温度、变速杆位置、保养周期指示、发动机自动起停系统状态显示等，不同车型显示的信息内容有所不同。

图 5-18 大众新宝来轿车的组合仪表板

1—时钟的调整按钮 2—转速表 3—多功能显示器 4—车速表 5—复位按钮

大众新宝来车组合仪表控制电路如图 5-19 所示，图中符号及含义见表 5-1。

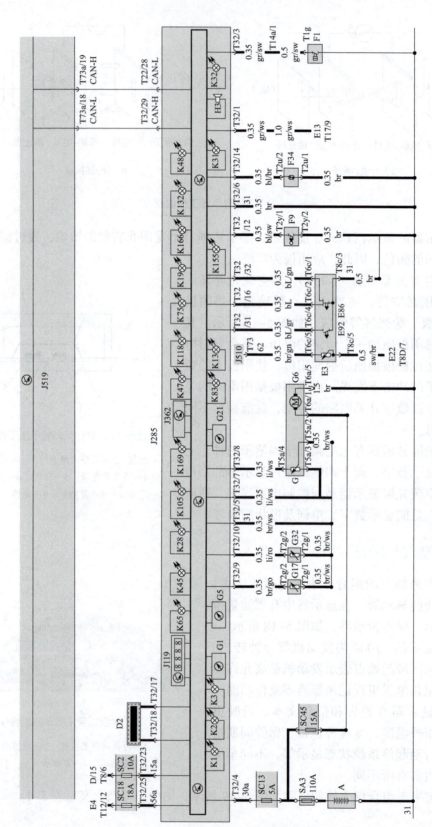

图5-19　大众新宝来轿车的组合仪表电路图

表 5-1　大众新宝来车组合仪表图中符号及含义

符号	含义	符号	含义	符号	含义
A	蓄电池	F1/K3	机油油压开关/指示灯	K19	安全带报警指示灯
K83	排气指示灯	F34	制动液液位不足警告开关	K28	冷却液高温或不足指示灯
D2	电子点火开关	G	燃油存量显示传感器	K31	GRA指示灯
J362	防盗止动系统控制单元	G1/K105	燃油表/指示灯	K32	制动摩擦片指示灯
J285	仪表板控制单元	G5	转速表	K47	ABS指示灯
J519	车身控制模块	G6	燃油泵	K48	换档显示指示灯
J119	多功能显示器	G17	车外温度传感器	K65/K94	左/右侧转向灯指示灯
E4	手动变光开关	G21	车速表	K75	安全气囊指示灯
E3	闪烁警告灯开关	G32	冷却液液位传感器	F9/K118	驻车制动控制开关/指示灯
E13/K13	后雾灯开关/指示灯	H3	蜂鸣器及声音报警器	K132	电控节气门故障信号灯
E22	间隙车窗刮水器	K1	远光指示灯	K155	ASR指示灯
E86	多功能显示器调用按钮	K2	发电机工作指示灯	K166	车门打开指示灯
E92	复位按钮	K169	变速杆锁指示灯		

四、汽车仪表常见故障分析

1. 电子仪表系统检修注意事项

1）电子仪表系统出现故障必须依照维修手册中规定，应由专业人员用专用仪器进行检测和维修。

2）在使用和检修电子仪表显示器或逻辑电路板时，不能将蓄电池的全部电压加在仪表板的任何输入端（除非有特殊说明的），否则将造成微机电路的损坏。

3）在检测电压、电阻时，应使用高阻抗仪器，不能使用简单仪表，否则将损坏微机电路。

4）拆卸电子仪表板时，首先应切断电源，然后按照正确的拆卸顺序进行拆卸。

5）拆卸电子仪表板时，不能敲打、振动，不能用力过猛，以防损坏电子元器件。

6）更换电子仪表元器件时，注意保护好备用元件的集成电路引线端子，不能触摸或与身体接触，否则会使仪表读数消失，甚至造成元器件的损坏；在处理电子式车速里程表的电路板时，应使用原来的塑料盒，以免因静电感应而损坏。

7）作业时，应使用静电保护装置，通常用一根与车身连接的手腕带和放置一个电子部件的导电垫板。

8）发动机工作时，不能将蓄电池断开，否则会导致电子仪表损坏。

9）电子仪表系统使用冷阴极管的，应注意冷阴极管连接器通电后，会存在高压交流电，因此通电后不得接触这些部件。

2. 电子仪表故障自诊断系统

现代汽车电子仪表系统多配备随车故障自诊断系统。自诊断系统将其所监测到的故障以故障码的形式存储在存储器中，在汽车维修时，用诊断仪将故障信息读取出来，以便维修人员准确、迅速地查找和排除电子仪表系统的故障。同时，当电子仪表系统相关传感器信号缺失或超出了正常的范围时，自诊断系统就会使仪表板上的警告灯亮起或闪烁，已发出故障报警信号。

3. 电子组合仪表的检查

组合仪表常见故障有背景光暗淡或没有背光、冷却液温度表不准或不指示、转速表不准或不指示、燃油表不准或不指示等。不同的故障有不同原因，因此要仔细分析控制电路，才能准确诊断故障部位。

（1）组合仪表工作状态检查

1）起动发动机。

2）检查各仪表的工作状态是否正常。

3）操纵变速杆、制动踏板、驻车制动器等操纵机构，观察相应的仪表指示是否正常。

（2）组合仪表背景光的检测 组合仪表背景光的检测流程如图5-20所示。

1）检查组合仪表熔丝是否熔断，如果熔断，则应更换熔丝。

2）检查发光二极管是否损坏。用万用表测量其电阻，如果阻值为0或无穷大，则应更换发光二极管；如果阻值正常，则应更换新组合仪表。

（3）发动机冷却液温度表的检测 发动机冷却液温度表的检测流程如图5-21所示。

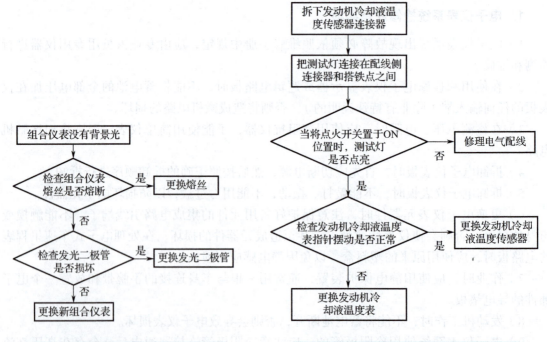

图5-20 组合仪表背景光的检测流程　　　　图5-21 发动机冷却液温度表的检测流程

1）拆下发动机冷却液温度传感器线束连接器，如图5-22所示。

2）把测试灯连接在配线侧连接器和搭铁点之间。

3）当将点火开关置于"ON"位置时，如果测试灯不点亮，则说明电气配线有故障，应修理。

4）如果测试灯点亮，且发动机冷却液温度表指针摆动，则说明发动机冷却液温度传感器损坏，应更换；如果测试灯点亮，但发动机冷却液温度表指针不摆动，则说明发动机冷却液温度表损坏，应更换。

图 5-22　发动机冷却液温度传感器的检测

1—测试灯　2—连接器
3—冷却液温度传感器　4—搭铁点

（4）检查发动机冷却液温度传感器的检测

1）将发动机冷却液排出，拆下发动机冷却液温度传感器。

2）把组件侵入70℃的水中，测量电阻，如图5-23所示。

3）与标准值对照，如果不符，则更换传感器。冷却液温度传感器在70℃时的阻值为（104±13.5）Ω。

4）检查后，将发动机冷却液温度传感器装回发动机，并注入发动机冷却液。

（5）车速表及传感器的检测

1）将轮胎压力调整到规定大小。

2）将汽车停在车速试验台上，如图5-24所示。

3）确认驻车制动器已正确调整。

4）为防止汽车左右移动，应将汽车左右固定。

5）为防止汽车开出，务必用链条或钢丝绳系住后部，务必紧固链条或钢丝绳的端部。

6）检查车速表指示范围是否符合要求。根据GB 7258—2017《机动车运行安全技术条件》的规定：车速表指示误差（最大设计车速≤40km/h的机动车除外）车速表指示车速 v_1（km/h）与实际车速 v_2（km/h）之间应符合关系式 $0 \leqslant v_1 - v_2 \leqslant v_2/10+4$ 的要求。

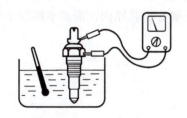

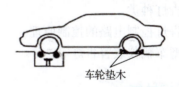

车轮垫木

图 5-23　发动机冷却液温度传感器的检测　　图 5-24　汽车停在车速试验台上

（6）燃油表的检测　燃油表的检测流程如图5-25所示。

1）当燃油表组件的浮子位于F（最高）位置和E（最低）位置时，测量燃油表的端子1和2间的电阻值是否在标准值范围内。可以用测试灯检测，燃油表的端子及测试灯连接方法如图5-26所示，其标准值参考维修手册。

2）当浮子在F（最高）和E（最低）位置之间慢慢移动时，测量电阻值是否平稳地变化。

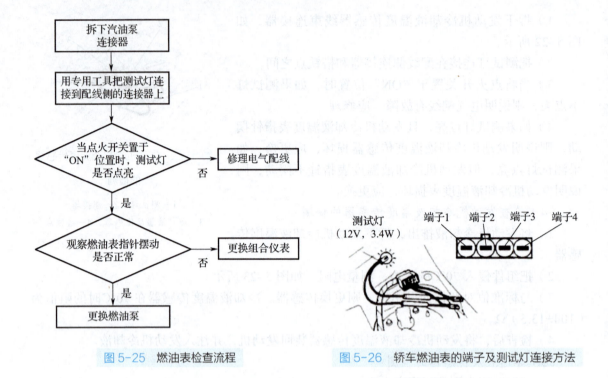

图 5-25 燃油表检查流程   图 5-26 轿车燃油表的端子及测试灯连接方法

学习任务二 报警装置及控制电路

学习任务描述

不同车型所配置的报警装置不同，所以不同车型的报警装置控制电路也不同。基本仪表报警有冷却液高温报警、燃油报警、机油报警、制动液报警、发动机故障报警等，为了掌握这些警告灯的工作原理，以及出现故障报警时能正确分析其原因，需要掌握以下知识：

1）警告灯种类。

2）警告灯控制电路的控制原理。

3）典型车辆仪表警告灯等。

基础知识和技能

一、汽车警告灯种类

现代汽车仪表板上安装了许多警报装置，如机油压力警告灯、冷却液温度警告灯、燃油不足警告灯、制动液不足警告灯等。

警报装置由传感器和警告灯组成，警告灯发出红光或黄光，且由报警开关控制。当被监测的系统工作不正常时，对应的报警开关闭合，使该系统的警告灯亮，以提醒驾驶人注意，采取相应的措施，确保行车安全。

警告灯通常安装在仪表上，灯泡功率一般为 1~4W，根据不同警报功能，通常设有标准警告灯图形符号，常见的警告灯图形符号见表 5-2。

表 5-2　常见的警告灯图形符号

序号	名称	图形	颜色	作用
1	蓄电池液面过低警告灯		红	蓄电池的液面比规定量低时灯亮
2	机油压力警告灯		红	发动机机油压力在 0.03MPa 以下时灯亮
3	充电指示灯		红	硅整流发电机不发电时灯亮
4	预热指示灯		黄	点火开关闭合时灯亮，预热结束时灯灭
5	燃油滤清器积水警告灯		红	燃油滤清器内积水时灯亮
6	远光指示灯		蓝	使用前照灯远光时灯亮
7	散热器液量不足警告灯		黄	散热器的液量比规定的少时灯亮
8	转向指示灯		绿	开转向灯时灯亮
9	驻车制动器警告灯		红	驻车制动器起作用时灯亮
10	车轮制动器失效警告灯		红	制动器失效时灯亮
11	燃油不足警告灯		黄	燃料余量约在 10L 以下时灯亮
12	安全带警告灯		红	系上安全带后灯灭
13	车门未关警告灯		红	车门打开或半开时灯亮
14	制动灯或后位灯失效警告灯		黄	制动灯或后位灯断路时灯亮
15	洗涤器液面过低警告灯		黄	洗涤器液面过低时灯亮
16	安全气囊警告灯	AIR BAG	黄	安全气囊失效时灯亮
17	制动防抱死失效警告灯	ABS	红	ABS 电控部分有故障时灯亮
18	发动机故障警告灯	CHECK	红	发动机电控系统有故障时灯亮

二、各种警告灯控制电路

1. 机油压力警告灯控制电路

机油压力警告灯控制电路由机油压力警告灯和机油压力报警开关等组成。机油压力警告灯监测润滑系统的工作情况。当机油压力低于标准值时，机油压力警告灯点亮，以引起驾驶人注意。机油压力警告灯由机油压力警报开关控制，下面介绍弹簧管式和膜片式两种机油压力警报开关。

（1）弹簧管式机油压力警报开关及控制电路　弹簧管式机油压力警报控制电路如图5-27所示，该电路由安装在发动机主油道的弹簧管式机油压力警报开关和安装在仪表板上的红色机油压力警告灯组成。

弹簧管式机油压力警报开关内有一管形弹簧，管形弹簧的一端与主油道相通，另一端有一对触点，固定触点经连接片与接线柱相接，活动触点经外壳搭铁。当机油压力低于标准值时，管形弹簧向内弯曲，触点闭合，机油压力警告灯亮；当机油压力正常时，管形弹簧产生的弹性变形增大，使触点分开，机油压力警告灯熄灭。

（2）膜片式机油压力警报开关及控制电路　膜片式机油压力警报控制电路如图5-28所示，该电路由安装在发动机主油道的膜片式机油压力警报开关和安装在仪表板上的红色机油压力警告灯组成。

当机油压力正常时，机油压力推动膜片向上弯曲，推杆将触点打开，机油压力警告灯熄灭；当机油压力低于标准值时，膜片在弹簧压力作用下向下移动，从而使触点闭合，机油压力警告灯亮，警告驾驶人机油压力不足。

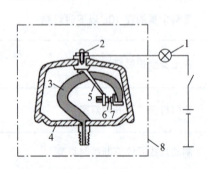

图 5-27　弹簧管式机油压力警报控制电路

1—机油压力警告灯　2—接线柱　3—管形弹簧
4—外壳　5—连接片　6—固定触点
7—活动触点　8—弹簧式机油压力报警开关

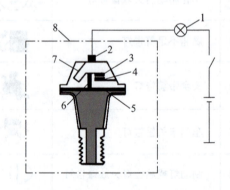

图 5-28　膜片式机油压力警报控制电路

1—机油压力警告灯　2—接线柱　3—活动触点
4—固定触点　5—膜片　6—推杆　7—弹簧片
8—膜片式机油压力报警开关

2. 冷却液温度警告灯控制电路

冷却液温度警告灯控制电路如图5-29所示，该电路由冷却液温度警告灯和冷却液温度开关等组成。

冷却液温度警告灯由双金属片式温度开关控制，当冷却液温度在正常范围时，双金属片几乎不变形，触点分开，警告灯不亮；当冷却液温度超过标准值时，双金属片由于温度升高而弯曲变形，使触点闭合，红色冷却液温度警告灯亮，以示警告。

3. 燃油不足警告灯控制电路

燃油不足警告灯控制电路如图5-30所示，该电路由热敏电阻式警报开关控制，当油箱内燃油量足够时，热敏电阻浸在燃油中，散热快、温度低、电阻值大，因此电路中几乎没有电流，燃油不足警告灯暗；当燃油减少到规定值以下时，热敏电阻元件露出油面，此时，热敏电阻温度升高，电阻值减小，电路中电流增大，燃油不足警告灯亮，提醒驾驶人注意加油。

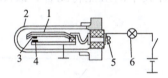

图5-29　冷却液温度警告灯控制电路

1—双金属片　2—壳体
3—活动触点　4—固定触点
5—接线柱　6—冷却液温度警告灯

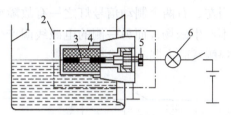

图5-30　燃油不足警告灯控制电路

1—油箱　2—热敏电阻式报警开关
3—热敏电阻　4—防爆金属网　5—接线柱
6—燃油不足警告灯

因现代汽车的电动燃油泵均安装在油箱中，当油箱内燃油过少时，电动燃油泵得不到冷却，极易损坏。所以，燃油过少警告灯亮时，驾驶人应尽快加油。

4. 制动液不足警告灯控制电路

制动液不足警告灯控制电路如图5-31所示，该电路由制动液不足报警开关和制动液不足警告灯组成，报警开关为舌簧式开关。制动液不足警告灯由安装在制动主缸液罐内的报警开关控制，其作用是当制动液液面过低时，警告灯亮，以提醒驾驶人注意。

当制动液充足时，浮子的位置较高，此时永久磁铁高于舌簧开关的位置，舌簧开关处于断开状态，制动液不足警告灯不亮；当浮子低于规定值时，永磁体便接近舌簧开关，使舌簧开关触点闭合，制动液不足警告灯电路导通，警告灯亮。

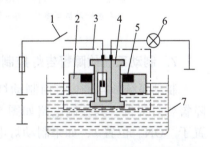

图5-31　制动液不足警告灯控制电路

1—点火开关　2—浮子　3—舌簧开关
4—外壳　5—永磁体
6—制动液不足警告灯　7—制动液罐

5. 制动器摩擦片磨损极限警告灯控制电路

制动器摩擦片磨损极限警告灯控制电路如图5-32所示。制动器摩擦片磨损极限警告灯的作用是当制动器摩擦片磨损到使用极限厚度时，发出报警信号，提示制动器摩擦片需要更换。

在制动器摩擦片内部埋有导线，该导线与组合仪表中的电控单元相连。当制动器摩擦片没有到磨损极限时，电控单元中的晶体管截止，制动器摩擦片磨损极限警告灯不亮；当制动器摩擦片到磨损极限时，制动器摩擦片中埋设的导线被磨断，电控单元中的晶体管导通，警告灯亮。

一般情况下，制动器摩擦片磨损极限报警与制动液不足报警共用一个警告灯。

6. 制动灯线路故障警告灯控制电路

制动灯线路故障警告灯控制电路如图 5-33 所示。该警告灯由一个舌簧开关控制，在正常情况下，踩下制动踏板，制动灯开关接通，电流经线路检测器的左、右线圈到制动信号灯。此时两线圈所产生的磁场相互抵消，舌簧开关的触点继续处于常开状态，警告灯不亮；当左、右两个制动信号灯之一有故障或者线路有断路的情况，则有故障一侧的电磁线圈将不产生磁场，而另一侧的电磁线圈产生磁场，舌簧开关中的触点将闭合，故障警告灯亮，提醒驾驶人制动灯线路有故障。

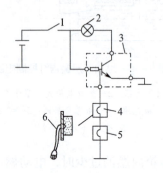

图 5-32　制动器摩擦片磨损极限警告灯控制电路

1—点火开关　2—制动器摩擦片磨损极限警告灯
3—电控单元　4—左前制动器摩擦片
5—右前制动器摩擦片　6—导线

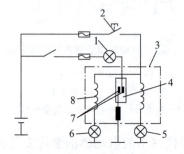

图 5-33　制动灯线路故障警告灯控制电路

1—制动灯线路故障警告灯　2—制动开关
3—线路检测器　4—舌簧开关　5—右制动灯
6—左制动灯　7—触点　8—线圈

7. 制动系统故障警告灯控制电路

制动系统故障警告灯由制动灯控制系统及故障警告灯电路组成。以丰田车制动系统故障警告灯为例，其控制电路如图 5-34 所示。打开点火开关，踩下制动踏板（制动灯开关置于"ON"位置），如果制动灯电路断路，且从灯光故障传感器的端子 7 到端子 1 和 2 的电流改变，则灯光故障传感器能检测到信号，并将制动系统故障警告灯控制电路激活，电流从灯光故障传感器的端子 4 到端子 11（搭铁），制动系统故障警告灯点亮。

8. 蓄电池液面过低警告灯控制电路

蓄电池液面过低警告灯控制电路如图 5-35 所示。蓄电池液面过低警告灯由电极式液面高度传感器和电控单元控制，当蓄电池液面正常时，电极式液面高度传感器上的电位为 8V，使电控单元的 VT_1 导通，VT_2 截止，警告灯不亮；当蓄电池液面低于规定值时，电极式液面高度传感器上无电压输出，使控制器的 VT_2 导通，VT_1 截止，警告灯点亮。

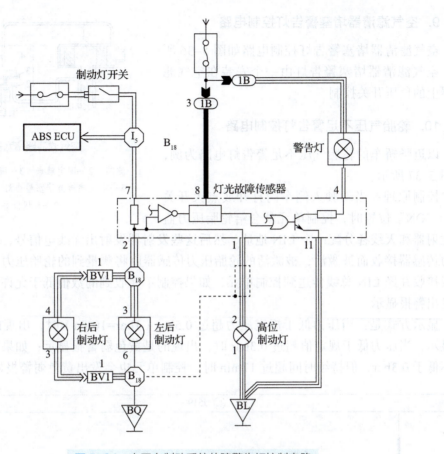

图 5-34　丰田车制动系统故障警告灯控制电路

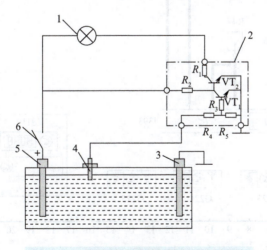

图 5-35　蓄电池液面过低警告灯控制电路

1—警告灯　2—电控单元　3—蓄电池负极　4—电极式液面高度传感器　5—蓄电池正极　6—点火开关

9. 空气滤清器堵塞警告灯控制电路

空气滤清器堵塞警告灯控制电路如图 5-36 所示。空气滤清器堵塞警告灯由一个安装在空气滤清器上的负压开关控制。

10. 轮胎气压不足警告灯控制电路

以迈腾轿车的轮胎气压不足警告灯电路为例，如图 5-37 所示。

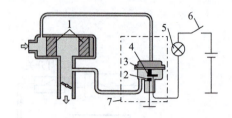

图 5-36　空气滤清器堵塞警告灯控制电路

1—滤芯　2—固定触点　3—膜片　4—活动触点
5—空气滤清器堵塞警告灯　6—点火开关
7—负压开关

控制原理：当驾驶人侧车门打开或点火开关位于"ON"位置时，控制单元就会给轮胎压力监控发射器和天线各分配一个 LIN 地址，然后这些发射器发射出无线电信号，由各自的轮胎压力传感器接收而被激活，被激活的轮胎压力传感器就将测量到的轮胎压力和温度值，由天线接收并经 LIN 总线传送到控制单元，如果控制单元收到的数值低于允许值，便输出信号发出警报显示。

显示方式是：当压力低于规定压力超过 0.5bar（1bar=10^5Pa）时，出现的是红色强警报显示；当压力低于规定值超过 0.3bar 时，出现的是黄色弱警报显示；如果与规定值的偏差不低于 0.3bar，但持续时间超过 17min 时，控制单元也会发出黄色弱警报显示。

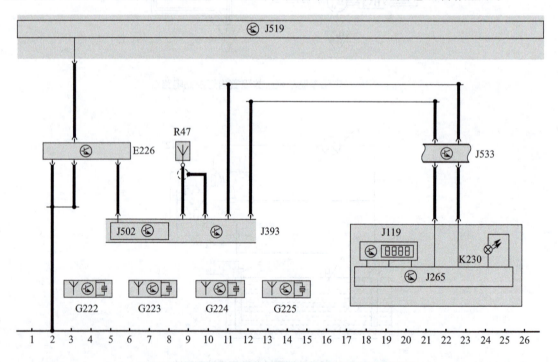

图 5-37　迈腾轿车的轮胎气压不足警告灯控制电路

E226—轮胎压力监控按钮　G222—左前轮胎压力传感器　G223—右前轮胎压力传感器
G224—左后轮胎压力传感器　G225—右后轮胎压力传感器　J119—多功能显示器　J265—组合仪表中的控制单元
J393—舒适/便携功能系统中央控制单元　J502—轮胎压力控制单元　J519—车载电网控制单元
J533—数据总线诊断接口　R47—中控门锁和防盗警报装置天线　K230—轮胎压力警告灯

三、典型车辆仪表警告灯

大众速腾轿车仪表警告灯如图 5-38 所示，常见符号含义见表 5-3。符号颜色为红色的是一级警告信息，即符号闪烁或点亮，有时伴有报警声，说明存在危险，需要立即检查功能状况，并查找原因排除故障；符号显示为黄色的是二级警告信息，即符号闪烁或点亮，有时伴有报警声，说明功能失效或缺少油液，可能会导致汽车损坏和故障抛锚。

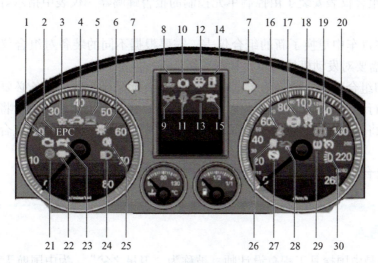

图 5-38 大众速腾轿车仪表警告灯

表 5-3 大众速腾轿车仪表警告灯常见符号含义

标号	含义（颜色）	标号	含义（颜色）	标号	含义（颜色）
1	废气排放指示灯（黄）	11	车门指示灯（红）	21	电动助力转向指示灯（红）
2	EPC 指示灯（黄）	12	风窗清洗液液位警告灯（黄）	22	燃油净化器警告灯（柴油）
3	预热及故障指示灯（黄）	13	行李舱开启指示灯（红）	23	油箱盖开起警告灯
4	防盗指示灯（黄）	14	燃油油量警告灯（黄）	24	远光灯
5	充电指示灯（红）	15	机油油量警告灯（黄）	25	后雾灯指示灯
6	灯泡检测指示灯（黄）	16	安全带未系警告灯（红）	26	安全气囊故障指示灯（黄）
7	转向信号指示灯	17	ABS 警告灯（黄）	27	制动踏板指示灯
8	冷却液温度/液位指示灯（红）	18	ASR 或 ESP 警告灯（黄）	28	发动机舱盖未关指示灯（红）
9	机油压力警告灯（红）	19	制动系统故障警告灯（红）	29	轮胎压力警告灯（黄）
10	制动衬片磨损指示灯（黄）	20	定速巡航指示灯	30	夜间行车灯

能力拓展

大众新宝来组合仪表拆装和更换注意事项

1）了解大众新宝来组合仪表中集成的部件有仪表控制单元J285、防盗锁止系统控制单元J362、车速表、转速表、多功能显示器、组合仪表指示灯等。为了对某些显示内容提供声音支持，组合仪表安装了由控制单元控制的报警蜂鸣器。仪表中指示灯均为发光二极管（LED）。

2）如果在汽车中更换了新的组合仪表，需要根据不同的装备对组合仪表控制单元进行匹配，同时需要对发动机控制单元和汽车钥匙进行匹配。

3）在拆卸组合仪表之前，为了读取控制单元中所保存的数据，务必要按维修手册中要求的步骤进行。首先关闭点火开关以及所有电器，拔出点火钥匙；然后将转向柱调整至最下位置，并将其锁住；再拆下组合仪表装饰板和中央盖板；最后拉出组合仪表，拔下连接插头。

4）安装组合仪表以拆卸时倒序进行，注意螺栓拧紧力矩。

📖 课程育人

孙家栋是中国探月工程总设计师，被称为"卫星之父"，为中国航天科技事业创新发展做出了重要贡献。当国家启动嫦娥一号探月工程时，已经75岁的孙家栋毅然接下总设计师的重担。头发花白，仍雄心似火；步履缓慢，却志在千里。正如他说的："国家需要，我就去做。"这誓言，历风雨而日盛，经霜雪而弥坚。

思考与练习

1. 单选题

（1）脉冲式电子转速表的信号来自（　　　）的脉冲电压。
  A. 霍尔传感器　　　　　　　　　B. 凸轮轴位置传感器信号
  C. 点火系统初级电路　　　　　　D. 点火系统次级电路

（2）机油压力警告灯控制电路由安装在发动机主油道的机油压力警报开关和（　　　）组成。
  A. 机油压力传感器　　　　　　　B. 高压开关
  C. 低压开关　　　　　　　　　　D. 机油压力警告灯

（3）仪表照明灯与示位灯、牌照灯（　　　）。
  A. 混联　　　　B. 串联　　　　C. 并联　　　　D. 不确定

（4）传统汽车的车速里程表的车速信号来自（　　　）。
  A. 点火线圈负极　　　　　　　　B. 发动机转速传感器
  C. 变速器的输出轴　　　　　　　D. 霍尔传感器

（5）在电热式燃油表中，当燃油传感器的线路短路时，燃油表的指示值是（   ）。

    A．0   B．1   C．2   D．跳动

2. 多选题

（1）燃油表的作用是指示汽车油箱中存油量的多少，类型有（   ）。

    A．热敏电阻式   B．电热式   C．电磁式   D．可变电阻式

（2）常见的汽车仪表有电流表、车速里程表以及（   ）等。

    A．发动机转速表   B．水温表   C．机油压力表   D．燃油表

（3）警告灯控制电路中报警开关类型有（   ）。

    A．舌簧式   B．热敏电阻式   C．膜片式   D．双金属片式

（4）汽车电子仪表系统能准确、迅速地显示各种信息的形式有（   ）。

    A．声音   B．图形   C．文字   D．数字

（5）汽车电子仪表系统显示装置根据工作原理的不同分为（   ）等。

    A．阴极射线管显示器   B．液晶显示器

    C．真空荧光显示器   D．发光二极管显示器

3. 判断题

（1）根据信号源不同，发动机转速表有脉冲式电子转速表和磁感应式电子转速表。   （   ）

（2）对于电热式机油压力表，其传感器的平均电流越大，指示表指示的压力就越大。   （   ）

（3）电热式冷却液温度传感器在短路后，冷却液温度表将指示低温。   （   ）

（4）燃油不足警告灯电路中所用的热敏电阻，当燃油箱液面较高时，其阻值较小。   （   ）

（5）宝来车仪表板控制单元J285与车身网络控制单元J519通过总线连接。   （   ）

4. 问答题

（1）现代汽车仪表板上都安装了哪些警报装置？

（2）参照机油压力警告灯控制电路图，说明其工作过程。

（3）参照冷却液温度警告灯控制电路图，说明其工作过程。

（4）参照燃油不足警告灯控制电路图，说明其工作过程。

（5）参照制动液不足警告灯控制电路图，说明其工作过程。

（6）参照制动灯线路故障警告灯控制电路图，说明其工作过程。

（7）参照蓄电池液面过低警告灯控制电路图，说明其工作过程。

（8）简述汽车仪表显示器的类型及特点。

（9）参照图5-19，写出大众新宝来车仪表控制单元J285控制的执行元件。

（10）参照图5-19，写出大众新宝来车仪表控制单元J285接收信号的元件。

→ 目标及要求

◎ 教学目标

（1）刮水器与洗涤器工作原理及控制电路

（2）电动车窗工作原理及控制电路

（3）中控门锁工作原理及控制电路

（4）电动后视镜工作原理及控制电路

（5）电动座椅工作原理及控制电路

（6）安全气囊及安全带工作原理及控制电路

◎ 能力要求

（1）学会刮水器与洗涤器电路检测及故障诊断

（2）学会电动车窗电路检测及故障诊断

（3）学会中控门锁电路检测及故障诊断

（4）学会电动后视镜电路检测及故障诊断

（5）学会电动座椅电路检测及故障诊断

（6）学会安全气囊及安全带检测及故障诊断

→ 项目概述

汽车安全舒适系统是人们对汽车安全性能、舒适性能、实用性能提出的要求。随着人们对汽车安全舒适系统要求的不断提高，目前汽车普遍配有刮水器及洗涤器、电动车窗、中控门锁、电动后视镜、电动座椅、安全气囊及安全带等。本项目学习任务如图6-1所示。

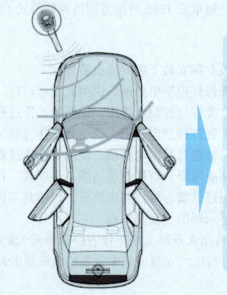

学习任务一
刮水器与洗涤器及控制电路

学习任务二
电动车窗及控制电路

学习任务三
中控门锁及控制电路

学习任务四
电动后视镜及控制电路

学习任务五
电动座椅及控制电路

学习任务六
安全带及安全气囊及控制电路

图6-1　项目六学习任务

学习任务一 刮水器与洗涤器及控制电路

学习任务描述

汽车风窗玻璃刮水器与洗涤器是用来清除风窗玻璃上雨水、雪或尘土的，以保证良好的能见度。洗涤器与刮水器配合工作，能更好地清除风窗玻璃上的污物，保证驾驶人的行车安全。维修人员应掌握以下知识：

1）刮水器与洗涤器的组成及工作原理、检查与调整。
2）典型车辆的刮水器和洗涤器控制电路。
3）风窗玻璃除霜装置作用及控制电路。

基础知识和技能

一、刮水器

1. 刮水器的组成及工作原理

（1）刮水器的组成 目前汽车前风窗玻璃都设有刮水器，有的汽车后窗玻璃也设有刮水器。汽车上广泛使用的是电动刮水器，其安装位置如图 6-2 所示。

电动刮水器由电动机和传动机构组成如图 6-3 所示。电动机为永磁式直流电动机，其结构如图 6-4 所示。电动机的旋转经蜗轮、蜗杆减速，并带动拉杆和摆杆运动，使左右刮水片往复摆动。

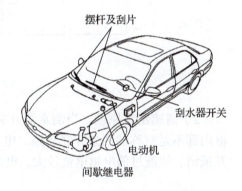

图 6-2 刮水器的安装位置

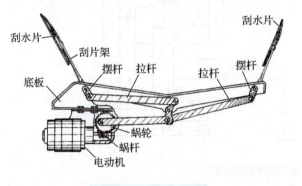

图 6-3 电动刮水器

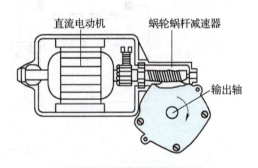

图 6-4 电动机总成结构

（2）刮水器的变速原理 刮水器的变速是利用直流电动机的变速原理实现的，由直流电动机电压平衡方程式可得转速 n 的计算公式为

$$n = \frac{U - IR}{kZ\Phi}$$

式中，U 为电动机端电压；I 为通过电枢绕组的电流；R 为电枢绕组的电阻；k 为电动机常数；Z 为正、负电刷间串联的绕组数；Φ 为磁极磁通量。

在电压 U 和直流电动机型号一定的条件下，即 I、R、k 都为常数时，磁极磁通量 Φ 增大，转速 n 下降；反之，则转速 n 上升。若两电刷之间的电枢绕组数 Z 增多，转速 n 也下降。所以刮水器变速是在直流电动机变速的理论基础上，采取改变电动机磁极磁通量的强弱，或者改变电刷之间的导体数多少来实现的。目前汽车刮水器一般设置高、低两种刮水速度。

1）低速刮水原理。当刮水器开关拨向 L 时，控制电路如图 6-5 所示。由于电动机电枢内部为对称的两条并联支路，电动机转动时，电枢绕组产生的感应电动势较高，使流过的电枢电流较小，电动机以较低转速运转。

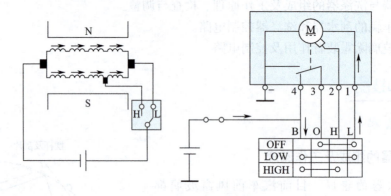

图 6-5 低速刮水控制电路

2）高速刮水原理。当刮水器开关拨向 H 时，控制电路如图 6-6 所示。由于电动机电枢内部不是对称的两条并联支路，电动机转动时，电枢绕组产生的感应电动势将有部分相互抵消，使流过的电枢电流较大，电动机以较高转速运转。

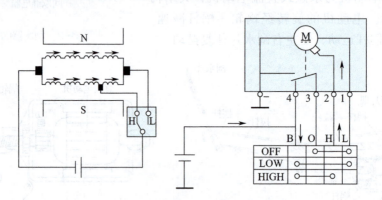

图 6-6 高速刮水控制电路

（3）刮水器的自动复位原理 自动复位是指在切断刮水器开关时，刮水片能自动停在驾驶人视野以外的指定位置。汽车上装用的电动刮水器都具有自动复位功能。

永磁式电动刮水器的自动复位装置工作原理：当刮水器开关推到 0 档位置时，如果刮水片正好停在规定的位置，电路中断，则电动机立即停转，如图 6-7a 所示的位置。

若刮水片没有停在规定的位置，如图 6-7b 所示位置，由于触点与铜环接触，则电流继续流入电枢。电流由蓄电池正极→电源总开关→熔断器→电动机电刷 B_1 →电枢绕组→电刷 B_3 →刮水器开关接线柱②→刮水器开关接线柱①→触点臂→触点→铜环→搭铁构成回路，电动机以低速运转，直到蜗轮转到如图 6-7a 所示的位置。此时，触点 4 通过铜环与触点 6 连通而短路。同时，电动机因惯性不能立即停转，以发电机方式运转，产生反电动势，从而产生制动力矩，电动机迅速停转，使刮水片停在指定位置。

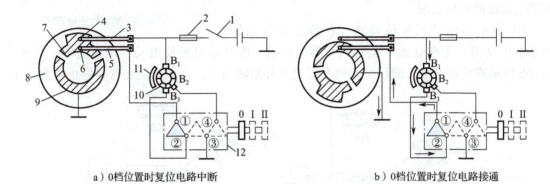

a）0档位置时复位电路中断　　　　　　　　　　b）0档位置时复位电路接通

图 6-7　自动复位装置及复位电路

1—电源总开关　2—熔断器　3、5—触点臂　4、6—触点　7、9—铜环
8—蜗轮　10—电枢　11—永磁体　12—刮水器开关

2. 刮水器的检查与调整

（1）刮水片停止位置的检查与调整

1）使刮水器电动机回到停止位置，将刮水片装到风窗玻璃上，校正后拧紧紧固螺母。调整停止位置时应保证图 6-8 中尺寸 a 和 b 的距离符合相关车型技术标准要求。

2）起动刮水器，检查是否到位。若不到位，应再次调整刮水臂并拧紧紧固螺母，紧固螺母的拧紧力矩须符合相关车型技术标准要求。

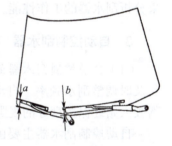

图 6-8　刮水片停止位置调整

（2）刮水片的检查和更换

1）检查刮水片外观有无异样，若有应更换。

2）检查刮水片表面是否附有油污，若有应用专用洗涤液清洗。

3）检查刮水片橡胶是否出现老化，若有应及时更换。

4）检查刮水片的工作状况。打开刮水器，工作几个循环后，关闭刮水器。如果风窗玻璃出现刮不均匀或不干净的现象，应更换刮水片。

5）定期检查刮水臂的紧固螺母的松紧度。

6）刮水片更换方法如图 6-9 所示，拆卸时，先将刮水臂向上翻起，然后按下按键，并将刮水片定位块从刮水臂中拉至限位位置，摇动刮水片，并沿箭头方向从刮水臂中拔下刮水片定位块；安装时，先将刮水片定位块推入刮水臂中，直至限位位置。注意：按键应卡止在刮水臂中，并将刮水臂小心翻回风窗玻璃上。

（3）刮水器电动机的检测

1）在脱开电气配线连接器后，在刮水器电动机安装于车身的状况下，检查刮水器电动机。

2）在低速和高速下运转刮水器电动机，将蓄电池正极分别连接到刮水器电动机侧插接器的低速、高速端子上，如图6-10a所示，在低速和高速下检查刮水器电动机的运转状况。

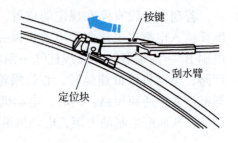

图6-9　刮水片更换方法

3）刮水器电动机复位检查。在停止位置运转刮水器电动机，先在低速下运转刮水器电动机，脱开蓄电池使电动机停止运转；再按图6-10b所示连接蓄电池，确认电动机在低速下开始转动后，刮水片应在自动停止位置停止。

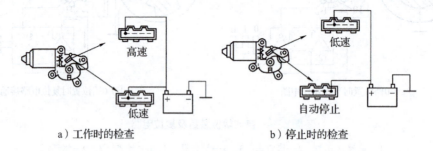

a）工作时的检查　　　　　　　　　　b）停止时的检查

图6-10　刮水器电动机检测

（4）刮水器开关的导通检测　操作刮水器开关，检查各端子导通情况，并根据检测结果分析刮水器的工作性能，然后装复检验。

3. 自动控制刮水器

（1）自动控制刮水器的组成　电动刮水器虽然能够实现间歇控制，但不能随雨量的变化及时调整刮水频率。自动控制刮水器能根据雨量的大小自动调节刮水器的刮水频率，使驾驶人始终保持良好的视野。

自动控制刮水器主要由雨滴传感器、控制器、刮水器电动机等组成，如图6-11所示。雨滴传感器的作用是将雨量的大小转变为与之相对应的电信号。它主要由压电元件、振动片、集成电路、电容器等组成，如图6-12所示。

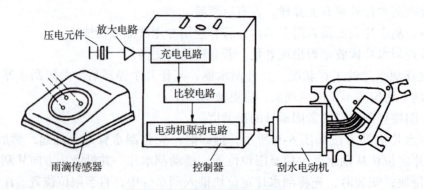

图6-11　自动控制刮水系统

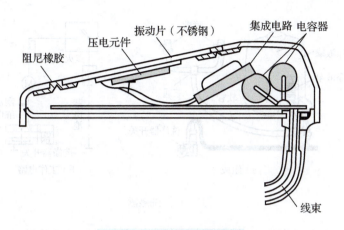

图 6-12　雨滴传感器结构

（2）自动刮水器的工作原理

当雨滴下落撞击到传感器的振动片时，振动片将振动能量传给压电元件。压电元件受压而产生电压信号（该电压信号与雨滴量成正比），电压信号经过放大后被送入自动刮水器控制电路。当该电压信号输入比较电路时，将其与基准电压比较。当电容电压达到时，比较电路向刮水器电动机发出信号，使其工作一次。

当雨量较大时，压电元件产生的电信号强，充电电路电压达到基准电压值所需时间短，刮水器的工作间歇时间短；反之，雨量较小时，压电元件产生的电压小，充电电路电压达到基准电压所需时间长，刮水器的工作间歇时间就长。

二、洗涤器

1. 洗涤器的组成及工作原理

目前汽车风窗玻璃都设有洗涤器，有的汽车前照灯和后风窗玻璃也设有洗涤器。目前，汽车广泛使用的是电动洗涤器，其安装位置如图 6-13 所示。

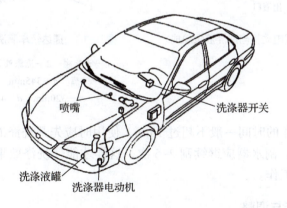

图 6-13　洗涤器的安装位置

洗涤器由洗涤液罐、洗涤器电动机、洗涤液泵、软管、三通阀、喷嘴及洗涤器开关等组成，其组成及工作电路如图 6-14 所示。

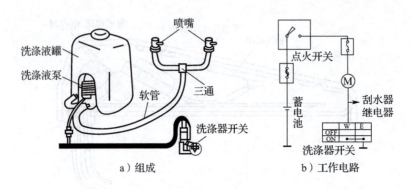

a）组成　　　　　　　　　　　　b）工作电路

图 6-14　洗涤器

洗涤器电动机为永磁直流电动机，且与离心式叶片泵构成洗涤液泵，如图 6-15 所示。洗涤泵安装在储液罐内，喷射压力为 70~88kPa。喷嘴安装在风窗玻璃下面，一般有两个，其喷射方向可以调整，使洗涤液喷射到风窗玻璃的合适位置。捷达轿车的洗涤液喷射位置如图 6-16 所示。

当洗涤器电动机的电枢绕组有电流通过时，电枢轴通过联轴器驱动洗涤液泵转子一同旋转，洗涤液泵转子便将储液罐内的洗涤液泵入出液软管中，并经过喷嘴喷向风窗玻璃上。此时，刮水器同步工作，驱动刮水片摆动，将风窗玻璃清洗干净。

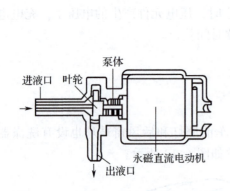

图 6-15　洗涤器电动机与洗涤液泵总成

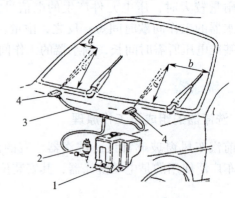

图 6-16　捷达轿车清洗液喷射位置

1—储液罐　2—洗涤液泵　3—软管
4—喷嘴　a—345mm　b—300mm
c—320mm　d—420mm

洗涤液泵连续工作的时间一般不超过 1min，使用时应先开洗涤液泵，刮水器随后起动工作。在喷射停止后，刮水器应继续刮 2~5 次，这样才能使洗涤效果良好。所以一般要求洗涤器与刮水器联合工作。

2. 洗涤器的检查与调整

（1）喷嘴的检查与调整

1）用记号笔在风窗玻璃上做上 4 点标记（标记应可擦掉）。以上海大众帕萨特轿车为例，进行标记后调整尺寸：a=400mm（±50mm），b=190mm（±50mm），c=420mm（±50mm），如图 6-17 所示。

2）调整后用专用工具检测喷嘴标记的位置。注意调整尺寸是从风窗玻璃密封条的边缘和下边缘处压力舱附加护板测量的。调整尺寸是按车行驶时给出的超前值，与汽车静止时略有不同。此外，不同车型的调整尺寸也略有不同。例如，大众新宝来车的喷嘴为扇形，如图 6-18 所示，如果两个喷射区域高度不一致，可以直接通过喷嘴调节器进行调节，沿箭头向上按压则调高喷嘴，沿箭头向下按压则调低喷嘴，直至风窗玻璃上两个喷射区域合适为止。

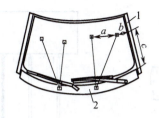

图 6-17 上海大众帕萨特轿车喷嘴的调整

1—风窗玻璃密封条 2—压力舱附加护板

（2）洗涤器电动机的检测

1）在洗涤器电动机安装于洗涤液罐内的情况下，向洗涤液罐注入洗涤液或水。

2）断开插接器，用万用表测量线束端电压，一个端子有电压信号，另一个端子对地电压为零，否则说明线路有故障。

3）用辅助线将洗涤液泵插接器与蓄电池连接时，如图 6-19 所示。

4）观察喷嘴喷水情况。若喷水强度不够，说明喷嘴或管路有堵塞；如果电动机不工作，说明洗涤器电动机有故障，应更换。

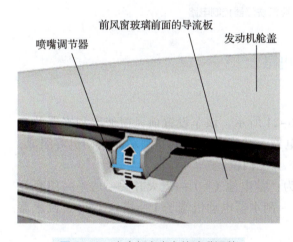

图 6-18 大众新宝来车的喷嘴调整

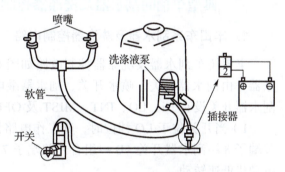

图 6-19 洗涤器电动机的检测

（3）洗涤器开关的导通检测 操作洗涤器开关，检查各端子导通情况，并根据检测结果分析洗涤器的工作性能，然后装复检验。

3. 速腾轿车前照灯洗涤器控制电路

目前很多轿车的前照灯具有自动清洗功能，其控制开关通过风窗玻璃刮水器开关来控制。速腾轿车前照灯洗涤器控制电路如图 6-20 所示，控制电路为：车载电网控制单元采集车窗玻璃洗涤泵开关信号，控制前照灯洗涤泵继电器接通并使前照灯洗涤泵电动机工作。

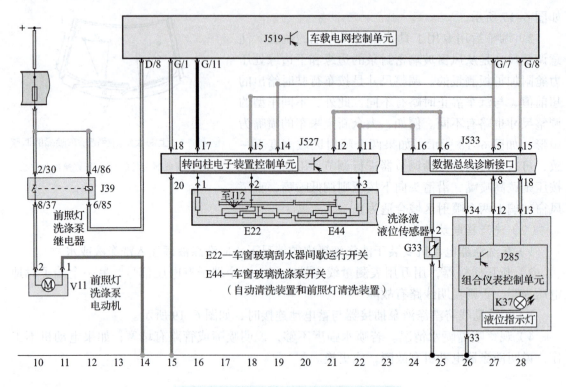

图 6-20　速腾轿车前照灯洗涤器控制电路

三、典型车辆的刮水器及洗涤器控制电路

1. 丰田车系刮水器及洗涤器控制电路

丰田轿车刮水器及洗涤器控制电路如图 6-21 所示，该车设置前风窗玻璃刮水器及洗涤器，由刮水器开关、喷水开关、刮水器继电器、洗涤器电动机和刮水器电动机等组成，刮水器开关设有 Hi、LO、INT、MIST 及 OFF 五个档位。

1）当开关位于 LO 档位时，其工作电路为：蓄电池（＋）→点火开关→熔丝→组合开关端子 8 →刮水器开关 +B →组合开关端子 7 →刮水器电动机端子 1 →搭铁（－），刮水器电动机低速转动。

2）当开关位于 Hi 档位时，其工作电路为：蓄电池（＋）→点火开关→熔丝→组合开关端子 8 →刮水器开关 +B →组合开关端子 9 →刮水器电动机端子 4 →搭铁（－），刮水器电动机高速转动。

3）当开关位于 INT 档位时，其工作电路为：刮水器开关 +B →继电器开关 +S →组合开关端子 7 →刮水器电动机端子 1 →搭铁（－），刮水器电动机间歇低速转动。

4）当开关位于 OFF 档位时，刮水器电动机自动复位电路接通（端子 2 与端子 3 接通），其电路为：蓄电池（＋）→电动机端子 2 →端子 3 →刮水继电器端子 +S →刮水器开关端子 +S →组合开关端子 7 →刮水器电动机端子 1 →搭铁（－）。刮水器电动机低速转动，复位开关断开（端子 2 与端子 5 接通）后，刮水电动机停止转动。

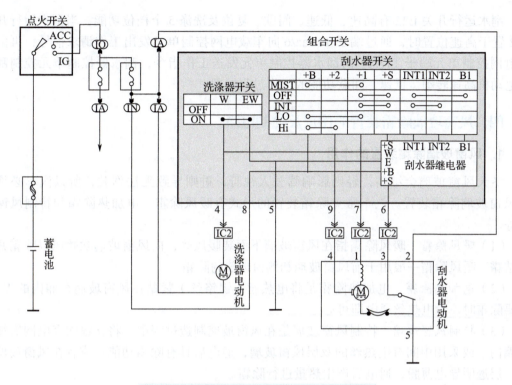

图 6-21 丰田轿车刮水器及洗涤器控制电路

2. 新宝来轿车刮水器及洗涤器电路

新宝来轿车刮水器及洗涤器控制电路如图 6-22 所示，由刮水 / 洗涤组合开关 EX20（刮水运行开关 E22、洗涤泵开关 E44、间歇频率调节开关 E38、仪表显示调节开关 E92）、雨量传感器、洗涤器电动机、刮水器控制单元及车载电网控制单元等组成。

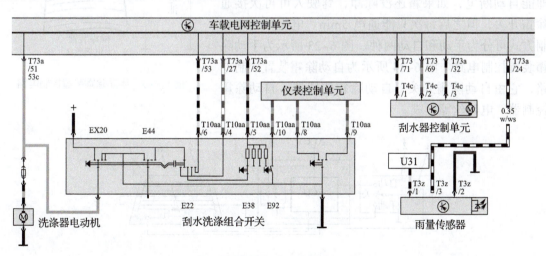

图 6-22 新宝来轿车刮水器及洗涤器控制电路

刮水运行开关 E22 有高速、低速、间歇、复位及洗涤 5 个档位功能，当刮水运行开关 E22 置于高速位置时，通过端子 T10aa/6 向车载电网控制单元发出工作请求信号，再由车载电网控制单元端子 T73/71 向刮水器控制单元发送工作指令，刮水器控制单元控制刮水器电动机高速转动。低速、间歇功能的工作过程同理。

四、风窗玻璃除霜装置的作用及控制电路

1. 风窗玻璃除霜装置的作用

冬天风窗玻璃会结霜，轻则影响驾驶人视野，重则导致无法驾驶，所以汽车必须装有风窗玻璃除霜装置。汽车常见除霜装置的形式有暖风除霜、电加热除霜和特制风窗玻璃等。

（1）暖风除霜　暖风除霜指在风窗玻璃下面装暖风管，向风窗玻璃吹暖风以除霜并防止结霜。暖风除霜一般用于前风窗玻璃和侧窗玻璃的除霜。

（2）电加热除霜　电加热除霜是将电热丝（镍铬丝）紧贴在风窗玻璃车厢内的表面，需要除霜时，给电热丝通电即可。

（3）特制风窗玻璃　特制风窗玻璃是在风窗玻璃制造过程中，将含银陶瓷电网嵌加在玻璃内，或采用中间有电热丝的双层风窗玻璃，通电后具有除霜功能；或者在风窗玻璃上镀一层透明导电薄膜，通电后产生热量进行除霜。

2. 风窗玻璃除霜控制电路

后风窗除霜装置一般是在玻璃成型过程中，将很细的电阻丝烧结在玻璃表面上。由于除霜装置的工作电流较大，因此电路中除设有除霜开关外，有的还设有一个定时继电器或熔断器。继电器在通电 10min 后即能自动断电，如果霜还没除净，驾驶人可再次接通除霜开关，但之后每次只能通电 5min。电阻丝通电控制方式可分为手动和自动两种。图 6-23 所示为手动除霜装置控制电路。图 6-24 所示为自动除霜装置控制电路，它由自动除霜开关、自动除霜传感器、自动除霜控制器、电热丝等组成。

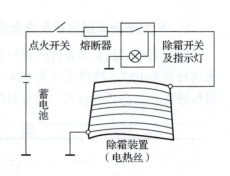

图 6-23　手动除霜装置控制电路

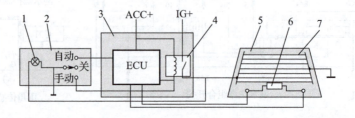

图 6-24　自动除霜装置控制电路

1—开关指示灯　2—自动除霜开关　3—自动除霜控制器　4—继电器
5—除霜装置　6—自动除霜传感器　7—电热丝

当自动除霜开关拨至"自动"位置，且后风窗玻璃下自动除霜传感器检测到冰霜达到一定厚度时，自动除霜传感器电阻值急剧减小到某一设定值，自动除霜控制器便控制继电器使电路接通，继电器触点闭合。于是，由点火开关 IG 接线柱向电热丝供电，同时仪表板上的指示灯点亮，指示自动除霜装置正在工作。随着玻璃上冰霜减少到某一程度后，自动除霜传感器电阻值增大，自动除霜控制器便将继电器电路切断，触点断开，指示灯熄灭，后窗电热丝断电，自动控制除霜装置停止工作。

将自动除霜开关拨至"手动"位置时，继电器电磁线圈可经"手动"开关直接搭铁。使自动除霜电路接通。

宝来轿车风窗除霜控制电路如图 6-25 所示。当后风窗除霜开关闭合时，后风窗除霜加热器通电，将玻璃上的冰霜除去；自动空调车的前风窗玻璃没有独立除霜功能，当前风窗玻璃除霜开关接通时，自动空调控制单元控制鼓风机工作，通过空气循环来消除前风窗玻璃上的霜雾。

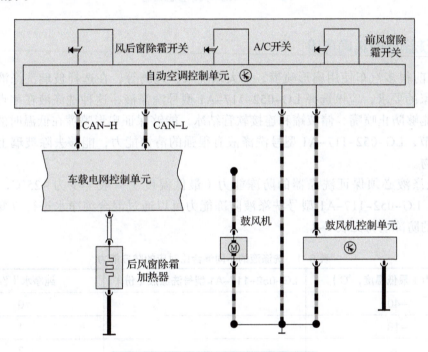

图 6-25　宝来轿车风窗除霜控制电路

能力拓展

一、大众新宝来车刮水片更换注意事项

1）在发动机舱盖关闭时，打开点火开关，向下推动前风窗玻璃刮水器操纵杆至点动刮水位置，待刮水器向右运至维修位置时如图 6-26a 所示，立即关闭点火开关。

2）将刮水臂向外翻出。

3）按压解锁装置，并将刮水片沿图 6-26b 中箭头方向从刮水臂上拉出。

4）将新的刮水片插入刮水臂内，直至听到啮合的声音。

5）将刮水臂小心放回风窗玻璃上。

6）打开点火开关，将刮水器运行到终端位置后关闭点火开关。

a）

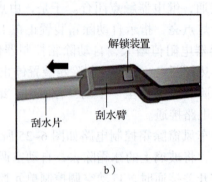

b）

图6-26　刮水器维修位置图

二、洗涤液的正确选用

1）目前很多汽车使用扇形喷嘴，如大众宝来、迈腾等，在选择玻璃洗涤液时需要注意汽车厂家的要求，应该选择LG-052-117-A1型号洗涤液，这种洗涤液在冰点一下的黏度较低，能够防止喷嘴、储液罐和连接软管结冰，能够保证扇形喷嘴在低温时的功能。在温暖的季节，LG-052-117-A1型号洗涤液有很强的清洁能力，能够去除玻璃上的蜡类和油脂残余物。

2）洗涤液必须保证洗涤器的防冻能力（最低温度）一般至少为-25℃，严寒地带为-35℃。LG-052-117-A1型号洗涤液防冻能力可以通过混合纯净水进行改变，不同混合比对应的防冻能力见表6-1。

表6-1　洗涤液的不同混合比对应的防冻能力

防冻能力（最低温度，℃）	LG-052-117-A1型号洗涤液（份）	纯净水（份）
-40	1	0
-18	1	1
-8	1	2

学习任务二　电动车窗及控制电路

学习任务描述

现代轿车普遍安装了电动车窗，使人们开关车窗更加方便了。那么，电动车窗的组成有哪些？工作原理是什么？若电动车窗出现故障，如何检测？要掌握这些内容，应具备以下知识：

1）电动车窗的组成及工作原理。

2）电动车窗的防夹控制电路。

3）典型车辆的电动车窗控制电路。

4）电动车窗常见故障分析。

基础知识和技能

一、电动车窗的组成及工作原理

汽车车窗能减少横风的干预和产生，即减少行驶阻力；能阻挡雨滴和灰尘等一些细小颗粒进入车内，又能通风换气；车窗对车内人员起到安全保护，必要时也是逃生通道。现代汽车车窗均采用电动车窗，它是指以电动机为动力使车窗玻璃自动升降的车窗，由驾驶人或乘员操纵开关接通车窗升降电动机的电路，电动机产生动力，通过一系列的机械传动，使车窗玻璃按要求进行升降。它具有操作简便，利于行车安全的优点。

1. 电动车窗的组成

电动车窗主要由车窗、电动机、车窗升降器、继电器、开关（主控开关、分控开关）等组成。

（1）电动机　电动机是用来为车窗的升降提供动力的。车窗升降用的电动机采用双向转动电动机。它有永磁型和双绕组型两种。这两种电动机都通过改变电流方向来改变转向，以实现车窗的升或降。

（2）车窗升降器　车窗升降器常见形式有钢丝滚筒式和交叉传动臂式两种，如图6-27所示。

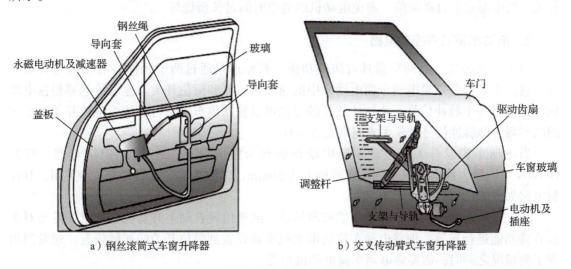

a）钢丝滚筒式车窗升降器　　　b）交叉传动臂式车窗升降器

图6-27　车窗升降器

2. 电动车窗的工作原理

每一个车窗安装一个电动机，通过开关控制其电流方向，实现车窗的升降。主控开关安装在左前车门把手上或变速杆附近，分控开关安装在每个车门的车门把手上，便于乘员操纵。电动车窗的控制电路如图 6-28 所示。

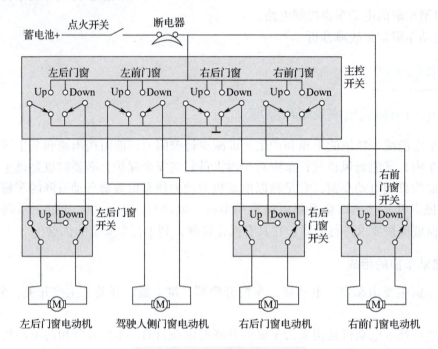

图 6-28　电动车窗的控制电路

为了防止电动机过载，在控制电路或电动机内部安装一个或多个断电器，用来控制电流。当门窗玻璃上升到极限位置，或由于结冰使门窗玻璃不能自由移动时，即使操纵控制开关，断电器也会自动断路，避免电动机因通电时间过长而烧坏。

3. 电动车窗防夹控制电路

（1）防夹功能　电动车窗具有防夹功能，其原理是通过两个元件检测车窗是否被卡住，这两个元件分别是电动车窗电动机中的速度传感器和限位开关。速度传感器根据电动机转速发出一个脉冲信号，从脉冲波长的变化可以检测出车窗是否卡住。限位开关根据齿圈的空段（即脉冲信号波长）来判别是否卡住。

当电动车窗总开关从电动车窗电动机收到卡住信号时，它关掉 UP 继电器，打开 DOWN 继电器大约 1s，以退回车窗玻璃大约 50mm，以防止车窗玻璃更进一步关闭，其控制电路如图 6-29 所示。

（2）重置功能　当车窗防夹功能被激活后，或者出现自动上升功能失效时，需要对车窗升降功能进行重置，即将电动车窗的电动机重新设置到限位开关的初始位置。通常当出现下列情况之一时，需要将电动车窗电动机重置。

1）当车窗总开关和电动车窗电动机断开时。

2）车窗没有装上，触发了车窗总开关时。

3）执行了任何改变车窗关闭位置的操作，如更换了车窗玻璃槽时。

4）不同车型重置方法不同，具体车型请参照相关车型维修手册。

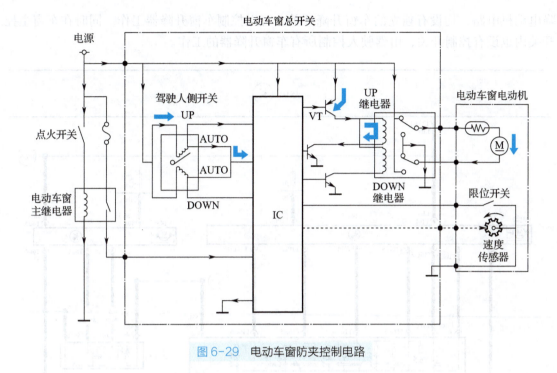

图 6-29　电动车窗防夹控制电路

二、典型车辆的电动车窗控制电路

1. 大众新宝来轿车电动车窗控制电路

大众宝来轿车电动车窗控制电路如图 6-30 和图 6-31 所示，它包括车身控制单元 J519、驾驶人侧车门控制单元 J386、前排乘客侧车门控制单元 J387、左后车门控制单元 J388、右后车门控制单元 J389、后车窗升降器锁止开关 E39、左前车窗升降器开关 E40、左后车窗升降器开关 E52、驾驶人侧左后车窗升降器开关 E53、右后车窗升降器开关 E54、驾驶人侧右后车窗升降器开关 E55、驾驶人侧右前车窗升降器开关 E81、前排乘客侧车窗升降器开关 E107、左后车窗升降器电动机 V26、右后车窗升降器电动机 V27、驾驶人侧车窗升降器电动机 V147、前排乘客侧车窗升降器电动机 V148、开关照明灯 L53 等。

电路控制原理：驾驶人侧车门控制单元 J386 通过 LIN 线与 J519 连接，当开关 E39、E55、E53、E81 发出动作信号后，通过 LIN 线发送到 J387、J388、J389，再由 J387、J388、J389 控制电动机 V148、V26、V27 工作，完成车窗升降。

该车配有一键升降功能的车窗，可以通过遥控钥匙的上锁/解锁键，由 J519 接收信号，通过 LIN 线控制全部车窗同时升降。

2. 丰田车系轿车电动车窗控制电路

丰田车系轿车电动车窗包括车窗主控开关、分开关、继电器、车窗电动机等，其控制电路如图 6-32 所示。驾驶人侧车窗升降器开关集成在车窗主控开关内，按动开关可接通电动机电路，使车窗升降器带动车窗玻璃升降。前排乘客侧车窗升降电动机及后侧车窗升降电动机电路，均设有独立的车窗升降开关，可以控制车窗升降器工作。同时在车窗主控开关内也设有控制开关，由驾驶人控制所有车窗升降器的工作。

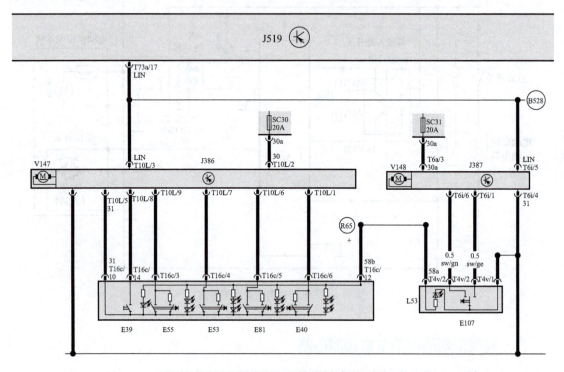

图 6-30　大众宝来轿车前排电动车窗控制电路

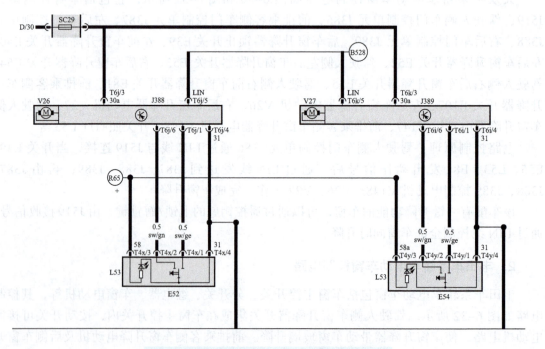

图 6-31　大众宝来轿车后排电动车窗控制电路

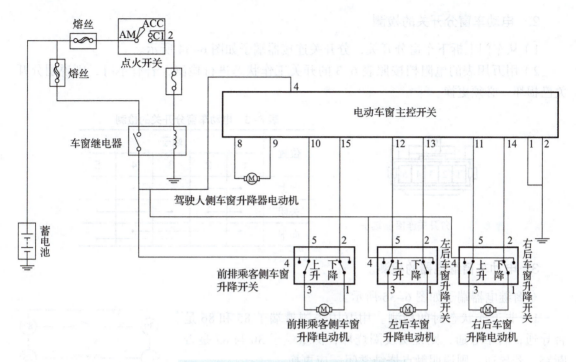

图 6-32 丰田车系轿车电动车窗控制电路

三、电动车窗常见故障分析

电动车窗常见故障有电机不工作、车窗升降时有异响、电动机运转但玻璃不能升降、车窗玻璃升降时卡顿等。以丰田车系轿车电动车窗控制电路检测为例，介绍检测内容和方法。

1. 电动车窗主控开关的检测

1）从驾驶人侧车门拆下电动车窗主控开关，主控开关连接器端子如图 6-33 所示。

2）用万用表的电阻档按照表 6-2 的开关工作状态进行检测，若有不符，则说明主控开关损坏，必须更换。

图 6-33 主控开关连接器端子

表 6-2 电动车窗主控开关的检测

位置	控制左前车窗的端子				控制右前车窗的端子				控制左后车窗的端子				控制右后车窗的端子			
	1	4	6	9	1	6	15	18	1	6	12	13	1	6	10	16
向上																
关闭																
向下																

2. 电动车窗分开关的检测

1）从车门上拆下车窗分开关，分开关连接器端子如图 6-34 所示。

2）用万用表的电阻档按照表 6-3 的开关工作状态进行检测，若有不符，则说明分开关已损坏，必须更换。

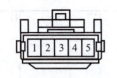

图 6-34　分开关连接器端子

表 6-3　电动车窗分开关的检测

位置	端子				
	1	2	3	4	5
向上	●	●	●	●	
关闭	●	●	●		●
向下			●	●	●

3. 电动车窗继电器的检测。

车窗继电器端子如图 6-35 所示。

1）非工作状态时的检测。用万用表测量端子 85 和 86 是否导通，若不导通，则说明线圈烧坏；测量端子 30 与 87 是否断路，若导通，则说明触点烧结常闭，应更换。

2）工作状态时的检测。用蓄电池正、负极分别接继电器端子 85 与 86，然后用万用表测量端子 30 与 87 是否导通，若不导通，应更换。

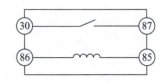

图 6-35　车窗继电器端子

4. 电动车窗电动机的检测

1）将电动车窗电动机从车门内拆下。

2）将蓄电池正、负极分别接到电动车窗电动机两端子上并互换一次，观察电动机是否能正反转且平稳，若不能，则说明电动机损坏，应更换。

注意　进行测试时，时间不能过长，如果电动机不能转动应立即停止测试，以防止电动机内部有短路烧毁电动机。

能力拓展

一、大众一键升降车窗的操作方法

普遍的电动车窗，使用时只需按住按键，车窗升降到需要的位置时松开按键，升降的过程就会停止。配有一键升降车窗功能的汽车，车窗升降控制按键有两档：第一按键位置跟普遍的电动车窗相同；第二按键位置是按下按键后松开，车窗就可以自动进行完全打开或完全关闭。

二、大众一键升降车窗功能失灵后的修复方法

大众一键升降车窗功能出现失灵的一般原因：车窗升降电动机损坏或电控线束接

触不良，可找 4S 店或者汽修店更换玻璃升降电动机；电动机过热，可等电动机冷却即可；导轨堵塞或胶条老化，需要清理导轨或更换胶条；初始化数据丢失，需要恢复原始数据。

大众一键升降车窗失灵的恢复方法：连续点击 6 次升降键，每点击一次之后，可以看到车窗玻璃是会降低的；当点击到第 6 次时，松手后会发现车窗是自动升高的，这说明已复位成功；然后按住向上的升降键，一直到车窗完全封闭后再松开。

学习任务三　中控门锁及控制电路

学习任务描述

现在大多数汽车都安装了中控门锁，使开关车门的操作更加方便，那么中控门锁由哪些部分组成？工作原理是什么？若中控门锁出现故障应该如何检测？要掌握这些内容，应具备以下知识：

1）中控门锁的组成与工作原理。

2）中控门锁的常见故障分析。

基础知识和技能

一、中控门锁的作用及组成

1. 中控门锁的作用

1）将驾驶人侧车门锁扣按下时，其他几个车门及行李舱门都能自动锁定；用钥匙锁门，也可同时锁好其他车门和行李舱门。

2）将驾驶人侧车门锁扣拉起时，其他几个车门及行李舱门锁扣都能同时打开；用钥匙开门，也可实现该动作。

3）在车内个别车门需打开时，可分别拉开各自的锁扣。

4）配合防盗系统，可实现防盗。

2. 中控门锁的组成

中控门锁主要由控制电路和执行机构等组成，如图 6-36 所示。控制电路主要由门锁开关、中控门锁执行机构和继电器等组成。

1）门锁开关实质上是一个电动门开关，它是用来控制各车门和行李舱锁筒锁止和开启的。用钥匙来拨动门锁锁芯转过一定的角度，即可接通门锁执行机构的电路，使电磁线圈或电动机产生动力，将门锁锁止或开启。

2）中控门锁执行机构的作用是执行驾驶人的指令，将门锁锁止或开启。中控门锁执行机构常见的形式有电磁线圈式、电动机式和永磁型电动机式。

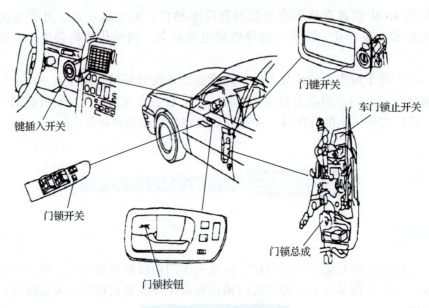

图 6-36 中控门锁的组成

二、中控门锁的工作原理

中控门锁是指由钥匙控制 4 个车门锁锁止与开启的装置。门锁锁止与开启的方式有两种：一种是单独按下或提起右前、右后和左后车门门锁按钮，可分别锁止或开启这 3 个车门的门锁；另一种是通过设置在左前门上的门锁按钮或门锁钥匙，对 4 个车门门锁的锁止和开启进行集中控制。所以，右前、右后和左后车门门锁各自可采用手动或电动方式进行锁止和开启操作，而左前门门锁只能通过钥匙和按钮手动进行锁止和开启操作。

1. 宝来轿车车门锁控制电路

宝来轿车车门锁控制电路如图 6-37 所示，它包括车身控制单元 J519、驾驶人侧车门锁电动机 V56、前排乘客侧车门锁电动机 V57、左后车门锁电动机 V115、右后车门锁

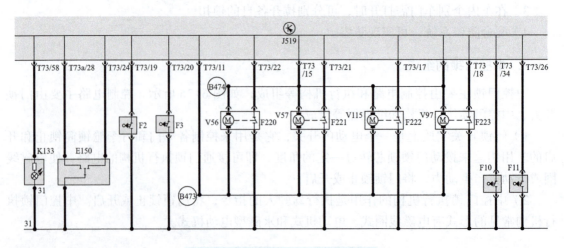

图 6-37 宝来轿车车门锁控制电路

电动机 V97、驾驶人侧车门触点开关 F2、前排乘客侧车门触点开关 F3、左后车门触点开关 F10、右后车门触点开关 F11、驾驶人侧中央门锁闭锁控制单元 F220、前排乘客侧中央门锁闭锁控制单元 F221、左后中央门锁闭锁控制单元 F222、右后中央门锁闭锁控制单元 F223、驾驶人侧内连锁开关 E150、中央门锁指示灯 K133 等，B473 和 B474 分别为主线束内的连接点。

2. 遥控门锁

为了便于操作，现在很多汽车的中控门锁均配了遥控钥匙来实现锁门和开门等功能。遥控钥匙外观如图 6-38 所示。

遥控门锁的工作原理：通过遥控门锁的发射器发出微弱电波，此电波由接收天线接收后送至中控门锁系统中的 ECU 进行识别对比；若识别对比后的代码一致，则 ECU 将把信号送至执行器来完成相应的动作。

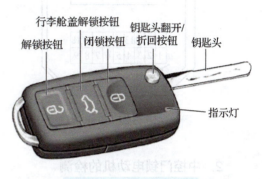

图 6-38 遥控钥匙外观

三、中控门锁常见故障分析

轿车中控门锁常见故障有门锁失灵或遥控器失灵等。以丰田车系轿车中控门锁控制电路为例，介绍其检测内容和方法。丰田车系轿车中控门锁控制电路如图 6-39 所示。

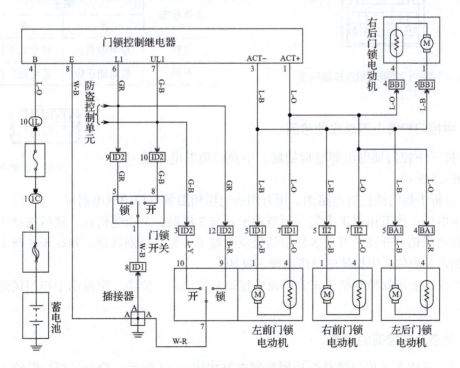

图 6-39 丰田车系轿车中控门锁控制电路

1. 中控门锁控制开关的检测

1）从驾驶人侧车门拆下主控开关，主控开关连接器端子如图 6-40 所示。

2）用万用表电阻档按照表 6-4 的开关工作状态进行检测，若有不符，则说明主控开关损坏。

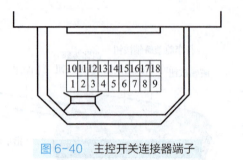

图 6-40 主控开关连接器端子

表 6-4 中控门锁主控开关的检测

开关位置	端子		
	1	5	8
上锁（LOCK）	●——●		
关闭（OFF）			
开锁（UNLOCK）	●——●——●		

2. 中控门锁电动机的检测

1）拆下各车门内中控锁总成。门锁电动机连接器端子如图 6-41 所示。

2）用蓄电池正负极连接端子 3 与 1，并且相互换位，观察门锁电动机工作状态是否正常，见表 6-5。

图 6-41 门锁电动机连接器端子

表 6-5 中控门锁电动机的检测

工作状态	端子	
	1	3
上锁	蓄电池负极	蓄电池正极
开锁	蓄电池正极	蓄电池负极

3. 中控门锁继电器总成的检测

1）拔下中控门锁继电器总成插座，中控门锁继电器端子如图 6-42 所示。

图 6-42 中控门锁继电器端子

2）分析中控门锁控制电路图，用万用表电压档测量中控锁继电器端子 4 与 8，电压应为蓄电池电压；使万用表正表笔分别与端子 6 与 7 接触，负表笔搭铁，然后按动主控开关上门锁开关闭锁和开锁，万用表显示结果应为端子 6 与 7 分别接通；使端子 3 与 1 分别与正负极相连并换位，中控锁电动机实现正反转。

如果按以上步骤检测结果正常，而中控锁系统仍存在故障，则说明中控门锁继电器总成损坏。

4. 防盗及遥控器的检查

丰田车系轿车遥控门锁及遥控器控制电路如图 6-43 所示。检查遥控门锁的工作情况时应注意：电动门锁系统工作正常；所有的车门均关闭，若有任何一车门开着，则其他的车门无法上锁；点火开关锁孔里没有钥匙。

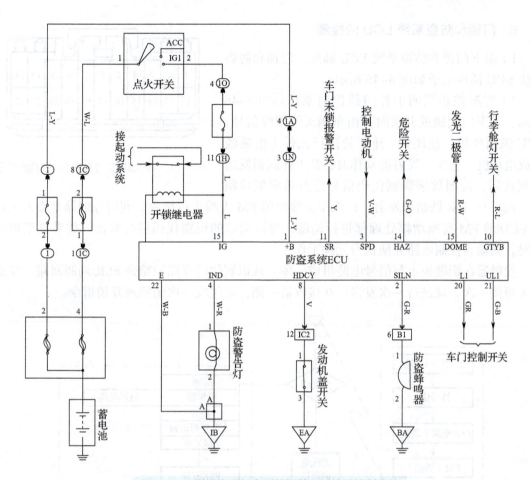

图 6-43　丰田车系轿车遥控车门锁及遥控器控制电路

1）当钥匙上的任何开关按 3 次时，检查发射器的发光二极管是否亮 3 次。若发光二极管没有闪烁，则用万用表检察遥控器电池电压，如果电压过低，应更换电池。

2）检查能否用遥控器锁上和打开所有车门。

3）按下上锁键时，检查警告灯应该闪烁一次，同时锁上所有车门。

4）按下开锁键时，检查警告灯应该闪烁两次，同时打开所有的车门。

5. 车门未锁报警开关的检测

1）将车门未锁报警开关插座拔下。车门未锁报警开关插座端子如图 6-44 所示。

2）用万用表电阻档检测车门未锁报警开关插座端子，见表 6-6。

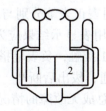

图 6-44　车门未锁报警开关插座端子

表 6-6　车门未锁报警开关的检测

开关位置	端子	
	1	2
断开（拔出钥匙）		
接通（插入钥匙）		

6. 门锁和防盗系统 ECU 的检测

1）拔下门锁和防盗系统 ECU 插座。门锁和防盗系统 ECU 插座端子如图 6-45 所示。

2）有遥控功能的中控门锁控制原理如图 6-46 所示。当车门闭锁或开锁时，由车辆天线接收信号，ECU 识别代码，使闭锁 / 开锁的执行元件（电磁线圈或电动机）工作。发射器动作时，从 FM 调制发出识别代码，按照数字识别代码信号进行频率偏移调制（FSK）、FM 调制和发射；由汽车无线电的 FM 天线进行接收，利用分配器对进入接收器 ECU 的 FM 高频增幅处理部进行调解，与被调解的识别代码进行对比，如果是正确的代码，就输入控制电路并使执行元件工作。

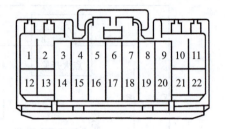

图 6-45　门锁和防盗系统 ECU 插座端子

发射器在钥匙板上与信号电路组成一体。从识别代码存储回路到 FSK 调制回路，发射开关每按一次，就进行一次发送，在接收器一侧，就接收一次闭锁或开锁指令。

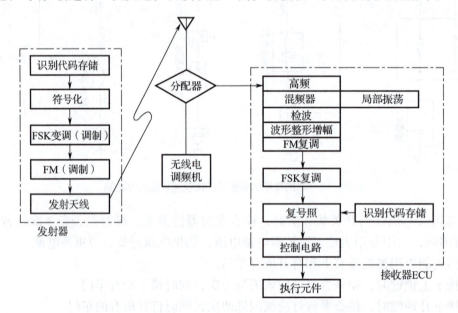

图 6-46　有遥控功能的中控门锁控制原理

对带有遥控的中控门锁进行检测时，电路如图 6-43 所示。当点火开关处于 off 时，用万用表电压档测量门锁和防盗系统 ECU 的端子 1，应为蓄电池电压。当点火开关处于 ON 时，用万用表电压档测量门锁和防盗系统 ECU 的端子 15，应为蓄电池电压。用万用表电阻档分别测量门锁和防盗系统 ECU 的端子 20 与 21，万用表正表笔分别与端子 20 和 21，负表笔搭铁，然后反复按动主动开关上中控门锁开关，万用表显示结果应为端子 20 与 21 分别导通。用万用表电阻档测量端子 11，正表笔与端子 11 接触，负表笔搭铁，然后用钥匙进行点火开关的插拔，万用表显示的结果应为插入时导通，拔出后断开。

如果按以上步骤操作都很正常，遥控器与门控继电器总成无故障的情况下，而用遥控器控制中控门锁时工作失灵，则应检查门锁和防盗系统 ECU 是否损坏。

能力拓展

大众汽车防盗系统

大众汽车防盗系统采用的是西门子公司提供的系统，属于控制发动机起动授权的电子防盗器，到目前为止，经历了五代发展阶段。

第一代防盗系统即固定码传输防盗系统，主要元件有防盗点火钥匙（内部带有脉冲发生器、辨认线圈）、防盗器控制单元、发动机控制单元。每个防盗点火钥匙除了拥有一般车钥匙的功能外，还有一个识别码。当钥匙插入点火开关时，钥匙中的脉冲发生器便会产生特有的脉冲信号，信号被辨认线圈感应后，产生该钥匙的识别码并传输到防盗控制单元。若输入的识别码在防盗控制单元中有登记，防盗控制单元便向发动机控制单元发出解锁命令，此时扭动钥匙发动机可以起动；若输入的识别码没有在防盗控制单元中登记，防盗控制单元便向发动机控制单元发出不能起动的命令，此时扭动钥匙发动机不能起动。

第二代防盗系统即可变码传输防盗系统，主要有钥匙、读写线圈、防盗控制单元、发动机控制单元。钥匙为一个变码发射器，防盗控制单元随机产生一个变码，这个码是钥匙和防盗控制单元用于计算的基础。在钥匙和防盗控制单元内，有一套公式列表（密码表）和一个相同且不可改写的钥匙代码，经钥匙和防盗控制单元分别计算后，钥匙将计算结果发送给防盗控制单元，防盗控制单元将收到的结果与自己的计算结果进行比较，如果相同，则钥匙确认完成，该钥匙合法，允许发动机起动，否则发动机将不能起动。

第三代防盗系统即两级可变码传输防盗系统，在二代基础上增加了总线仪表控制单元。该系统通过打开/锁止发动机控制单元（或 CAN 总线），可以有效防止汽车在未被授权的情况下靠自身动力被开走。防盗器控制单元与组合仪表是集成在一起的。该系统主要元件有点火开关上的读写线圈（天线）、点火钥匙（变码发射器）、组合仪表（内部包含防盗器控制单元）、发动机控制单元、仪表板上的故障警告灯。

第四代防盗系统即网络防盗系统，防盗控制单元是舒适系统中的一个集成部分。该系统主要元件有：中央数据库（车辆信息和核心识别工具）、无钥匙进入/起动控制单元（集成了防盗器控制单元）、发动机控制单元、转向柱锁控制单元、遥控钥匙。中央数据库是第四代防盗器的核心部分，必须通过大众专用的测试仪 VAS5051 及后代产品，通过网络进入 FAZIT 获得车辆的防盗数据，否则无法完成防盗器的匹配。防盗单元与发动机控制模块之间的数据，通过动力 CAN 总线进行传输。

第五代防盗系统是第四代防盗器的升级版，在维修服务上与第四代基本保持一致，如图 6-47 所示。只是在使用诊断仪进行有关防盗器匹配方面的工作程序得到了极大简化。第五代防盗系统的防盗控制单元集成在舒适系统控制单元 J393 内，取消了车门外把手上的中央门锁按钮。车门的锁闭过程和解锁过程通过触摸车门外把手上的电容传感器激活。该系统主要元件有：舒适系统控制单元、转向柱控制单元、遥控钥匙、发动机控制单元、变速器控制单元、FAZIT 中心数据库。

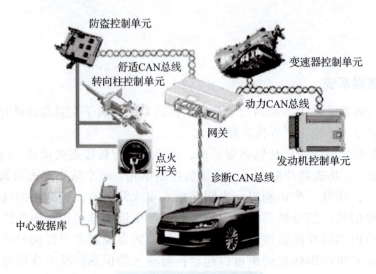

防盗控制单元

舒适CAN总线

转向柱控制单元

变速器控制单元

动力CAN总线

网关

发动机控制单元

点火
开关

诊断CAN总线

中心数据库

图 6-47　第五代防盗系统

学习任务四 **电动后视镜及控制电路**

学习任务描述

　　现在大多数汽车都安装了电动后视镜，使后视镜的操作更加方便，那么电动后视镜由哪些部分组成？工作原理是什么？若出现故障应该如何检测？要掌握这些内容，应具备以下知识：

　　1）电动后视镜的组成与工作原理。

　　2）电动后视镜的调整与故障分析。

　　3）典型车辆的电动后视镜控制电路。

基础知识和技能

一、电动后视镜的作用及组成

1. 电动后视镜的作用

　　汽车后视镜能使驾驶人随时观察到车后的情况，保证行车的安全性。电动后视镜可使驾驶人坐在车内，通过调节开关来调整后视镜，使后视镜的调节变得更为方便。目前，很多汽车的后视镜还具有加热功能、明暗自动调节功能、自动折叠（伸缩）功能等。

2. 电动后视镜的基本组成

　　电动后视镜由控制开关、永磁电动机、传动机构等组成，如图 6-48a 所示。每个电动后视镜都装有两套驱动装置（即一个电动机和一套传动机构），分别用于电动后视镜的上下及左右调整。其控制电路如图 6-48 所示。

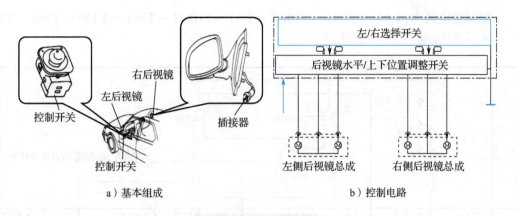

a）基本组成　　　　　　　　　　b）控制电路

图 6-48　电动后视镜

二、典型车辆的电动后视镜控制电路分析

1. 大众新宝来车后视镜控制电路

大众宝来车后视镜控制电路如图 6-49 所示，包括后视镜左 / 右选择开关、上 / 下调整开关 E43、左 / 右调整开关 E48、开关照明灯 L78、驾驶人侧上 / 下调整电动机 V149、驾驶人侧左 / 右调整电动机 V17、前排乘客侧上 / 下调整电动机 V150、前排乘客侧左 / 右调整电动机 V25 等。

（1）左侧后视镜的调整

1）将后视镜左 / 右选择开关置于 L 位，按动开关 E48 进行左或右水平调整。

水平向左调整电路为：（+）→ SC41 → T10k/7 → E48 → T10k/5 → T3q/1 → V17 → T3q/3 → T10k/4 → E48 → T10k/8 →（−）搭铁。

水平向右调整电路为：（+）→ SC41 → T10k/7 → E48 → T10k/4 → T3q/3 → V17 → T3q/1 → T10k/5 → E48 → T10k/8 →（−）搭铁。

2）按动开关 E43 进行上翻或下翻调整。

上翻调整电路为：（+）→ SC41 → T10k/7 → E43 → T10k/6 → T3q/2 → V149 → T3q/1 → T10k/5 → E43 → T10k/8 →（−）搭铁。

下翻调整电路为：（+）→ SC41 → T10k/7 → E43 → T10k/5 → T3q/1 → V149 → T3q/2 → T10k/6 → E43 → T10k/8 →（−）搭铁。

（2）右侧后视镜的调整

1）将后视镜左右选择开关置于 R 位，按动开关 E48 进行左或右水平调整。

水平向左调整电路为：（+）→ SC41 → T10k/3 → E48 → T10k/3 → T3r/1 → V25 → T3r/2 → T10k/2 → E48 → T10k/8 →（−）搭铁。

水平向右调整电路为：（+）→ SC41 → T10k/3 → E48 → T10k/2 → T3r/2 → V25 → T3r/1 → T10k/3 → E48 → T10k/8 →（−）搭铁。

2）按动开关 E43 进行上翻或下翻调整。

上翻调整电路为：（+）→ SC41 → T10k/7 → E43 → T10k/6 → T3r/3 → V150 → T3r/1 → T10k/3 → E43 → T10k/8 →（−）搭铁。

下翻调整电路为：（＋）→ SC41 → T10k/7 → E43 → T10k/3 → T3r/1 → V150 → T3r/3 → T10k/6 → E43 → T10k/8 →（－）搭铁。

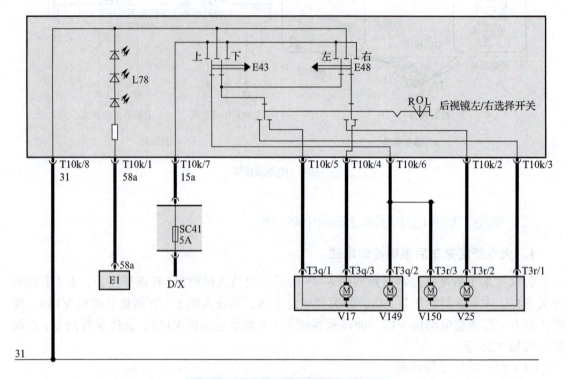

图 6-49　大众宝来车后视镜控制电路

2．丰田轿车后视镜控制电路

丰田轿车电动后视镜控制电路如图 6-50 所示。后视镜开关的 8 号线是受点火开关控制的电源线，7 号线是搭铁线。每个镜片由两个电动机调整后视镜左右及上下摆动角度；电动机均由组合开关控制，开关 K4 是选择左或右后视镜；开关 K1 和 K3 一起动作是镜片左右调整；开关 K2 和 K3 一起动作是镜片上下调整。

（1）上下角度的调整　左倒车镜的上下摆动控制电流如图 6-50 中实心箭头所示。

（2）左右角度的调整　左倒车镜的左右摆动控制电流如图 6-50 中空心箭头所示。

三、后视镜的调整与故障分析

1．防眩调整方法

车内后视镜能方便驾驶人通过后风窗看清车后状况。由于后车灯光会给驾驶人造成眩目，影响行车安全，目前轿车车内后视镜广泛采用防眩技术。

大众新宝来车车内后视镜防眩有手动调节和自动调节两种，如图 6-51 所示。

1）手动调节防眩后视镜的基本位置是将后视镜的下部调节手柄向前指向前风窗玻璃，防眩位置是将调节手柄向后拨动即为防眩位置。

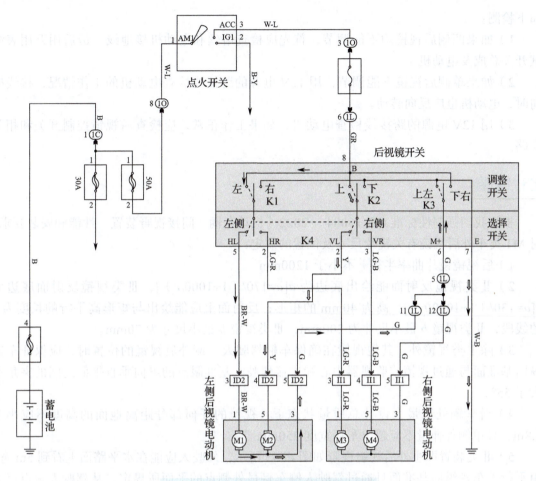

图6-50　丰田轿车电动后视镜控制电路

2）自动调节防眩后视镜有两个光照传感器，如图6-52所示。光照传感器A位于车内后视镜镜片后，用于测定自后方摄入车内的光线强度，光照传感器B用于测定自前方摄入车内的光线强度。当光照传感器A和B探测到摄入光线的强度时，则自动调节车内后视镜防眩状态。如果遮挡或阻断照射到传感器上的光线，则自动防眩车内后视镜将不能起到防眩作用，或不能正常工作。

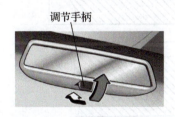

图6-51　后视镜防眩手动调节

图6-52　自动调节防眩后视镜光照传感器

2. 常见故障分析

电动后视镜常见故障为两侧后视镜均不能调节或单侧后视镜不能调节，此时可以进行如下检测：

1）如果两侧后视镜均不能调节，首先应检查熔丝和电动机接地线，最后用万用表测试开关总成及电动机。

2）如果单侧后视镜不能调节，用 12V 电源的跨接线检查电动机的工作情况，接线换向时，电动机也应反向转动。

3）用 12V 电源的跨接线检查电动机，如果工作正常，应检查后视镜控制开关和相关线路。

能力拓展

根据我国强制性标准 GB 15084—2022《机动车辆　间接视野装置　性能和安装要求》对 M1 类车外后视镜有关镜片尺寸及位置的规定：

1）后视镜镜片曲率半径 r 不小于 1200mm。

2）Ⅱ类视镜反射面能绘出底边为 $a[a=170/（1+1000/r）]$，Ⅲ类视镜反射面底边为 $a[a=130/（1+1000/r）]$，高为 40mm 的矩形；反射面上应能绘出与矩形高平行的长度为 b 的线段，Ⅱ类视镜 b 最小尺寸为 200mm，Ⅲ类视镜 b 最小尺寸为 70mm。

3）除Ⅰ类视镜外，其他视镜在确保车辆驾驶人一侧外后视镜的位置时，应保证车辆纵向基准面与通过视镜或监视器中心和连接驾驶人基准眼点的纵向垂直平面之间的夹角不大于 55°。

4）当车辆处于最大设计总质量状态下，视镜的任何部分距离地面的高度不应小于 1.8m，且单侧外伸量不应超出车辆宽度 250mm。

5）Ⅱ类装置即主外后视镜视野如图 6-53 所示，驾驶人应能在水平路面上看到 5m 宽，由平行于车辆纵向基准面且通过驾驶人侧车辆最外侧点的平面所界定，从驾驶人眼点后方 30m 处延伸至地平线的区域。同时，驾驶人应能看到从通过驾驶员两眼点的垂面后方 4m 的点开始，宽度为 1m，由平行于车辆纵向基准面且通过车辆最外侧点的平面所限定的区域，如图 6-53 中阴影部分。Ⅲ类装置视野要求可参阅标准。

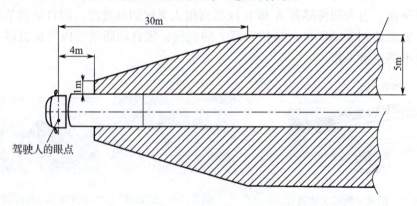

图 6-53　主外后视镜视野

6）为提升驾驶人的使用感知，除法规规定的要求外，整车长内部一般还有具体要求，如镜片不得被 A 柱遮挡；镜片调节角度不小于 8°；考虑人机工程的需要，推荐左右外后视镜镜片做不对称布置。

学习任务五 电动座椅及控制电路

学习任务描述

现在大多数汽车都安装了电动座椅，使座椅的操作更加方便，那么电动座椅由哪些部分组成？工作原理是什么？若出现故障应该如何检测？要掌握这些内容，应具备以下知识：

1）电动座椅的作用及组成。

2）电动座椅的控制电路。

3）典型车辆的座椅控制电路分析。

基础知识和技能

一、电动座椅的作用及组成

1. 电动座椅的功能及类型

电动座椅的功能是为驾驶人及乘员提供便于操作、舒适且安全的驾驶位置。此外，通过调节还可以改变坐姿，减少长时间驾乘的疲劳。

电动座椅按调节功能不同分类，一般有双方向调节、四方向调节、六方向调节和八方向调节的电动座椅。双方向调节电动座椅只能进行前后方向的调节；四方向调节电动座椅可进行前后及升降的调节；六方向调节的电动座椅可进行前后调节、后端上下调节、前端上下调节；八方向调节的电动座椅可进行前后调节、后端上下调节、前端上下调节、靠背的倾斜调节。

电动座椅按照控制过程不同，分为普通电动座椅和电控座椅（有记忆功能）。电动座椅前后方向的调节量一般为 100~160mm，座位前部与后部的上下调节量约 30~50mm。全程移动所需时间约为 8~10s。

2. 电动座椅的基本组成

（1）普通电动座椅　普通电动座椅控制系统由电动机、座椅调节器（控制开关）和传动机构等组成，常见电动座椅调节功能如图 6-54 所示。

1）电动机。大多数电动座椅使用永磁式电动机，随电流方向改变，电枢旋转方向也改变，使电动机按不同的电流方向进行正转或反转，以达到调节座椅的目的。电动机的数量取决于电动座椅的调节类型，通常有两个电动机（四方向）、四个电动机（八方向或十方向），最多可达六个电动机。

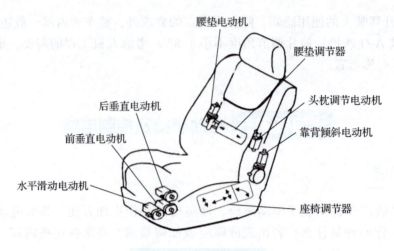

图 6-54　普通电动座椅

2）座椅调节器。座椅调节器即手动调节开关，通常有前后移动调节开关、前端上下调节开关、后端上下调节开关、前靠背倾斜调节开关等。座椅坐垫高度和靠背角度的调整是通过调整按钮实现的，如图 6-55 所示。

按图 6-55 中 a–a 方向可调节电动座椅的前后位置，按 b–b 方向可调节电动座椅前部升降位置，按 c–c 可调节电动座椅后部升降位置，按 d–d 可调节电动座椅靠背角度位置。

3）传动机构。座椅的传动机构是将电动机的旋转运动转变为座椅的空间移动。传动机构分为高度调整机构和前后调整机构等。

高度调整机构通常是将电动机的高速旋转运动先经蜗轮蜗杆机构减速，然后经蜗轮内圆与心轴之间的螺纹传动，转变为心轴的上下移动。它主要由蜗杆、蜗轮、心轴等组成，如图 6-56 所示。它的工作过程是：电动机转动，带动蜗轮转动，从而使心轴旋进或旋出，最终实现座椅的上升与下降。

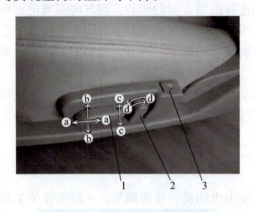

图 6-55　轿车电动座椅调节按钮

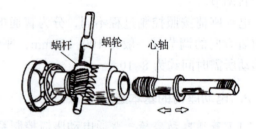

图 6-56　高度调整机构

1—座椅升降及前后移动方向调节按钮
2—座椅靠背角度调节按钮　3—座椅加热按钮

前后调整机构是将电动机的高速旋转运动先经蜗轮蜗杆机构减速，然后经齿轮齿条传动，转变为座椅沿导轨的前后移动。它主要由蜗杆、蜗轮、齿条、导轨等组成，齿条装在导轨上，如图6-57所示。其工作过程是：电动机转动，经蜗杆使蜗轮转动，蜗轮又驱动齿条移动，最终实现座椅的前后移动。

（2）电控座椅　电控座椅在普通电动座椅基础上增加位置传感器和控制单元，其组成如图6-58所示。

电控座椅调节器既有手动调节开关，也有记忆按钮（键），如图6-59所示。座椅位置传感器与座椅调节电动机集成在一起，通常为滑动变阻器式，将座椅位置状态信号输送给座椅控制单元，使座椅控制单元对座椅位置进行记忆。根据座椅调节电动机不同，传感器有前后移动电动机位置传感器、前端上下位置传感器、后端上下位置传感器、前靠背倾斜位置传感器等。

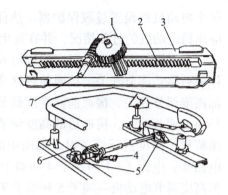

图6-57　纵向调整机构

1—蜗轮　2—齿条　3—导轨　4—结束插头
5—导向元件　6—电动机　7—蜗杆

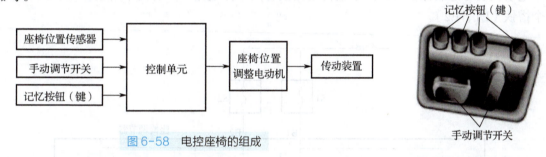

图6-58　电控座椅的组成

图6-59　电控座椅调节器

二、电动座椅的控制电路

1. 普通电动座椅控制电路

（1）三电动机的电动座椅控制电路（见图6-60）　三电动机的电动座椅是指电动座椅设置3个电动机，即前部高度调整电动机、前后移动调整电动机、后部高度调整电动机，

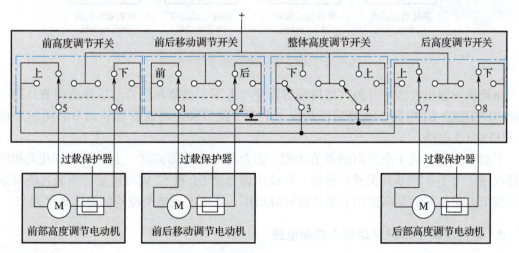

图6-60　三电动机的电动座椅控制电路

每个电动机都设置过载保护器（热保护器），过载保护器集成在电动机内部，能够快速响应座椅电动机的过载情况，并在发生故障时及时断电，避免设备损坏。

三电机的电动座椅可实现座椅 6 个方向的调整，还可以实现 8 个方向的调整。通过操作前后移动调节开关，接通前后移动调节电动机电路，实现座椅的前后移动；通过操作前部高度调节开关，接通前部高度调节电动机电路，实现座椅的前部高度调节；通过操作后部高度调节开关，接通后部高度调节电动机电路，实现座椅的后部高度调节。例如，想将座椅整体高度进行调节时，如图中的开关位置（向下调节），则接通整体高度调节开关，电路是：电源（+）→端子 4→端子 6 和端子 8→过载保护器→前部高度调节电动机和后部高度调节电动机→端子 5 和端子 7→端子 3→搭铁。

（2）四电动机的电动座椅控制电路（见图 6-61）　现在很多乘用车电动座椅不但座椅位置可实现多方向调节，而且座椅靠背倾斜角度也调节。四电动机的电动座椅通常具有八个方向的调节功能，即前端上下调节、后端上下调节、前后移动调节、靠背倾斜调节。每个电动机设有过载保护器，图示座椅电路设有两个分电路，即有两个熔丝（S1、S2）和两个搭铁（E1、E2）。

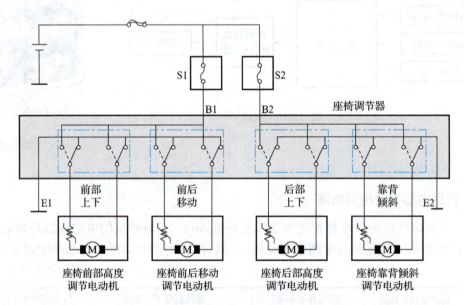

图 6-61　四电动机的电动座椅控制电路

座椅调节器设有四个开关，座椅前部高度（上下）调节和座椅前后移动调节共用一个保险 S1 和搭铁 E1 电路；座椅后部高度（上下）调节和座椅靠背倾斜调节共用一个保险 S2 和搭铁 E2 电路。

有的车型可实现十个方向的调节功能，需要将座椅前部高度（上下）调节开关和座椅后部高度（上下）调节开关同时操作，座椅电源电路 S1 和 S2 同时接通，即通过座椅前部高度调节电动机和后部高度调节电动机同时动作，从而实现整个座椅的整体高度调节。

2. 电控座椅（带记忆功能）控制电路

带记忆功能的电动座椅采用控制单元控制，通过传感器采集座椅位置信号并进行储

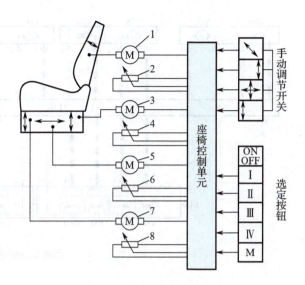

存，座椅位置传感器与座椅电动机集成在一起，其控制电路如图6-62所示。调节器设有手动调节开关和选定按钮，只要座椅位置调节后，驾驶人按下选定按钮，控制单元就把这些电压信号存储起来，作为重新调节位置时的基准。使用时，只要按下选定按钮，座椅就会自动调节到预先选定的座椅位置上。

三、典型车辆的座椅控制电路分析

1. 迈腾车不带记忆功能座椅控制电路

迈腾车不带记忆功能座椅控制电路如图6-63所示，座椅调节功能有座椅靠背倾斜角度调节、后部高度调节、前后移动调节、前部高度调节等，座椅及靠背位置由调节器（开关）直接控制电动机工作电路，通过改变电动机电流方向而现实正反转动。

图6-62 带记忆功能的电动座椅控制电路

1—座椅靠背倾斜角度调节电动机　2—倾斜角度传感器
3—后部高度调节电动机　4—后部高度位置传感器
5—前后移动调节电动机　6—前后移动位置传感器
7—前部高度调节电动机　8—前部高度位置传感器

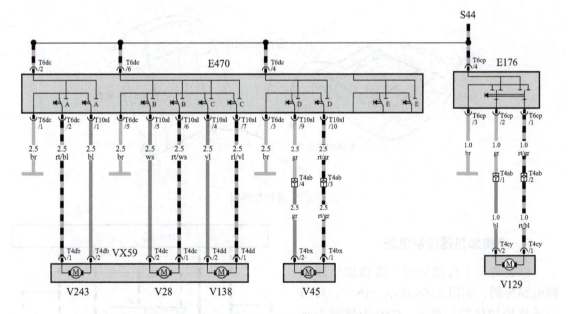

图6-63 迈腾车不带记忆功能座椅控制电路

2. 迈腾车带记忆功能座椅控制电路

迈腾车带记忆功能座椅控制电路如图6-64所示，它在不带记忆功能座椅控制电路的基础上，增加了记忆按钮E464、控制单元J136和位置传感器G219、G231、G218、G232、G375等。

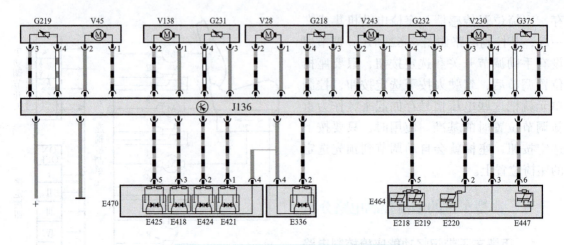

图 6-64　迈腾车带记忆功能座椅控制电路

四、座椅加热器

1. 座椅加热器的作用和组成

座椅加热包括坐垫加热和靠背加热，由加热元件、导线、开关等组成，如图 6-65 所示。

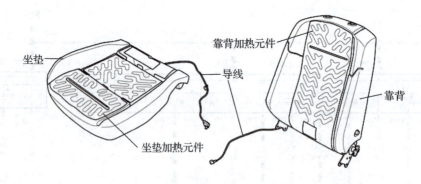

图 6-65　座椅加热器

2. 座椅加热器控制电路

以迈腾车（自动空调）座椅加热器控制电路为例，如图 6-66 所示。图中，J774 为前座椅加热控制单元，G59 为驾驶人座椅温度传感器，G60 为前排乘客座椅温度传感器，Z6 为驾驶人坐垫加热器，Z7 为驾驶人靠背加热器，Z8 为前排乘客坐垫加热器，Z9 为前排乘客靠背加热器，E94 为驾驶人侧座椅温度调节器，E95 为前排乘

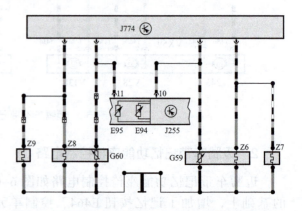

图 6-66　迈腾车（自动空调）座椅加热器控制电路

客侧座椅温度调节器，J255 为自动空调控制单元。

能力拓展

大众迈腾车电控座椅总成拆装注意事项

一、座椅拆装注意事项

1）断开蓄电池接线及座椅线束连接。

2）通过纵向调节装置将座椅置于最靠前的位置，拧下后端固定螺栓1和2，螺栓位置如图6-67所示。

3）通过纵向调节装置将座椅置于最靠后的位置，拧下前端固定螺栓1和2。

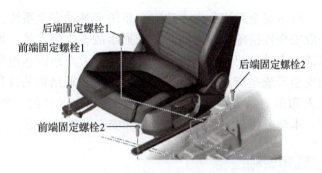

图6-67 螺栓位置

4）对座椅上的安全带锁、座椅前后调节装置连杆、座椅高度或饰板连杆等进行安全保护，避免取出或移动时受到损坏。

5）双手握住座椅软垫前后端，注意不能抓握零件，将座椅从汽车里抬出。

6）安装以倒序进行，同时要注意检查座椅横梁支撑板的螺纹是否完好。如果受损，不能通过加工再次使用，应更换座椅横梁支撑板。

二、座椅靠背拆装注意事项

1）断开靠背电线束的连接插头。

2）从织物软管中穿出侧面安全气囊的线束（因为接线板和侧面安全气囊之间的线束是连贯的）。

3）拧出螺栓，将靠背向前翻到座椅槽上，并取下靠背。

4）安装大体以倒序进行，同时要注意检查电缆扎带和夹子是否完好。如果损坏，应更换新的；敷设电线时，要遵循原始的布线规律。

三、座椅头枕拆装注意事项

1）在不拆下前座椅的情况下可以拆卸头枕。

2）驾驶人座椅头枕解锁键装置位于行驶方向的左外侧，如图6-68所示，而前排乘客座椅头枕解锁键装置位于行驶方向的左内侧。

3）将前座椅移动到前部最低位置，然后将座椅靠背倾斜约45°。

图6-68 驾驶人座椅头枕解锁键位置

4）按压解锁键到限位位置，并从靠背中脱出头枕。

5）安装大体以倒序进行。

学习任务六 安全带与安全气囊及控制电路

学习任务描述

　　汽车安全系统分为主动安全系统和被动安全系统。主动安全系统是指在交通事故之前采取安全性措施，尽可能避免交通事故发生的系统，如车轮防抱死制动系统、牵引力控制系统、主动悬架、四轮转向、四轮驱动、车距雷达报警系统以及汽车全球导航系统等。被动安全系统是指在事故发生时，利用对车辆结构的设计及被动安全性装置，尽可能减少驾驶人和车上乘员以及车外行人受伤害程度的系统，如安全气囊、安全带、溃缩式转向柱等。本学习任务主要介绍安全带和安全气囊的类型、工作原理及检测方法。

基础知识和技能

一、安全带

1. 安全带作用和类型

　　安全带是一条织带，并配有锁扣，当汽车发生碰撞时，安全带会把车内乘客固定在座椅上，阻止乘客身体的惯性移动，这样最大程度上减少了事故中乘客受伤害程度，同时也为安全气囊弹出争取了时间。

　　（1）按固定方式不同分类　按固定方式不同，安全带可分为两点式、三点式、四点式等，如图6-69所示。

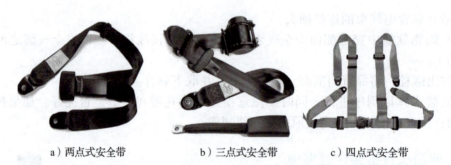

a）两点式安全带　　　b）三点式安全带　　　c）四点式安全带

图6-69　安全带类型

　　1）两点式安全带。两点式安全带是与车体或座椅仅有两个固定点的安全带。这种安全带又可分为腰带（或膝带）式和肩带式两种。腰带式是应用最广的形式，它不能保护人体上身的安全，但能有效地防止乘客被抛出车外。肩带式也称斜挂式，盛行于欧洲，但美、日、澳等国并不采用。两点式安全带的软带从腰的两侧挂到腹部，形似腰带，其优点是使用方便，容易解脱；缺点是乘员上身容易前倾，前座乘员头部易撞到仪表板或风窗玻璃上。这种安全带主要用在轿车后排座位上。

　　2）三点式安全带。三点式安全带是在两点式安全带的基础上增加了肩带，在靠近肩部的车体上有一个固定点，可同时防止乘员躯体前移和上半身前倾，增强了乘员的安全性，是目前使用最普遍的一种安全带，由腰带式和肩带式组合而成。

3）四点式安全带。它是在两点式安全带上连接两根肩带构成的形式，一般用于赛车上。

（2）按智能化程度不同分类　按智能化程度不同，安全带分为被动式安全带与自动式安全带。

1）被动式安全带。被动式安全带需要乘员的操作才能起作用，即需要乘员自行佩戴。目前大部分汽车所装配的都是被动式安全带。

2）自动式安全带。自动式安全带是一种自动约束驾驶人或乘客的安全带，即在汽车起动时，不需驾驶人或乘员操作就能自动提供保护，而且乘员上下车时也不需要任何操纵动作。

（3）按卷收器的功能不同分类　按卷收器的功能不同，安全带分为普通式安全带和预紧式安全带。

2. 安全带组成及工作原理

目前汽车普遍使用三点式安全带，主要由织带、固定件、开关、卷收器等组成，如图6-70所示。

（1）织带　织带是指腰带和肩带部分，多用尼龙、聚酯、维尼纶等合成纤维编织而成，宽约50mm，厚约1.5mm，具有足够的强度、延伸性能和吸能性。

（2）固定件　固定件是与车体或座椅构件相连接的耳片、插件和螺栓等，其安装位置和牢固性，直接影响到安全带的保护效果和乘员的舒适感。三点式安全带固定件有肩带固定件、腰带固定件、锁扣固定件。

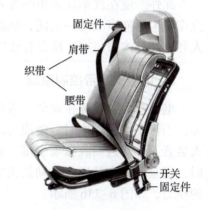

图6-70　汽车三点式安全带组成

（3）卷收器　普通式安全带卷收器在车辆发生碰撞时，通过收紧和限力来达到锁止安全带，限制驾驶人和乘员身体上部前移目的的。卷收装置用来储存织带和锁扣，通常隐藏在B柱内，主要由卷筒、卷轴、棘爪、棘轮、滑动销、凸轮块等组成。

1）安全带卷收原理。当迅速拉动安全带时，在离心力作用下，使凸轮块甩动起来，再通过与其固定的滑动销，把棘爪拉向棘轮，从而实现了安全带锁止，如图6-71所示。

图6-71　安全带卷收原理

2）安全带限力原理。当车辆发生严重的正面碰撞时，由于驾驶人和乘员进一步向前移动身体，使安全带所受的力超过预定值，限力板开始变形，卷筒立即旋转，绕在其上的安全带向外拉出，此时限力板的变形成为安全带拉出的阻力；当限力板变形到两端接触时，卷筒则不能继续转动，此时安全带被锁止，因此限制了驾驶人和乘员向前移动，如图 6-72 所示。

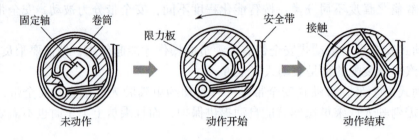

图 6-72　安全带限力原理

此外，现在汽车还采用燃爆式安全带。燃爆式安全带是通过装备的火药燃爆装置，在汽车发生碰撞事故的一瞬间，燃爆并驱动卷筒或锁扣使安全带快速收紧和锁止，防止驾驶人和乘员身体向前冲，从而有效地保护了驾驶人和乘员的安全。

3. 电控安全带控制原理

电控安全带系统在安全气囊系统的基础上，增设了防护传感器和燃爆式安全带收紧器等。当汽车发生碰撞时，碰撞传感器将碰撞信号传给控制单元，控制单元控制收紧器的点火装置工作，进而收紧安全带，如图 6-73a 所示；当施加在安全带上的力度达到一定程度时，安全带限力装置将自动放出安全带，限制安全带的力量，从而缓和安全带对乘客胸部的压力，如图 6-73b 所示。

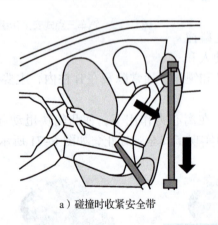
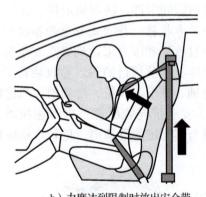

a）碰撞时收紧安全带　　　　　　　　　　　b）力度达到限制时放出安全带

图 6-73　电控安全带工作过程

二、安全气囊

1. 安全气囊类型及组成

安全气囊也称辅助乘员保护系统（SRS BAG），是一种被动安全保护装置，功能是当汽车遭受碰撞导致减速度急剧变化时，气囊迅速膨胀，在驾驶人、乘员与车内构件之间迅速铺垫一个气垫，利用气囊排气节流的阻尼作用来吸收人体惯性力产生的动能，从而减轻人体遭受伤害的程度。目前，安全气囊的类型有很多种，不同车型装备的安全气囊也不同。

（1）安全气囊类型

1）按气囊保护位置不同分为正面气囊、侧面气囊、顶部气囊、膝部气囊，颈部气囊。按气囊数量不同分为单气囊系统 、双气囊系统、多气囊系统。

2）按气囊形状不同分为圆形、方形和多边形，驾驶人一侧的正面保护气囊为圆形，副驾驶人一侧的正面保护气囊为方形，如图 6-74 所示。

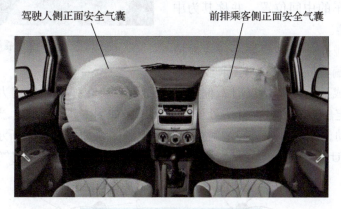

图 6-74 汽车前排安全气囊形状

（2）安全气囊组成　安全气囊由电子控制系统和气囊组件构成。电子控制系统由碰撞传感器、安全传感器、安全气囊电控单元（ECU）等组成；气囊组件包括气体发生器和气囊等。以丰田 LS400 车为例，其安全气囊组成如图 6-75 所示。安全气囊触发后状态如图 6-76 所示。

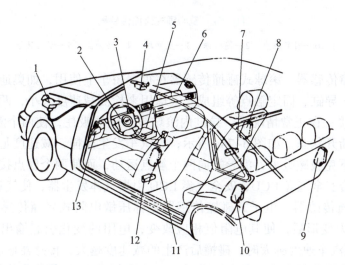

图 6-75 丰田 LS400 车安全气囊组成

1—左前碰撞传感器　2—气囊组件　3—安全气囊警告灯　4—右前碰撞传感器　5—安全气囊控制单元
6—前排乘客正面安全气囊　7—横向加速度传感器　8—侧面安全气囊　9—右后座侧面安全气囊
10—左后座侧面安全气囊　11—驾驶人侧面安全气囊　12—横向加速度传感器　13—自诊断插头

1）碰撞传感器。碰撞传感器通过汽车碰撞时的减速度来感知汽车的碰撞强度。按结构原理不同，碰撞传感器有机电式和电子式两种。根据机械装置的不同，机电式安全气囊传感器分为偏心锤式和滚球式；电子式碰撞传感器一般为压敏电阻式。一些汽车的安全气囊将电子式碰撞传感器和安全气囊控制器一起安装在汽车的中间位置，并称其为中央安全气囊传感器。

图6-76 安全气囊触发后状态

①偏心锤式碰撞传感器。偏心锤式碰撞传感器由壳体、偏心转子、偏心锤、固定触点、动触点等组成。在正常情况时，偏心转子和偏心块在弹簧的作用力下，顶靠在止动块，动触点与固定触点不接触，开关处于断开状态，如图6-77a所示；当碰撞强度足够大时，偏心转子转动，使动触点与固定触点接触，电路闭合如图6-77b所示，此时碰撞传感器向安全气囊ECU输送导通信号，安全气囊ECU引爆气体发生器，使气囊充气。

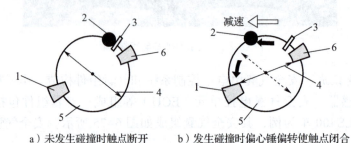

a）未发生碰撞时触点断开　　b）发生碰撞时偏心锤偏转使触点闭合

图6-77 偏心锤式碰撞传感器

1、6—固定触点 2—偏心锤 3—止动块 4—动触点 5—偏心转子

②滚球式碰撞传感器。滚球式碰撞传感器在很多轿车上使用，如奥迪轿车等。它主要由滚球、永磁体、导缸、固定触点等组成。滚球用来检测减速度大小，两个触点分别与传感器引线端子连接。在正常情况下，导缸内滚球被永磁体吸住，使两个触点与滚球分离，传感器电路处于断开状态，如图6-78a所示；当汽车发生碰撞，减速度足够大时，使滚球在惯性力的作用下克服磁吸力，沿导缸向两个触点运动，而使两个触点接通，此时传感器将导通信号输送给安全气囊ECU，安全气囊ECU引爆气体发生器，使气囊充气。

③电子式碰撞传感器。电子式碰撞传感器也称压敏电阻式碰撞传感器，其原理是利用敏感元件在受力变形后，使其电阻值相应改变，电阻的变化引起输出电压的变化，如图6-79所示。当汽车速度越大时，碰撞后产生的减速度越大，传感器输出的电压也越大。同时，这个电压信号不断输送给安全气囊ECU，安全气囊ECU将这个信号进行分析处理，若满足要求，需要引爆安全气囊时，安全气囊ECU将会接通点火电路，如果此时碰撞传感器的触点也闭合，则气体发生器的电路接通，引爆安全气囊。

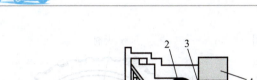

a）未发生碰撞时，触点断开　　　　b）发生碰撞时，滚球使触点闭合

图 6-78　滚球式碰撞传感器

1—触点　2—滚球　3—磁吸力　4—永磁体　5—惯性力　6—导缸

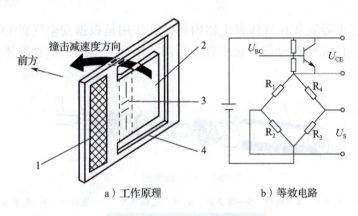

a）工作原理　　　　　　　　　b）等效电路

图 6-79　电子式碰撞传感器

1—集成电路　2—测量悬臂　3—电阻应变片　4—悬臂架

　　2）安全传感器。安全传感器也称为安全开关，一般装在安全气囊 ECU 内，为水银开关式传感器，如图 6-80 所示。它是串联在气囊点火器的电源电路中，用以防止气囊误膨胀。当汽车发生碰撞时，足够大的减速度惯性力将水银抛起，接通点火器电源电路，此时气囊充气装置在控制器的指令下工作；而在汽车正常行驶或故障检修时，由于安全传感器触点常开，即使车前碰撞传感器或有关电路短路而造成电控单元误判，气囊充气装置会因为点火器未接通电源而不能被引爆。

　　3）安全气囊组件。安全气囊组件主要由气体发生器、点火器、气囊、衬垫、饰盖及底板等组成。驾驶人侧气囊组件安装在方向盘的中心处，前排乘客侧正面气囊组件安装在右侧杂物箱的上方。

　　①气体发生器。气体发生器作用是当安全气囊 ECU 发出引爆指令时，立刻产生气体并充入气囊，使气囊迅速膨起。气体发生器由气体发生剂、点火剂（火药）、点火器（电热丝）、过滤器等组成，如图 6-81 所示。

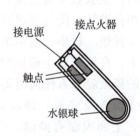

a）未发生碰撞时，触点断开

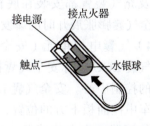

b）发生碰撞时，水银球抛起将触点闭合

图 6-80　安全传感器

当安全气囊控制器发出指令时，点火器引爆点火剂，点火剂燃烧产生大量热量，使叠氮化钠受热分解，产生大量的氮气，经过滤器除去烟尘后，充入气囊，使气囊在30ms内膨胀展开。

注意 由于叠氮化钠分解时产生的少量副产品（氢氧化钠和碳酸氢钠）是有害的，因此在清洁膨胀后的气囊时，应采取保护措施，并注意通风。

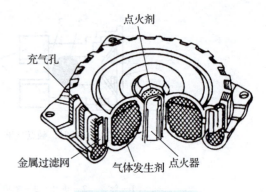

图6-81 气体发生器

②点火器。点火器安装在气体发生器内部，其作用是根据安全气囊ECU的指令引爆点火剂，产生热量使充气剂分解。它主要由药筒、引药、电热头、永磁体、电极等组成，如图6-82所示。

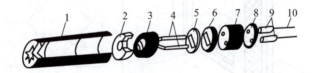

图6-82 点火器

1—药筒 2—引药 3—电热头 4—电极 5—陶瓷片 6、8—绝缘垫片 7—永磁体 9—绝缘套筒 10—引出导线

③气囊。气囊按布置位置分有驾驶人侧气囊、前排乘客侧气囊、后排气囊、侧面气囊和顶部气囊等。气囊一般由尼龙布制成，在尼龙布上还有些排气用的小孔。气囊充气膨胀展开后，能吸收冲击能量，使乘员的头部和胸部减少受伤率及受伤程度。气囊充气后可以通过小孔排气，使气囊逐渐变软，以增强缓冲作用，同时减少对车内人员的伤害。

④衬垫。衬垫一般由聚氨酯制成，一般情况衬垫都黏附在方向盘的上表面，把气囊保护起来。在汽车发生碰撞时，在气囊强大的膨胀力作用下，衬垫迅速被掀开，不会对安全气囊的膨胀展开有任何阻碍作用。

⑤饰盖及底板。饰盖是气囊组件中的盖板，上面模制有撕缝，以便气囊能冲破饰盖。底板固定到方向盘或车身上，安全气囊及充气装置都安装在底板上，主要承受安全气囊膨胀展开时的爆发力。

4）气囊电控单元（安全气囊ECU）。安全气囊ECU也称安全气囊控制器，它是SRS的控制中心。安全气囊ECU一般安装在汽车中控面板下方的位置，由微处理器、碰撞传感器、安全传感器、备用电源等组成如图6-83所示。它的主要功能是实时监控汽车的状态并进行判断，即根据接收到

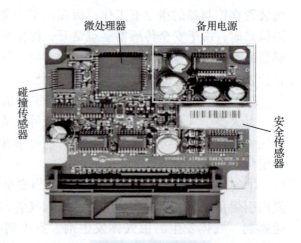

图6-83 气囊ECU

的碰撞传感器信号判断汽车是否发生了碰撞及碰撞的强度，然后对安全气囊气体发生器进行控制，必要时进行点火驱动。

5）线束及保险机构。安全气囊系统的所有线束都套装在黄色的波纹管内，与车身线束连成一体，以便于区别。气囊组件的连接线束安装在方向盘和转向柱之间的螺旋壳体内，如图6-84所示。安全气囊线束连接器有防止气囊误爆机构、电路连接检查机构、连接器双重锁定机构和端子双重锁定机构。

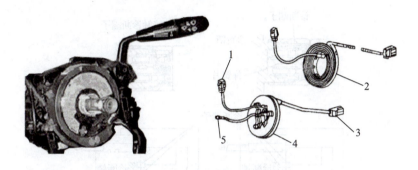

图 6-84 安全气囊系统螺旋电缆

1、3—线束插头或插座 2—螺旋电缆 4—电缆壳体 5—搭铁接头

①防止安全气囊误引爆机构。在连接器中有一个短路片，当连接器插头与插座接在一起时，插头的绝缘体将短路片顶起，短路片与点火器的两个端子分开，点火器中电热丝电路处于正常连接状态，如图6-85a所示；当连接器拔下时，短路片就自动将点火器的两个引线端子短路，使点火器的电热丝与短路片构成回路，如图6-85b所示，此时即使误将电源加到点火器上，点火器也不会引爆，从而防止安全气囊误引爆。

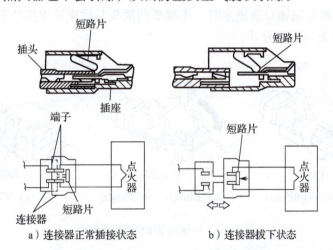

a）连接器正常插接状态 b）连接器拔下状态

图 6-85 防止安全气囊误引爆机构原理

②电路连接诊断机构。电路连接诊断机构是用来监测连接器是否连接可靠的，常用于前碰撞传感器。这种连接器有一个诊断销和两个诊断端子，当连接器正常连接时，诊断销与前碰撞传感器中的常开触点并联。

当传感器插头与插座未可靠连接时，诊断端子与诊断销未接触，如图6-86a所示，此时安全气囊ECU监测到该碰撞传感器的电阻为无穷大，即诊断该碰撞传感器为连接不可靠，自诊断电路便控制SRS指示灯闪亮报警，同时将故障码存储在存储器中。当传感器插头与插座的连接为可靠连接时，诊断端子与诊断销完全接触，如图6-86b所示，此时电阻与碰撞传感器中的常开触点并联，安全气囊ECU检测到的阻值为该电阻的阻值，即可诊断为该连接器连接可靠。

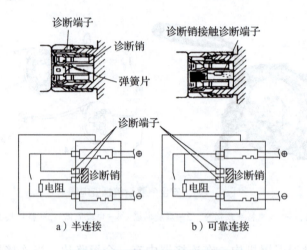

图6-86　电路连接诊断机构原理

③连接器双重锁定机构。安全气囊系统在线束中重要连接器上都采用了双重锁定机构，用于锁定连接器的插头与插座，防止连接器脱开。当主锁未锁定时，插头上的两个凸台阻止副锁锁定，如图6-87a所示；当主锁完全锁定时，副锁锁柄方能转动并锁定，如图6-87b所示；当主锁与副锁双重锁定时，连接器的插头与插座的连接状态如图6-87c所示，从而防止连接器插头与插座分开。

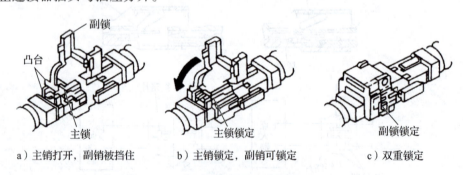

图6-87　连接器双重锁定机构原理

④端子双重锁定机构。安全气囊系统中的每一个连接器都设有端子双重锁定机构，用于阻止引线端子滑出，如图6-88所示，连接器的插头与插座都是由锁柄和分隔片两部分组成，锁柄为一次锁定机构，可防止端子沿引线轴向方向滑动；分隔片为二次锁定机构，可防止端子沿引线径向移动。

2. 安全气囊控制过程

（1）工作原理 安全气囊工作原理如图6-89所示。当汽车发生较严重碰撞时，碰撞传感器将汽车碰撞信息（汽车减速度）转换成相应的电信号输入到安全气囊控制器，与此同时，安全传感器内部的触点也在汽车减速惯性力的作用下闭合，接通点火器电源。安全气囊控制器对碰撞传感器输入的信号进行分析处理后，迅速向点火器输出点火信号，点火器通电引燃点火剂并产生高温，使气体发生器产生大量气体，并经过滤与冷却后，充入气囊，使气囊在30ms内突破衬垫而快速膨胀展开。在车内人员还没触到硬物之前，抢先在两者之间形成弹性气垫，并及时由小孔排气收缩，吸收强大惯性冲击能量，以保护人体头部、胸部，减轻受伤程度。

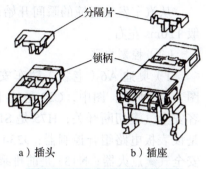

图6-88 端子双重锁定机构

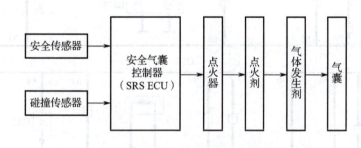

图6-89 安全气囊工作原理

当汽车受到碰撞时，不论是正面碰撞还是侧面碰撞，气囊的控制过程基本相同，如图6-90所示。

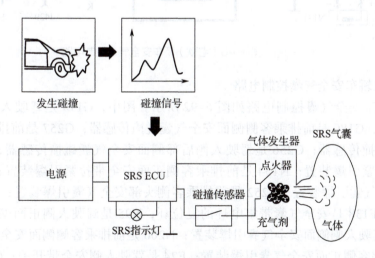

图6-90 安全气囊的控制过程

从汽车发生碰撞的瞬间开始，到气囊膨胀，再到气囊排气变软，经历的时间很短，一般 120ms 左右。

　　（2）控制电路

　　1）奥迪 A6（老款）轿车安全气囊控制电路。奥迪 A6 轿车安全气囊控制电路，如图 6-91 所示。图中，C22 是抗干扰电感线圈；D15 是点火开关 15 端子；E224 是前排乘客安全气囊切断开关；H75 是 SRS 指示灯；H145 是前排乘客安全气囊切断警告灯；J218 是仪表板电路组合控制器；J234 是 SRS ECU；J429 是中央门控制单元；N95 是驾驶人侧安全气囊点火器；N131 是前排乘客安全气囊点火器。

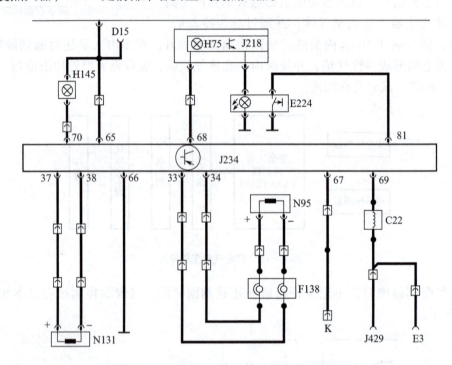

图 6-91　奥迪 A6（老款）轿车安全气囊控制电路

　　2）新宝来轿车安全气囊控制电路。

　　新宝来轿车安全气囊控制电路如图 6-92 所示。图中，G179 是驾驶人侧侧面安全气囊碰撞传感器；G180 是前排乘客侧侧面安全气囊碰撞传感器；G257 是前排乘客侧后部侧面安全气囊碰撞传感器；G256 是驾驶人侧后部侧面安全气囊碰撞传感器；N153 是驾驶人侧安全带拉紧引爆装置；N154 是前排乘客侧正面安全带拉紧引爆装置；N251 是驾驶人侧头部安全气囊引爆装置；N252 是前排乘客侧头部安全气囊引爆装置；J234 是安全气囊控制单元；F138 是安全气囊带集电环的复位环；N95 是驾驶人侧正面安全气囊引爆装置；N199 是驾驶人侧侧面安全气囊引爆装置；N200 是前排乘客侧侧面安全气囊引爆装置；N131 是前排乘客侧正面安全气囊引爆装置；E24 是驾驶人侧安全带开关；G128 是前排乘客侧座椅占用传感器；E25 是前排乘客侧安全带开关；K19 是安全警告灯；K15 是安全气囊指示灯；J285 是仪表板控制单元；J519 是车载网络控制单元。

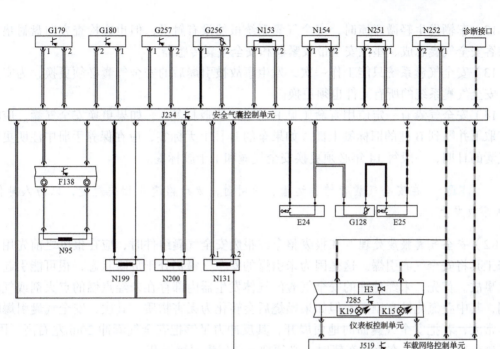

图 6-92　新宝来轿车安全气囊控制电路

3. 检查注意事项与处理方法

（1）使用与检查时注意事项

1）安全气囊检测必须由专业人员利用专用检测仪来检查。

2）不可使用检测灯、电压表、万用表等简单工具。必须用高阻抗万用表检测安全气囊系统的电路及 SRS 警告灯。

3）拆卸工作必须在点火开关关闭并将蓄电池负极电缆线拆下 20s 以后才能开始。

4）将安全气囊与电源相连时，车内不可有人。

5）安全气囊从运输器具内取出后必须马上装车，如果须终止工作，应将安全气囊放回运输器具内。

6）不可将安全气囊放到无人照管的地方。存放时，应将起缓冲作用的面朝上，拆下的安全气囊，表面朝上放置。如果安全气囊在存放时表面朝下，则可能会发生意外展开，导致严重事故。切勿在安全气囊总成上放置任何物体。若充气组件从 90mm 以上落地，则不能再用。

7）安全气囊不可打开及修理，必须使用新件。

8）为防止损坏安全气囊总成，应使其远离任何机油、油脂、清洁剂和水等。

9）在使用喷灯或焊接设备时，不得靠近充气装置，以防引起安全气囊自动充气。

10）在检修时不要让方向盘衬垫、碰撞传感器、座位安全带收紧器或前座乘员安全气囊总成直接暴露在热空气中或接近火源，充气组件不能承受 65℃以上的温度。

11）在拆检或更换安全气囊时，切勿将身体正面朝向安全气囊总成。

12）车辆发生轻微碰撞时，安全气囊系统虽然没有触发，但也应检查方向盘衬垫、前座乘客安全气囊总成、座位安全带收紧器和安全气囊传感器。

13）安全气囊系统只能工作一次，发生事故被引爆后的安全气囊必须更换，为安全起见，安全气囊系统的所有元件也须更换。

14）安全气囊有一定使用寿命（见 B 柱上不干胶标签）。如果更换安全气囊，应将新标签取下并贴到 B 柱的旧标签上面。如果车的 B 柱上无标签，应在保养手册中注明更换安全气囊的日期，一般每 14 年必须更换安全气囊和不干胶标签。

注意 在安全气囊存储、运输、使用时，要严格遵守相关规定，以防人身伤害事故发生。

（2）安全气囊报废处理 在报废整车或报废安全气囊组件时，应在报废之前先用专用维修工具将安全气囊引爆。这是因为未引爆的安全气囊仍处于危险状态，很可能引起人员伤亡事故。首先，未经处理的安全气囊的气体发生器内部存在未经点燃的点火剂或气体发生剂，其中叠氮化钠有剧毒，但如果燃烧后会转化为无害物质。其次，安全气囊引爆时的力非常大，若把安全气囊面向地面展开，其反冲力足够把安全气囊冲 20m 左右高。因此，为了避免这些危险，在报废车辆时，必须把安全气囊引爆展开。

1）车下引爆的方法。用插接件或电缆线束进行连接，把 5 个没有轮辋的轮胎堆放起来，把安全气囊旋转安置于其中，利用蓄电池作为电源引爆展开作业，如图 6-93 所示。

2）车上引爆的方法。将车移到空旷处，打开所有车窗和车门，拆下蓄电池负极和正极，然后将蓄电池搬出车外，等待 30s 后进行下面操作，如图 6-94 所示。

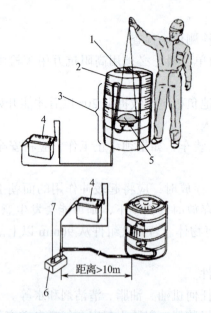

图 6-93 车下引爆安全气囊的方法　　图 6-94 车上引爆安全气囊的方法

1—轮胎固定钢丝 2—未拆轮毂的轮胎
3—拆掉轮毂的轮胎 4—蓄电池
5—安全气囊组件 6—引爆器 7—引爆开关

①拔下安全气囊组件与螺旋线束之间的连接器。
②剪断安全气囊组件线束，使连接器与线束分离。
③连接引爆器接线夹与安全气囊组件的引线。
④先将引爆器放置距安全气囊组件 10m 以外的地方，然后将电源夹与蓄电池连接。
⑤查看引爆器上的红色指示灯是否点亮，当红色指示灯点亮后才能引爆。
⑥按下引爆开关引爆安全气囊。待绿色指示灯点亮之后，将引爆后的安全气囊装入塑料袋内，作废物处理。

三、典型汽车安全带与安全气囊

1. 丰田 LS400 汽车电控安全带系统

丰田 LS400 汽车电控安全带系统由肩带调节开关、可调高度系紧电动机、可调高度系紧传感器、肩带系紧继电器及安全带收紧器等组成。当肩带调节开关合上，及可调高度系紧传感器提供的阻值信号时，则肩带系紧继电器便接通可调高度系紧电动机的控制电路，其控制电路如图 6-95 所示。

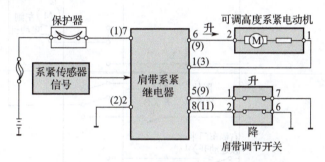
图 6-95 丰田 LS400 汽车电控安全带控制电路

2. 福特汽车电控安全带系统

福特汽车电控安全带系统能自动将肩部安全带和腰部安全带跨到驾驶人和乘员的身上。其结构组成如图 6-96 所示，安全带的一端固定在运载装置上，另一端接到惯性锁住收紧器上，由直流电动机控制，借助导轨上的运载装置移动安全带，惯性锁住收紧器能在急加速瞬间锁紧安全带。

当车门打开时，肩部安全带外端超前移动至前立柱，使驾驶人和乘员顺利进入或离开座位；当车门关闭且点火开关打到 ON 档时，电动机便移动安全带的外端至中立柱的锁止位置。

福特汽车电控安全带系统的控

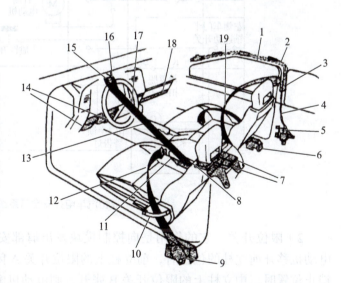
图 6-96 福特汽车电控安全带的结构组成

1—电动机及导轨总成 2—导轨 3—锁止装置
4—软管 5—电动机 6、7、9—惯性锁住收紧器
8—带子导向器 10—带子夹持器 11—内带总成
12—外带总成 13—警告标签 14、18—膝枕
15—肩部安全带铆接器 16—紧急脱扣扣环 17、19—肩部安全带

制电路如图 6-97 所示，控制模块接收车门半锁连动开关、限位开关、紧急脱扣开关及惯性开关等信号时，便输出不同的信号来控制安全带的移动。

1）车门半锁连动开关。它的作用是向控制模块发出车门位置的信号。当车门全锁时，车门半锁开关是断开的。控制模块收到此信号，便会接通电动机电路，将肩部安全带移动到驾驶人和乘员肩后中立柱的锁止位置。如果控制模块收到车门是打开信号，不管点火开关处于什么档位，电动机电路都接通，将肩部安全带移动到前立柱的位置。

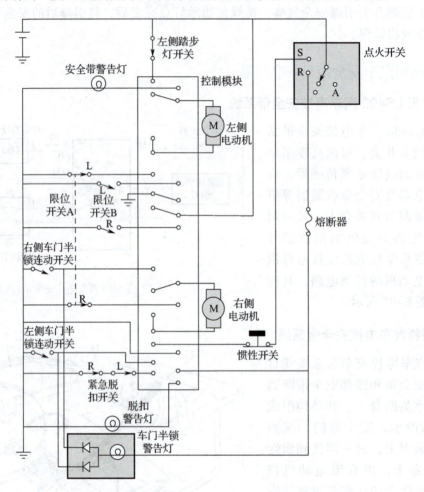

图 6-97　福特汽车电控安全带系统的控制电路

2）限位开关。它的作用是向控制模块发出肩部安全带的位置信号。当肩部安全带被电动机移开前立柱的位置时，前立柱上的限位开关 A 闭合；当肩部安全带移动到中立柱的锁止位置时，中立柱上的限位开关 B 张开，则电动机电路断开。打开车门时，控制模块给电动机反向电流到限位开关 A 张开为止。

3）紧急脱扣机构。紧急脱扣机构在系统发生故障时起作用。当按下脱扣按钮时，常闭的紧急脱扣开关张开，同时仪表板上警告灯亮起并发出蜂鸣声，肩部安全带收紧器开锁作用便停止，防止人员在意外情况下，被甩出车外。

4）惯性开关。当控制模块接收到惯性开关张开的信号时，即使打开车门，控制模块也能阻止肩部安全带到前立柱的位置。惯性开关是一种常闭开关，当汽车车速超过 8km/h 发生碰撞或翻车事故时，惯性开关便立即打开，并给控制模块一个打开信号。惯性开关一旦被触发，只有通过手动才能复原。

3. 大众车电控安全系统

（1）安全系统碰撞被触发控制过程　大众汽车官方明确提示，安全气囊仅是三点式安全带防护的补充，且只在发生事故触发安全气囊时，安全气囊方能发挥辅助保护作用。安全气囊只触发一次，且只在某些条件下触发，无论安全气囊触发与否，安全带均能在任何情况下为乘员提供保护，如汽车发生连环相撞时，只有安全带能为车内人员提供保护作用。另外，车辆碰撞时点火开关处于关闭状态、正面碰撞时控制单元测得的汽车减速度太小、轻度侧面碰撞、车尾碰撞及翻车等情况下，汽车正面、侧面和头部安全气囊不会被触发。大众汽车安全系统在碰撞被触发时，控制过程如下：

1）碰撞产生的减速度和惯性力较小时，安全带及气囊控制过程如图 6-98 所示。当汽车行驶速度低于 30km/h 时，碰撞产生的减速度和惯性力较小，安全传感器、中心传感器、前碰撞传感器将信号送到 SRS ECU，SRS ECU 判断结果是引爆安全带收紧器的点火器，而不引爆安全气囊的点火器，因此向左右安全带收紧器的点火器发出点火指令使安全带收紧。所以，在低速行驶中发生碰撞时，只需安全带预紧器单独工作，向后拉紧安全带，就足以保护驾驶人、乘员不撞向前方。

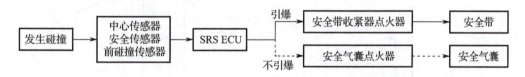

图 6-98　碰撞产生的减速度和惯性力较小时安全带及气囊控制过程

2）碰撞产生的减速度和惯性力较大时，安全带及气囊控制过程如图 6-99 所示。当汽车行驶速度高于 30km/h 时，碰撞产生的减速度和惯性力较小，安全传感器、中心传感器、前碰撞传感器将信号送到 SRS ECU，SRS ECU 判断结果是安全气囊和安全带收紧器同时工作，因此向左、右安全带收紧器的点火器及安全气囊点火器发出点火指令。所以，在高速行驶中发生碰撞时，安全带预紧器使驾驶人和乘员向前移动距离缩短的同时，前排气囊同时膨开，从而防止其面部、胸部与转向盘、挡风玻璃或仪表板发生碰撞，达到保护的目的。

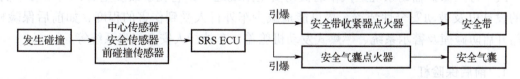

图 6-99　碰撞产生的减速度和惯性力较大时安全带及气囊控制过程

（2）安全气囊两级点爆过程　目前很多汽车采用两级点爆气囊系统，即气体发生器分两级点爆，如图 6-100 所示。第一级产生约 40% 的气体容积，远低于最大压力，对人头部移动产生缓冲作用；第二级，点爆产生剩余气体，并且达到最大压力。

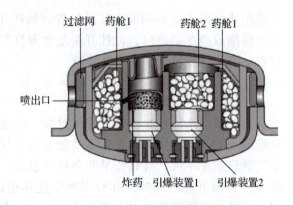

图 6-100　两级点爆式气体发生器

两级点爆气囊系统可以防止一次突然点爆产生的巨大压力对人头部产生的伤害，特别在乘客未佩戴安全带时，可导致生命危险。大众迈腾车采用两级安全气囊系统，当车辆出现碰撞时，驾驶人侧安全气囊引爆装置 1 和前排乘客侧安全气囊引爆装置 1 先引爆，点燃 40% 左右的气体，间隔一段时间后，驾驶人侧安全气囊引爆装置 2 和前排乘客侧安全气囊引爆装置 2 引爆其余气体。

两级点爆在一次碰撞中都要执行。两级展开的时间间隔为 5~40ms。安全气囊起爆根据碰撞的种类以及碰撞的强度不同，间隔时间不同。碰撞强度低时，两级展开时间间隔较长，安全气囊充气水平较低；碰撞强度高时，两级展开时间间隔较短，安全气囊充气水平较高，如图 6-101 所示。

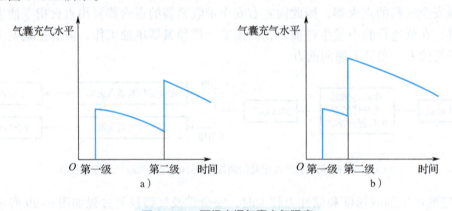

图 6-101　两级点爆气囊充气强度

a）碰撞强度低时　b）碰撞强度高时

能力拓展

汽车行人保护辅助系统

汽车行人保护辅助系统是汽车的被动安全系统之一，它在事故发生时，利用对车辆结构的设计以及被动安全性装置，尽可能地减少车外行人受到伤害的程度，如前后保险杠、车门开启防碰撞及警示系统、燃爆式发动机舱盖、车外行人安全气囊系统等。

1. 前后保险杠

汽车在撞击时保险杠起到重要作用，它直接关系行人安全及车辆安全。保险杠的薄厚和材质是重要考虑因素，目前广泛采用塑料材质。对于较大的碰撞来说，塑料的保险杠比金属的更具有弹性，能更好吸收撞击能量。当汽车在中低速行驶时，如果与其他车辆、物体或者行人发生碰撞时，塑料保险杠也能起到一定的缓冲作用，保险杠在发生变形的同时，也会吸收大部分的能量，这样也会较少对人或物体伤害。

2. 车门开启防碰撞及警示系统

汽车车门开启防碰撞及警示系统主要由汽车车门、防撞信息检测系统、防撞执行系统和车身控制器组成。其中，防撞信息检测系统由雷达感应器、图像感应器、红外探测器和开门信号组成；防撞执行系统由声光报警器、闪烁警告灯和车门锁定电磁阀组成；车身控制器位于控制中心。通过超声波和红外信号和运行图像信号分别检测车门开启前和开启后的碰撞危险，并分别通过执行锁定车门和发出声光报警信号来避免碰撞的发生。

3. 燃爆式发动机舱盖

燃爆式发动机舱盖是利用发动机舱盖弹升技术，使发动机在汽车发生碰撞时瞬间鼓起，使人体不是碰撞在坚硬外壳上，而是碰撞在柔性与圆滑的表面上。在检测到撞人后，车辆就会自动启动发动机舱盖弹升控制模块，车内配备的弹射装置便可瞬间将发动机舱盖提高，相当于在人落下时在下面垫了气垫。如奔驰新 E 级轿车的弹起式发动机舱盖，可弹起 50mm。当车辆碰撞时，通过前保险杠感应器，使用弹簧产生上弹力，利用电磁螺线管开锁，弹起后驾驶人可以自行关闭发动机舱盖，系统自动复原。

4. 车外行人安全气囊系统

车外行人安全气囊系统是以气囊为碰撞缓冲装置，为避免人体撞击汽车的风窗玻璃，发动机舱盖以及风窗玻璃附近设置安全气囊，两者配合使用。碰撞前由一个碰撞预警传感器激发，在 50~75μs 内完成充气。充气后的安全气囊在两个前照灯之间的部位展开，由保险杠顶面向上伸展到发动机舱盖表面以上，保证了儿童头部和成人腿部的安全。

📖 **课程育人**

林俊德是中国爆炸力学与核试验工程领域著名专家，中国工程院院士，为我国国防科技事业做出了重要贡献。

林俊德 52 年坚守罗布泊马兰基地，参与了 45 次核试验。为了深爱的祖国，老人燃尽生命的余辉，正如他说的："我是搞核试验的，一不怕苦，二不怕死，现在最需要的是时间。"青春与大漠共舞，岁月与长河同眠。

思考与练习

1. 单选题

（1）汽车的电动车窗由电动机控制车窗玻璃的上升或下降，电动机结构一般为（　　）。

    A．交流　　　　　　B．直流　　　　　　C．电磁　　　　　　D．无刷

（2）清洗刮水器刮片时，可用蘸有（　　）的棉纱轻轻擦去刮片上的污物，刮水器刮片不可用汽油清洗和浸泡，否则刮片会变形而影响其工作。

    A. 酒精   B. 香蕉水   C. 清洗剂   D. 柴油

（3）具有防夹功能的轿车，在玻璃一个升降行程内有（　　）防夹功能。

    A. 1次   B. 2次   C. 3次   D. 一直具有

（4）电动座椅出现（　　）时，常常会引起座椅运动不灵活或不到位。

    A. 机械故障   B. 断路故障   C. 短路故障   D. 搭铁不良

（5）某汽车电动车窗出现都不能上升或下降故障时，可能原因有（　　）。

    A. 开关损坏或控制电路出故障   B. 总开关上的安全开关出故障

    C. 熔丝熔断或搭铁不良   D. 电动机故障

（6）电动后视镜的电动机常采用（　　）型，能实现正反转动。

    A. 交流   B. 电磁   C. 永磁   D. 无刷

（7）下列不属于安全气囊电子控制系统的是（　　）。

    A. 安全气囊组件   B. 安全传感器   C. 电控单元   D. 点火器

（8）电动车窗的（　　）能控制除驾驶人侧以外的车窗升降。

    A. 保护开关   B. 安全开关   C. 点火开关   D. 总开关

（9）电子式碰撞传感器一般为（　　）。

    A. 水银式   B. 偏心锤式   C. 压敏电阻式   D. 滚球式

（10）福特汽车电控安全带在车辆急加速瞬间由（　　）控制锁紧安全带。

    A. 继电器   B. 直流电动机   C. 开关   D. 车速传感器

2. **多选题**

（1）车窗启动防夹功能的依据可能为（　　）。

    A. 车窗电动机的运转噪声

    B. 霍尔传感器传送来的车窗电动机转速变化数据

    C. 车窗控制模块改变电流方向信号

    D. 电流检测电路检测到的电动机电流变化数据

（2）电动座椅一般由（　　）组成。

    A. 调节开关   B. 座椅调节电动机   C. 蓄电池   D. 过载保护器

（3）电动车窗常见的故障现象有（　　）。

    A. 所有车窗均不能工作

    B. 车窗只能向一个方向运动

    C. 驾驶人侧车窗工作，其他车窗不工作

    D. 车窗运动过程中有卡滞现象

（4）电动刮水及清洗系统在使用过程中应注意的事项有（　　）。

    A. 不要随意拆下电动机

    B. 定期检查刮水器的刮片

    C. 必须用蘸有汽油的面纱轻轻擦去刮片上的污物

    D. 刮水器电动机不要随意拆卸

（5）电动后视镜开关可以分别控制电动后视镜的（　　　）位置。

A. 水平　　　　　　　B. 上下　　　　　　　C. 垂直　　　　　　　D. 左右

3. 判断题

（1）除驾驶人侧车窗外，其他车窗都不能工作，可能是安全开关出现故障引起的。　　　　　　　　　　　　　　　　　　　　　　　　　　　　　　　　　　　（　　）

（2）倾斜调节电动机可以控制座椅前端上下的升降动作，改变座椅的水平角度，以适应不同身材驾乘人员的需要。　　　　　　　　　　　　　　　　　　　　　（　　）

（3）座椅调节过程中，若电动座椅调节电动机控制电路电流过大，则过载保护就会启动。　　　　　　　　　　　　　　　　　　　　　　　　　　　　　　　　　　（　　）

（4）对于多数轿车，只要设有玻璃防夹功能，则所有车门玻璃升降都具有该功能。　　　　　　　　　　　　　　　　　　　　　　　　　　　　　　　　　　　　（　　）

（5）对于玻璃防夹功能，使用一次后，必须要初始化玻璃的上下位置才可再次实现防夹功能。　　　　　　　　　　　　　　　　　　　　　　　　　　　　　　（　　）

（6）每个电动后视镜上有两套调整电动机和驱动器。　　　　　　　　　　　　　（　　）

（7）电子感应式刮水器是根据雨量自动调节刮水器的刮水速度。　　　　　　　（　　）

（8）当刮水器刮片被冰冻住或被雪团卡住时，应立即断开开关，清除冰块、雪团后方可继续使用，否则，会因刮片阻力过大而烧坏电动机。　　　　　　　（　　）

（9）如果安全气囊在存放时缓冲作用表面朝上，可能会发生意外事故。　　　　（　　）

（10）安全传感器一般串联在安全气囊点火器的电源电路中，用以防止安全气囊误膨胀。　　　　　　　　　　　　　　　　　　　　　　　　　　　　　　　　（　　）

4. 问答题

（1）汽车上附属电器装置主要有哪些？举例说明各装置的作用。

（2）以大众新宝来轿车的电动刮水器为例，介绍其工作原理。

（3）当关闭电动刮水器时，刮水片为什么能停在风窗玻璃的下边缘？

（4）简述电控刮水器系统的工作过程。

（5）汽车玻璃除霜一般采用哪些方式，最常用的是什么方法？

（6）简述电动车窗的工作过程。

（7）简述安全气囊系统的工作过程。

（8）简述中控门锁的功能及工作原理。

（9）简述电动后视镜的工作原理。

（10）简述电动座椅的工作原理。

汽车空调系统

➔ 目标及要求

◎ 教学目标

（1）空调制冷系统的组成及工作原理

（2）空调制冷系统的控制电路

（3）空调制冷系统的检测内容和方法

◎ 能力要求

（1）能独立分析空调系统的制冷原理

（2）学会空调电路检测及故障诊断方法

（3）学会空调制冷系统检漏、抽真空及制冷剂加注方法

➔ 项目概述

从 20 世纪 20 年代，汽车上就安装了单一功能的取暖或制冷系统，到现在很多汽车已经配备了自动控制空调系统，所以，汽车空调技术是随汽车的普及而发展起来的，就其发展过程，可以概括为五个阶段：单一取暖阶段→单一冷风阶段→冷暖一体化阶段→自动控制阶段→微处理器控制阶段。冷暖一体化阶段使汽车空调具有了调控车内温度与湿度的功能；自动控制阶段使空调系统可预先设置温度，空调能自动在设定的温度范围内工作。本项目学习任务如图 7-1 所示。

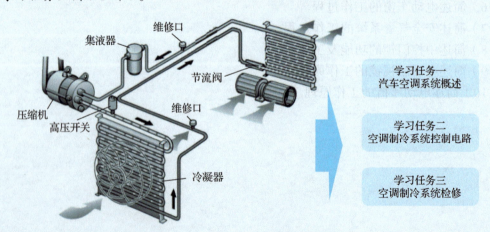

图 7-1　项目七学习任务图

学习任务一 汽车空调系统概述

学习任务描述

为了改善驾驶人的工作条件和提高乘员的乘坐舒适性，现代的汽车上普遍安装了空气调节系统。那么，目前汽车空调系统有哪些类型？汽车空调系统又有哪些功能？要掌握这些内容，应具备以下知识：

1）汽车空调系统的分类及功能。
2）汽车空调系统的制冷原理及工作过程。
3）汽车空调制冷系统的组成等。

基础知识和技能

一、汽车空调系统的分类及功能

1. 汽车空调系统的分类

汽车空调给人带来的舒适性主要体现在车内空气的温度与湿度、空气清新度等参数指标。汽车空调可将车内环境调整到适宜人体的状态，从而创造良好的车内环境，以提高驾驶人的行车安全性，保护乘员的身体健康。目前，汽车空调系统有很多种类型，见表 7-1。

表 7-1 汽车空调系统的类型

分类方法	类型	功能
按驱动方式不同分	独立式汽车空调	独立式汽车空调由专用空调发动机来驱动制冷压缩机。独立式空调系统的制冷量大，工作稳定，但成本高，体积及质量大。独立式汽车空调多用于大、中型客车上
	非独立式汽车空调	非独立式汽车空调由汽车发动机直接驱动制冷压缩机。这种汽车空调的缺点是制冷性能受汽车发动机的影响，工作稳定性较差。非独立式汽车空调多用于小型客车和轿车上
按空调结构不同分	单一功能型汽车空调	单一功能型汽车空调是将制冷系统、取暖系统、强制通风系统各自安装、单独操作，互不干涉，多用于大型客车和载货汽车上
	冷暖一体型空调	冷暖一体型汽车空调的制冷、取暖和通风共用一台风机及一个风道，冷风、暖风和通风在同一控制板上进行控制。冷暖一体型汽车空调结构紧凑，操作方便，多用于轿车上
按空调调节方式不同分	手动调节空调	由驾驶人拨动控制板的功能键和转动调节旋钮完成对温度、通风机构和风向、风速的调节
	自动控制空调	由电控单元根据各个传感器的信号，自动对温度、风量及风向等进行调节，能够对车内空气环境进行全季节、全方位、多功能的最佳调节和控制

2. 汽车空调的功能

现在汽车空调不但具有制冷和取暖功能，还有应具有通风、净化空气及除湿功能。现代汽车普遍采用自动控制，即将制冷、采暖、新鲜空气有机地组合，形成冷暖适宜的气流，并自动对车内环境进行全季节、全方位、多功能的最佳控制。

汽车空调根据功能不同分为通风系统、采暖系统、制冷系统、空气净化系统和控制系统五大部分。车型不同，空调系统结构形式也不同。

（1）通风系统　通风系统是为了保证新鲜空气不断地进入车内，使车内污浊空气排到车外的。通风系统主要由鼓风机风扇、进出口风门、空气混合门、通风管路等组成。奥迪A6通风系统组成如图7-2所示。

按照通风系统的操控方式不同可分为手动式和自动式两种。手动式通风系统是由驾驶人直接通过空调控制面板上的控制开关来控制通风的风量、进气方式、出风温度及送风的；自动式通风系统是由空调系统ECU根据驾驶人设定的空调工作状态及相关的传感器信号，输出电信号给执行器，自动调节风扇转速和各风门位置的。

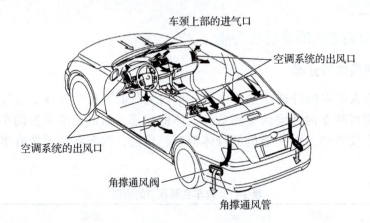

图 7-2　奥迪 A6 通风系统组成

（2）空气净化系统　空气净化系统包括进入车内空气的净化和车内循环空气的净化。进入车内的空气主要受到环境的污染，如尘土、烟尘及车辆尾气等。车内循环的空气主要受到人活动和工作过程的污染，如人体呼出的 CO_2 等。这些都对车内人员的健康不利，因此汽车空调须设空气净化系统。净化方式有两种：一种是采用空气净化器，让车内空气通过静电除尘器、空气过滤除尘器、活性炭吸附器、负离子发生器、有害气体催化器等装置，达到空气净化的目的；另一种是利用光电传感器测出车内空气的污染程度，自动控制新鲜空气风门的开启程度，让车内受污染的空气排出车外，达到净化车内空气的目的。

（3）采暖系统　采暖系统是用来为乘室内冬季取暖及车窗玻璃除霜、夏季雨天车窗玻璃除雾。根据热源不同可分为余热式、独立式、电热式三种。一般后风窗玻璃多采用电热式除霜、除雾，使用时通电对玻璃加热即可。

1）余热式采暖装置又分为水暖式和气暖式两种，即利用发动机工作时冷却水和排气的热量，对乘室内进行采暖。它主要由加热器、鼓风机、热水阀、软管等组成，如图7-3所示。

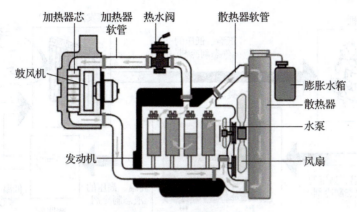

加热器芯　加热器　热水阀　　　散热器软管
　　　　　软管

鼓风机

　　　　　　　　　　　　　　　　　　　　膨胀水箱
　　　　　　　　　　　　　　　　　　　　散热器
　　　　　　　　　　　　　　　　　　　　水泵

发动机　　　　　　　　　　　　　　　风扇

图 7-3　余热式采暖系统

其工作原理是：发动机缸体内的一部分热水经热水阀、加热器软管进入加热器，经回水管通过水泵抽回到缸体水套内，热水如此周而复始地循环。空气在鼓风机作用下强制通过加热器，空气被加热后送到乘室内用来取暖或除霜、除雾。一般通过调节热水阀的开度或鼓风机转速控制采暖量。这种方式能够充分利用发动机的余热，成本低、经济性好，结构简单、使用及维修方便，但采暖热量受发动机工况的影响，停车怠速时热量较小，不能满足大型车辆及严寒地区车辆的使用。因此，余热式采暖系统多用于轿车、货车和中小型客车。

2）独立式采暖装置也分为独立热源水暖式和独立热源气暖式两种。通过利用汽油、柴油、煤油或丙烷气等燃料在燃烧器中燃烧所产生的热能，采用热交换技术把热量释放到乘室内进行采暖。这种方式使用独立的加热装置，结构较复杂，使用与维修成本也高，经济性较差，但采暖与发动机工作状况无关，不受车辆运行状态的影响。因此，独立式采暖系统广泛应用于大型豪华旅游车及寒冷地区使用的大客车和轿车上。

3）电热式采暖装置主要是利用电热丝对后风窗玻璃加热除霜、除雾，对乘员座椅进行加热取暖。这种方式结构简单、成本低、实用，但需要消耗大量电能。现代车辆还有采用金属镀膜玻璃的，通电后玻璃温度可达 70~90℃，除霜、采暖的效果好。

注意　后期加装的座椅加热电源要加装在点火开关控制的电路后，防止出现火灾！

二、制冷原理及工作过程

1. 制冷原理

制冷系统是利用制冷剂不断地从气态转变为液态，再从液态转变为气态，从而与空气进行热交换，完成制冷循环的。制冷循环如图 7-4 所示。

2. 工作过程

制冷循环系统是由压缩、冷凝、干燥过滤、节流膨胀、蒸发吸热等过程组成。

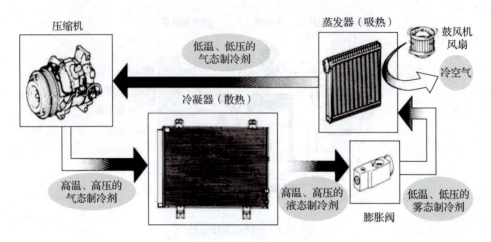

图7-4 制冷循环

（1）压缩过程 压缩机将蒸发器内产生的低温低压制冷剂蒸气经低压软管吸入并进行压缩，使它成为高温高压（70℃、1471kPa）的制冷剂气体，并送入冷凝器。此过程中制冷剂为气态。

（2）冷凝过程 高温高压的制冷剂气体经高压软管送入冷凝器，与车外大气进行热交换，由于压力及温度的降低（40~50℃），制冷剂气体冷凝成液体。此过程制冷剂由气态变为液态。

（3）干燥过滤过程 冷凝后的制冷剂液体送入储液干燥器中进行除湿过滤，除去杂质和水分，然后又经高压软管送入膨胀阀。

（4）节流膨胀过程 液态制冷剂进入膨胀阀节流小孔，在节流降温降压后（1~4℃、150~300kPa），以雾状小液滴排出膨胀阀流入蒸发器。此过程制冷剂为雾状。

（5）蒸发吸热过程 雾状制冷剂通过蒸发器，与车内空气进行热交换，吸收车内空气的热量后变成气态制冷剂，然后，气态制冷剂再次被压缩机吸入。

如此反复循环，制冷剂不断进行液态到气态的转变，与周围空气进行热交换，不断地将车内空气热量带到车外空气中，从而降低了车内的温度和湿度。

在正常情况下，低压管路呈低温状态，高压管路呈高温状态。从压缩机出口→冷凝器→贮液干燥器→膨胀阀进口处是制冷系统的高压区，这些部件应该先暖后烫（注意手摸时要小心被烫伤）；从膨胀阀出口→蒸发器→压缩机进口处是低压区，这些部位表面应该由凉到冷，但膨胀阀处不能发生霜冻现象。

三、汽车空调制冷系统的组成

汽车空调制冷系统通过制冷剂的循环流动实现制冷功能的。它主要由压缩机、冷凝器、蒸发器、储液干燥器、膨胀阀、高压软管、低压软管、鼓风机、风扇等组成，如图7-5所示。

1.压缩机

压缩机是制冷系统中最重要的部件，其作用是泵送制冷剂以维持制冷剂在制冷系统中的循环流动，如图 7-6 所示。目前汽车空调压缩机形式很多种，有曲柄连杆式压缩机、斜盘式压缩机、摆盘式压缩机、刮片式压缩机、滚动活塞式压缩机、变排量压缩机等，下面以斜盘式压缩机、摆盘式压缩机、变排量压缩机为例介绍压缩机的工作原理。

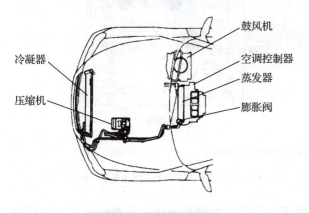

图 7-5　空调制冷系统

图 7-6　空调压缩机

（1）斜盘式压缩机　斜盘式压缩机是轴向双向往复活塞式压缩机，主要由双向活塞、气缸、主轴、斜盘、进气阀、排气阀等组成，如图 7-7 所示。

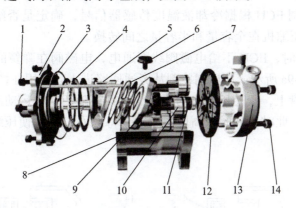

图 7-7　斜盘式压缩机

1—前盖螺栓　2—前盖　3—密封圈　4、7—推力轴承　5—斜盘　6—注油塞　8—气缸体　9—带锥齿轮的行星盘
10—连杆及活塞　11—固定锥齿轮　12—阀板组合（进气阀、排气阀）13—头盖　14—头盖螺栓

　　工作原理是：当主轴转动时，斜盘转动，使活塞做往复轴向移动，实现对制冷剂气体的吸入和压缩。在斜盘上均布 5 个双向活塞，组成 10 缸压缩机。斜盘每转动 1 周，前后 2 个活塞各自完成吸气、压缩、排气、膨胀过程，即完成 1 个循环，相当于 2 个工作循环。

　　（2）摆盘式压缩机　摆盘式压缩机是单向往复活塞式压缩机，主要由活塞、气缸、摆盘、传动板、主轴、进气阀、排气阀等组成。目前这种压缩机应用比较广泛，常用的有日本三电公司的 SD-5 压缩机如图 7-8 所示。

　　工作原理是：当主轴转动时，摆盘随传动板斜面圆周方向摆动，通过连杆带动活塞往复移动。在摆盘上均布 5 个连杆及活塞，组成 5 缸压缩机。

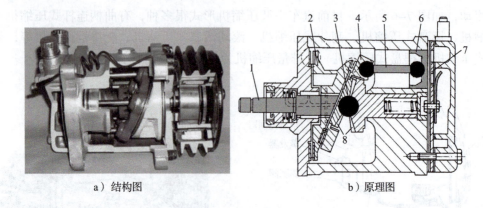

a）结构图　　　　　　　　　　　　b）原理图

图 7-8　SD-5 摆盘式压缩机

1—主轴　2—传动板　3—钢球　4—摆盘　5—连杆　6—活塞　7—阀板（进气阀、排气阀）　8—锥齿轮

（3）变排量压缩机　变排量压缩机常用于自动空调控制系统中，是在斜盘式压缩机基础上，加设一个变排量机构，可以使全部气缸（10 个气缸，即全容量）同时工作，也可以使部分气缸（5 个气缸，即半容量）工作。它主要由柱塞、电磁阀、单向阀、排气阀等组成。

工作原理是：空调 ECU 根据冷却液温度传感器信号，确定是否给变排量机构的电磁阀线圈通电，来控制压缩机在全容量和半容量之间转换。

1）当全容量工作时，ECU 不给电磁阀线圈通电，电磁阀在弹簧的作用力下将 A 孔打开，B 孔关闭，如图 7-9a 所示。高压制冷剂从旁通回路进入，作用在柱塞右侧并使其移动，直至使排气阀压在阀盘上，于是压缩机的所有气缸都能随活塞的运动而产生高压，此时即为压缩机全容量工作。此时单向阀在高压作用下，将 C 孔打开，使压缩机前后高压气体一起进入冷凝器。

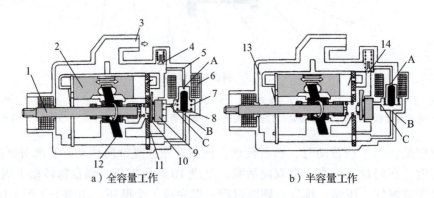

a）全容量工作　　　　　　　　　　b）半容量工作

图 7-9　变排量压缩机

1—压缩机轴　2—活塞　3—接冷凝器　4—单向阀　5—旁通回路　6—电磁阀线圈　7—弹簧　8—电磁阀
9—柱塞　10—排气阀　11—阀盘　12—旋转斜盘　13—前高压出口　14—后高压出口

2）当半容量工作时，ECU 给电磁阀线圈通电，电磁阀中阀芯在电磁力作用力下将 A 孔关闭，B 孔打开，如图 7-9b 所示。高压制冷剂就不能从旁通回路进入，柱塞则不能使

排气阀压在阀盘上，于是压缩机的只有部分气缸都能随活塞的运动而产生高压，此时即为压缩机半容量工作。此时单向阀将 C 孔关闭，防止压缩机前部产生的高压制冷剂回流。

当压缩机停止工作时，单向阀关闭 C 孔；压缩机起动时，以半容量工作，从而减少压缩机起动时的振动。

2. 冷凝器

冷凝器是车用空调系统的热交换设备，其功用是把来自压缩机的高温高压制冷剂蒸气，通过管壁和散热片将热量散发到大气中，使制冷剂在冷凝器中得到液化或冷凝，如图 7-10a 所示。冷凝器常见类型有管片式、管带式、平流式等。管片式冷凝器由于散热效果较差，故目前很少采用。

（1）管带式　管带式冷凝器的管子是由铝合金材料制成的多孔道扁管，先将其弯成蛇形管，然后把带状铝散热片折成 S 形，最后将两者焊接制成管带式冷凝器，如图 7-10b 所示。这种冷凝器散热效率比管片式冷凝器，大约高出 15%~20%，但制造工艺较复杂，特别是焊接工艺难度较大，对材料要求也较高。目前主要应用在小型车辆的制冷装置上。

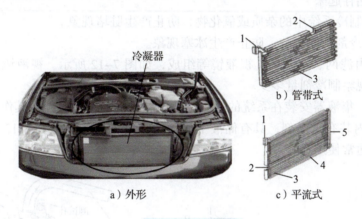

图 7-10　冷凝器

1—接头　2—铝制内肋扁管　3—波形散热翅片　4—圆筒集管　5—连接管

（2）平流式　平流式冷凝器是由管带式冷凝器演变而来的。区别是它将铝合金材料制成的多孔道扁管制成平直的，两端各有竖直的集流管相通，平直扁管中间安装有波浪形散热片，如图 7-10c 所示。

3. 蒸发器

蒸发器也是一种热交换设备，其功用是使低温低压雾状制冷剂，通过蒸发器内管壁吸收乘员室内空气的热量，然后蒸发变成蒸气，从而使乘员室内的温度降低。因此，蒸发器是制冷循环系统中获得冷风的直接部件。蒸发器常见类型有管片式、管带式、层叠式等。蒸发器的结构与冷凝器相似，如图 7-11 所示。

4. 储液干燥器／集液器

（1）储液干燥器　储液干燥器串联在冷凝器与膨胀阀之间的管路上，其作用有：

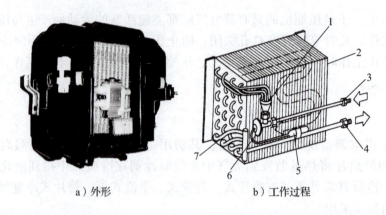

a）外形   b）工作过程

图 7-11　蒸发器

1—分配器　2—散热片　3—储液干燥器接口　4—压缩机接口　5—感温包　6—膨胀阀　7—管子

1）当制冷工作负荷增大时，可以随时向蒸发器补充制冷剂；当制冷工作负荷减小时，又可以将制冷剂储存起来。

2）可过滤掉制冷系统中的杂质或氧化物，防止产生脏堵现象。

3）可吸收制冷剂中的水分，防止产生冰塞现象。

储液干燥器由滤网、干燥剂、视液镜等组成，如图 7-12 所示。视液镜是用来观察制冷剂状况的，即观察制冷剂量多少。

（2）集液器　集液器安装在系统的低压侧，即靠近压缩机入口处，其作用是储存过多的液态制冷剂，内装有干燥剂，具有储液干燥器的作用，其结构如图 7-13 所示。装有集液器的空调系统通常使用孔管。

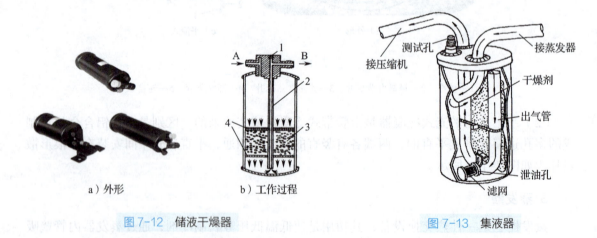

a）外形   b）工作过程

图 7-12　储液干燥器

1—视液镜　2—出液管　3—干燥剂　4—滤网
A—接冷凝器　B—接膨胀阀

图 7-13　集液器

5. 膨胀阀

膨胀阀也称节流阀，其作用是将经冷凝器、储液干燥器流出的液态高温高压制冷剂从节流小孔喷出而降压，变成易蒸发的低温低压雾状体，确保流入压缩机的制冷剂为液态。

目前膨胀阀的常见类型有内平衡膨胀阀、外平衡膨胀阀、H 型膨胀阀、节流膨胀管等。

（1）内平衡膨胀阀 内平衡膨胀阀由感温包、毛细管、阀体、膜片、针阀、过热弹簧等组成，如图 7-14 所示。感温包与蒸发器出口处紧密接触，感受蒸发器出口处制冷剂蒸气的温度，并随着蒸发器温度的变化，而使内平衡膨胀阀的节流孔开度相应变化。

1）当蒸发器温度增高时，膜片上方压力增高，针阀相应开大，输送给蒸发器的制冷剂量也增加。制冷剂流入蒸发器后，使膜片下方压力开始增加，直至针阀关小。

2）当蒸发器温度下降时，内平衡膨胀阀的节流孔开度相应减小，输送给蒸发器的制冷剂量也减少。当蒸发器的温度下降到 0℃以下，吹出的冷风在 0~4℃时，则电磁离合器电磁线圈的电路切断，压缩机停止工作，这样可防止蒸发器发生冻结。

（2）外平衡膨胀阀 外平衡膨胀阀由感温包、毛细管、阀体、膜片、针阀、过热弹簧、外平衡管等组成，如图 7-15 所示。其结构原理与内平衡膨胀阀相同。区别是外平衡膨胀阀膜片一侧压力取自蒸发器出口处的压力，而蒸发器出口处的压力要小于蒸发器进口处的压力。这是因为制冷剂在蒸发器内部管路流动产生压力损失引起的。由于外平衡膨胀阀膜片下方压力相对内平衡膨胀阀的小，因此要达到与内平衡膨胀阀一样的开度，感温包内的气压要相对小一些，其过热度也要小一些。所以，采用外平衡膨胀阀的制冷系统，能充分发挥蒸发器传热面积的作用，提高蒸发器的容积效率，提高制冷效果。

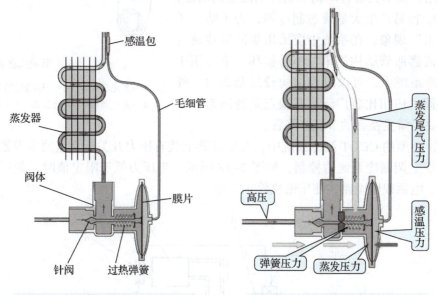

图 7-14 内平衡膨胀阀工作过程   图 7-15 外平衡膨胀阀工作过程

（3）H 型膨胀阀 H 型膨胀阀的内部通路为 H 型，如图 7-16 所示。它的控制精度不受环境温度等因素的影响，具有安装简单、可靠性高、维修方便等特点，因此在克莱斯勒等汽车上广泛使用。

首先，制冷剂经过储液干燥器后，进入 H 型膨胀阀节流减压，然后进入蒸发器吸热，再回到 H 型膨胀阀，最后从阀中流出进入压缩机。当蒸发器温度过低时，恒温器将电磁离合器、电磁线圈等电路切断，压缩机停止运转。同时，感温器控制节流孔开度变小，进而控制制冷剂流量变小。

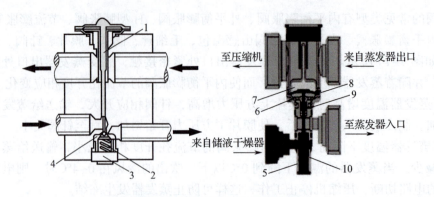

图 7-16　H 型膨胀阀工作过程

1—感温器　2、5—弹簧　3—调整螺母　4、10—阀芯　6—阀体　7—感温包　8—膜片　9—推杆

（4）节流膨胀管　节流膨胀管也称孔管，简称CCOT，其结构如图 7-17 所示，在一根工程塑料套管内安装一根起节流作用的细铜管。它的一端插入蒸发器，另一端插入冷凝器来的橡胶管。细铜管只有节流作用，而不具备自动调节制冷剂流量的功能，所以系统中容易产生大量液态制冷剂，为了防止压缩机"液击"现象，在系统中应采用集液器使液气分离。节流膨胀管结构简单、不易损坏，主要用于CCOT 制冷系统中，可以取代结构较复杂的内、外平衡膨胀阀，应用比较广泛，其缺点是滤网常发生堵塞，需要经常更换新的节流膨胀管。

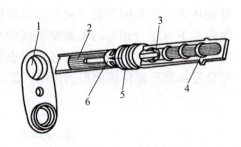

图 7-17　节流膨胀管

1—蒸发器入口　2—制冷剂滤网　3—孔口　4—灰尘滤网　5—密封圈　6—制冷剂流向

目前，新型的 CCOT 制冷系统中，在集液器上装有压力开关，来监测蒸发器出来的压力，以实现空调制冷系统的控制，如图 7-18 所示。当压力低于限定值时，低压开关便切断离合器、电磁线圈电路，使压缩机停止工作。

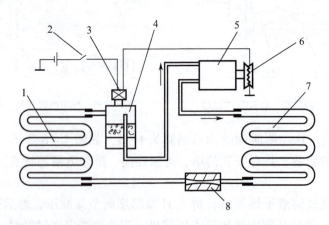

图 7-18　CCOT 制冷系统工作原理

1—蒸发器　2—空调开关　3—压力开关　4—集滤器　5—压缩机　6—电磁离合器　7—冷凝器　8—孔管

四、制冷剂和冷冻油

1. 制冷剂和冷冻油性能

（1）制冷剂的性能　制冷剂是制冷系统中能不断进行热量转换且能循环流动的物质。目前，制冷剂种类很多，用于汽车空调制冷系统的有 R12 和 R134a。其中字母 R 是 Refrigerant 的简称，数字 12 和 134 是美国制冷工程师协会编制的代码。由于制冷剂 R12 泄漏会破坏地球的臭氧层，因而危害人类的健康和生存，引起地球的温室效应，因此，汽车空调制冷系统从 2006 年起全部使用 R134a，而 R12 已彻底停用。

1）R134a 的主要特性。

①R134a 的分子式为 CH_2FCF_3，不含氯原子，对大气臭氧层不起破坏作用。

②具有良好的安全性能，不易燃、不爆炸、无毒、无刺激性、无腐蚀性等。

③传热性能好，传热损失小，可减少制冷剂的用量。

④与矿物油不相溶，而与合成润滑油（比如 PAG 类润滑油）相溶。

⑤吸水性和水溶解性能较高。

2）R134a 的使用注意事项。

①应采用密封良好的制冷剂瓶，储存在阴凉、干燥、通风的地方，防止受潮。

②R134a 的仪器、设备和量具等要专用，不能与用 R12 的互换。

③检修制冷系统时应戴好安全防护眼镜和手套，切忌让液态制冷剂接触皮肤，特别是手和眼睛，以免被冻伤。

④加注 R134a 时，应先将制冷剂瓶放在 40℃ 以下热水中进行加热，但禁止用喷灯类的加热装置加热，否则会引起制冷剂瓶内压力增大，从而发生爆炸。

⑤必须使用专用密封圈或密封垫，防止制冷剂泄漏。

⑥加注时，应使制冷剂瓶保持在直立状态，防止制冷剂以液态方式进入压缩机。

⑦加注时，应在空气流通的地方进行，以防操作人员因缺氧而窒息。

（2）冷冻油　冷冻油是制冷压缩机的专用润滑油，它可以保证压缩机正常运转、工作可靠、使用寿命长。

1）冷冻油的作用如下。

①润滑作用。润滑压缩机轴承、活塞、曲轴、连杆等机件的表面，减少其阻力和磨损，延长使用寿命。

②密封作用。在压缩机传动轴、活塞环上的冷冻油还具有密封作用。

③冷却作用。冷却各个运动机件摩擦表面，防止产生高温，提高制冷系数，延长压缩机使用寿命。

④降噪作用。降低压缩机工作时产生的噪声。

2）冷冻油的性能要求。冷冻油在空调制冷系统中完全溶于制冷剂中，并随制冷剂一起在制冷系统中循环。为保证冷冻油工作正常，冷冻油应满足以下要求：

①冷冻油的凝固点要低，在低温下具有良好的流动性。

②冷冻油应具有一定的黏度，且受温度的影响要小。

③冷冻油与制冷剂的溶解性能要好。

汽车电器设备原理与检修一体化教程　第3版

④冷冻油的闪点温度要高，具有较高的热稳定性。

⑤冷冻油中应无水分。

3）冷冻油的使用注意事项。

①必须使用原车空调压缩机所规定的冷冻油牌号，不得使用其他油来代替，否则会损坏压缩机。

②冷冻油吸收潮气能力极强，在加注或更换冷冻油时操作必须迅速，在加注完后应立即将油罐的盖子封紧贮存，不得有渗漏现象。

③不能使用变质的冷冻油。

④冷冻油加注量要符合要求，不要过多，以免影响制冷效果。

2. 制冷剂量检查方法

当汽车空调设置制冷剂观察窗时，如图 7-19a 所示，在环境温度高于 15℃ 的条件下，使发动机怠速运转，将鼓风机控制开关置于高速位置，温度控制开关置于最冷位置，空调开关 A/C 置于 ON 位置，并完全关闭所有车门，使发动机转速逐渐上升到 1500r/min，目测观察窗，若瞬间有气泡，如图 7-19b 所示，但马上消失，说明制冷剂量正常；若有大量气泡，如图 7-19c 所示，且长时间不消失，则说明制冷剂量不足；若根本无气泡出现，如图 7-19d 所示，则说明制冷剂量过多或没有。

现代很多汽车空调系统已不再设置制冷剂观察窗，如大众新宝来车等，若需要检查制冷剂量多少时，可用压力表测试。

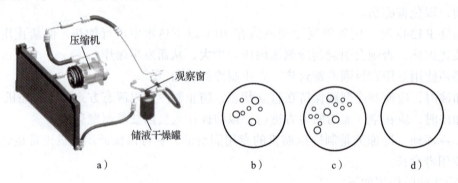

图 7-19　通过观察窗检查制冷剂量

3. 冷冻油及制冷剂的加注

（1）冷冻油的加注　加注冷冻油有直接加入法和真空吸入法两种方式。

1）直接加入法。按要求正确连接设备，如图 7-20 所示。卸下加油塞，注入规定型号的冷冻油。通过加油塞孔观察，旋转离合器前板，使活塞连杆正好在加油塞孔中央位置。把油尺插到活塞连杆的右边，直至油尺

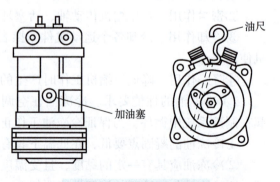

图 7-20　直接加注冷冻油

214

端部碰到压缩机外壳为止。最后取出油尺，检查冷冻油覆盖的刻度数（沟纹），应该在油尺的 4~6 格。

2）真空吸入法。按要求正确连接设备，如图 7-21 所示。先将制冷系统抽真空到 $0.02×10^5Pa$（15mmHg），然后开始加注冷冻油，其步骤如下：

①关闭高压手动阀和辅助阀。

②把高压侧软管从歧管压力表上拆下，插入油杯内。

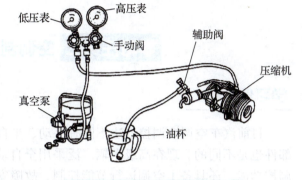

图 7-21 真空吸入法加注冷冻油

③打开辅助阀，使冷冻油从油杯吸入制冷系统。

④当油杯中的冷冻油快被抽空时，立即关闭辅助阀门，以免系统中吸入空气。

⑤把高压侧软管接头拧在歧管压力表上，打开高压手动阀门，起动真空泵，将高压侧软管抽真空。

⑥打开辅助阀，为系统抽真空，至 $0.02×10^5Pa$，再加抽 15min，以便排除随油进入系统里的空气。此时，冷冻油在高压侧，待系统运转后，冷冻油返回压缩机。

（2）制冷剂的加注方法

1）对空调系统抽真空，确认制冷剂系统没有泄漏。

2）按图 7-22 所示连接设备，此时不能打开高、低压手动阀。

3）高、低压表中间软管连接制冷剂罐。

4）将制冷剂罐倒置如图 7-22 所示，关闭低压手动阀，打开高压手动阀，使制冷剂以液态进入制冷系统，此时，注意切勿起动发动机和接通空调系统。

5）将制冷剂罐正置如图 7-23 所示，关闭高压手动阀，打开低压手动阀，使制冷剂以气态进入制冷系统。

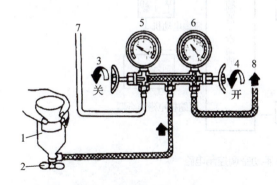

图 7-22 制冷剂以液态注入

1—制冷剂罐 2—开启阀 3—低压手动阀
4—高压手动阀 5—低压表 6—高压表
7—接低压维修阀软管 8—接高压维修阀软管

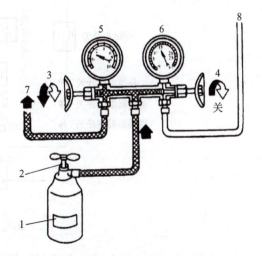

图 7-23 制冷剂以气态注入

1—制冷剂罐 2—开启阀 3—低压手动阀
4—高压手动阀 5—低压表 6—高压表
7—接低压维修阀软管 8—接高压维修阀软管

学习任务二 空调制冷系统控制电路

学习任务描述

目前汽车空调按调控方法不同有手动、半自动和全自动。各种调控方法所采用的控制部件也是不同的。现在高级车辆广泛采用全自动或微机智能调控，这样不仅能实现常规的调控功能，还具备了空调运行节能控制、故障安全报警、调控指标参数显示、故障信息储存、自动诊断等功能。本学习任务中以典型车为例，详细介绍汽车手动和自动空调过程，以及空调制冷系统控制电路主要组成元件。

基础知识和技能

一、手动空调控制过程

手动空调控制电路一般由空调 A/C 开关、鼓风机开关、环境温度开关 / 传感器、高 / 低压开关、空调继电器、空调控制器 / 空调器控制单元、压缩机电磁离合器、鼓风机及冷却风扇等组成，不同车型控制电路也不同。

1. 早期汽车手动空调控制电路

早期手动空调制冷系统压缩机，其电磁离合器由空调控制器（空调放大器）和空调继电器控制，电路通断均由开关控制，如图 7-24 所示。

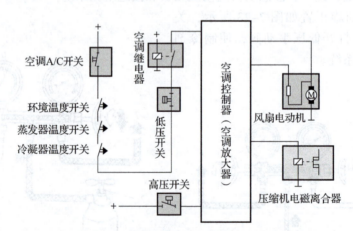

图 7-24　早期汽车手动空调控制电路

当空调 A/C 开关闭合时，电流经空调开关→环境温度开关（低于 5℃时断开）→蒸发器温度开关（低于设定值时断开）→冷凝器温度开关（高于设定值时断开）→低压开关（低于设定值时断开）→空调继电器→空调控制器→压缩机电磁离合器，使压缩机工作。

风扇电动机设置高速和低速，当空调 A/C 开关接通时，空调控制器则接通风扇低速控制电路；当空调控制器收到系统高压信号，即高压开关闭合时，空调控制器则接通风扇高速控制电路。

2. 现代汽车手动空调电路

现代汽车手动空调制冷系统多采用电磁离合器、鼓风机等由空调器控制单元控制的方式，空调制冷系统需要的开关信号均独立输送给空调器控制单元，如图 7-25 所示。有些车将环境温度开关、蒸发器温度开关及冷凝器温度开关升级为传感器，高低压开关由高压传感器代替。

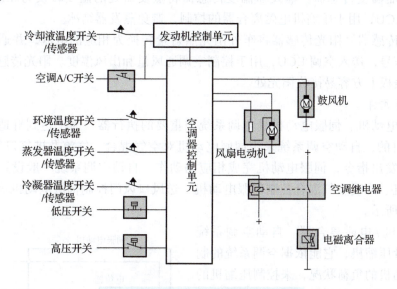

图 7-25 现代汽车手动空调控制电路

空调器控制单元收到空调 A/C 开关闭合信号，以及相关温度开关接通信号后，空调器控制单元控制空调继电器，由空调继电器控制电磁离合器吸合，使压缩机工作。此外，空调器控制单元与发动机控制单元传输数据，电磁离合器吸合瞬间，发动机控制单元控制发动机怠速提升，以防止发动机熄火，降低空调系统对动力传动的影响。

二、自动空调控制过程

1. 自动空调系统基本组成

自动空调系统的作用是用自动空调控制单元，将各种传感器及开关输入的电信号与空调控制面板设定的信号进行比较，经计算处理后作出判断，然后输出相应的调节和控制信号，再通过相应的执行机构，对压缩机的开与停、送风温度、送风模式及风量、热水阀开度等进行调整，最终实现对车内空气环境进行最佳调节和控制。

自动空调系统由传感器、执行元件、空调控制单元（ECU）等组成。

（1）传感器 空调系统传感器及开关用于向空调 ECU 提供车内外空气温度状态、空调系统的温度与压力、驾驶人对空调的使用要求等信息，以使空调 ECU 进行最佳的车内空气环境控制。

1）车内温度传感器。车内温度传感器将车内温度转换为相应的电信号，送入空调ECU，用于车内温度自动控制。

2）车外温度传感器。车外温度传感器将车外温度转换为相应的电信号，送入空调ECU，用于车内温度自动控制。

3）冷却液温度传感器。冷却液温度传感器将发动机冷却液温度转换为相应的电信号，送入空调ECU，用于冷却风扇电动机转速控制。发动机水温过高时（控制点临界温度为105℃），空调ECU会切断空调压缩机，防止发动机进一步高温。

4）蒸发器温度传感器。蒸发器温度传感器将蒸发器处的温度转换为相应的电信号，并送入空调ECU，用于压缩机电磁离合器的控制，避免蒸发器结冰。

5）阳光传感器。阳光传感器将车外阳光照射量转换为相应的电流，并通过测量电路转换为电压信号，送入空调ECU，用于控制空调通风量和出风温度。阳光传感器一般安装在驾驶室仪表板上方容易接收阳光处。

（2）执行元件

1）伺服电动机。伺服电动机是空调系统中重要的执行器，为了达到舒适、高效调节车内空气的目的，自动空调系统采用伺服电动机对空气混合、气流及进气口等进行控制，由空调ECU发出指令，伺服电动机完成相应的动作。自动空调系统一般设置内外循环控制伺服电动机、冷暖空气混合控制伺服电动机、送风口风门控制伺服电动机等，其控制原理如图7-26所示。

2）压缩机/电磁离合器。自动空调系统采用可变排量压缩机，它能依据空调系统的制冷负荷或发动机的负荷状况，来控制压缩机的排量变化，减少了能量浪费，也减轻了发动机的负载；压缩机电磁离合器由空调控制单元直接或间接控制。

3）鼓风机。自动空调系统的鼓风机转速由空调控制单元控制，并能在高速和低速之间自动改变。

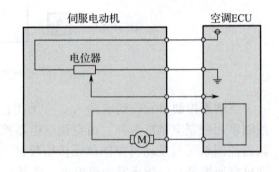

图 7-26　伺服电动机控制原理

（3）空调控制单元　空调控制单元也称空调控制器、自动空调放大器或空调ECU，其作用是接收外界信号，进行计算后与内部数据比较，然后输出指令，控制执行元件工作。

2. 自动空调系统控制电路

大众新宝来 1.6L 自动空调（不带座椅加热）系统控制电路如图 7-27 所示，图中的元件符号及名称见表 7-2。J519 与 J255 通过舒适 CAN 线连接，J519 与 J623、J285 通过驱动 CAN 线连接，传感器 G17 将环境温度信号输送给仪表板控制单元 J285，传感器 G56 将空调管路制冷剂压力信号输送给发动机控制单元 J623。发动机控制单元 J623 控制空调继电器 J44 通断。新鲜空气鼓风机控制单元 J126 由空调控制单元 J255 控制，同时将鼓风机 V2 工作信号反馈给 J255。

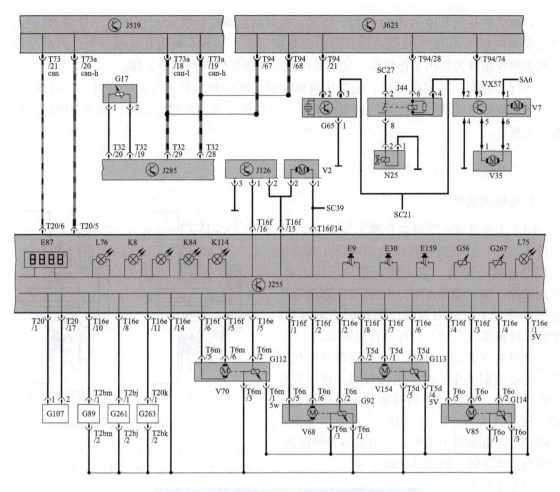

图 7-27 大众新宝来 1.6L 自动空调系统控制电路

表 7-2 图 7-27 中的元件符号及名称

符号	名称或含义	符号	名称或含义	符号	名称或含义	符号	名称或含义
J519	车载电网控制单元	N25	压缩机电磁离合器	E9	鼓风机开关	G263	蒸发器出口温度传感器
J623	发动机控制单元	V35	辅助风扇电动机	E30	空调开关	V70	中央风门伺服电动机
J285	仪表板控制单元	J126	新鲜空气鼓风机控制单元	E159	空气循环风门开关	G112	中央风门伺服电动机电位计
J255	自动空调控制单元	V2	新鲜空气鼓风机	G56	面部出风口温度传感器	V68	温度风门伺服电动机
G17	环境温度传感器	L76	按钮照明灯	G267	温度旋钮电位计	G92	温度风门伺服电动机电位计
G65	高压传感器	K8	鼓风机指示灯	L75	数字显示器照明灯	V154	空气循环风门伺服电动机
J44	空调继电器	E87	空调操作和显示单元	G107	阳光传感器	G113	空气循环风门伺服电动机电位计
VX57	散热器风扇控制单元	K84	空调器指示灯	G89	新鲜空气进气道温度传感器	V85	脚部空间风门伺服电机
V7	风扇电动机	K114	车内外空气循环运行指示灯	G261	脚部出风口温度传感器	G114	脚部空间风门伺服电动机电位计

219

自动空调开关 E30（AUTO 按钮）按下，向自动空调控制单元 J255 发出工作请求信号，自动空调控制单元 J255 通过总线获得相关数据信息，与预设值进行比较分析，再由总线向相关的控制单元发出工作指令，完成系统温度、湿度的自动调节工作。

执行元件有：风扇电动机、辅助风扇电动机、压缩机电磁离合器、新鲜空气鼓风机、中央风门伺服电动机、温度风门伺服电动机、空气循环风门伺服电动机、脚部空间风门伺服电动机。

三、空调制冷系统控制电路主要组成元件

1. 电磁离合器

（1）工作原理 电磁离合器（如图 7-27 中元件 N25）一般安装在压缩机前端面，成为压缩机总成的一部分。它主要由带轮、压力板、电磁线圈、驱动盘等组成。电磁线圈固定在压缩机的外壳上，压力板与压缩机的主轴连接，带轮通过轴承套在轴上，可以自由转动。

电磁离合器的工作原理：当空调开关接通时，电磁线圈通电，产生电磁吸力，使压力板与带轮结合，将发动机的转矩传递给压缩机主轴，压缩机运转，如图 7-28a 所示；当空调开关断开时，电磁吸力消失，压力板与带轮脱离，压缩机停止运转，如图 7-28b 所示。

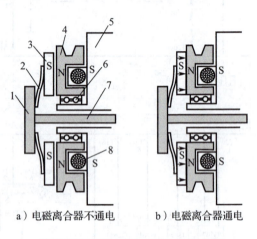

a）电磁离合器不通电　　b）电磁离合器通电

图 7-28　电磁离合器的工作原理

1—驱动盘　2—弹簧片　3—压力板　4—带轮
5—压缩机　6—轴承　7—压缩机轴　8—电磁线圈

（2）检测方法

1）拔下电磁离合器连接插头，检查供电电路，应为蓄电池电压。

2）电磁离合器线圈电阻检测。当电磁离合器不能吸合时，用外接电源直接驱动电磁离合器，或用万用表检查电磁离合器线圈电阻，来确定电磁离合器是否故障，如图 7-29 所示，标准电阻请参照相关维修手册。

3）电磁离合器转子与衔铁间隙检测。当电磁离合器打滑或干涉时，应检查转子与衔铁之间的间隙，确保在离合器断电时无碰擦，通电时无打滑（离合器刚接合时除外）。注意：测量离合器间隙时应使用非磁性塞尺，如图 7-30 所示。

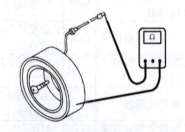

图 7-29　电磁离合器线圈电阻检测

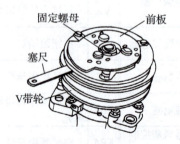

固定螺母　　前板
塞尺
V带轮

图 7-30　电磁离合器转子与衔铁间隙检测

2. 压力开关

（1）类型及作用 压力开关根据作用不同有高压开关、低压开关及组合开关等。压力开关向空调 ECU 提供制冷系统压力异常信号，当制冷系统压力异常时，空调 ECU 根据压力开关输入的电信号立刻做出安全保护控制，如系统压力过高、过低时空调 ECU 切断压缩机工作。

1）高压开关一般安装在压缩机到冷凝器的高压管路上或储液干燥器上，用来防止制冷系统压力过高，致使压缩机过载或高压管路爆裂。它主要由膜片、定触点、动触点、弹簧、外壳、接线柱等组成，如图 7-31 所示。当制冷系统压力超过 2.75MPa 时，膜片通过推杆使动触点与定触点分离开，切断电磁离合器线圈电路，压缩机停止工作。

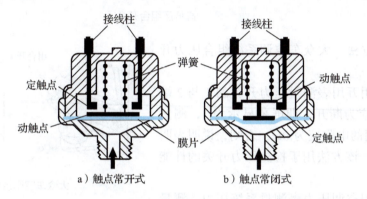

a）触点常开式   b）触点常闭式

图 7-31 高压开关

2）低压开关也称制冷剂泄漏检测开关，一般安装在冷凝器与膨胀阀之间的高压管路上或储液干燥器上，用来检测制冷系统高压侧的制冷剂压力是否正常。它主要由膜片、定触点、动触点、弹簧、外壳、接线柱等组成，如图 7-32 所示。当制冷剂压力低于 0.423MPa 时，膜片带动动触点与定触点分离，切断电磁离合器线圈电路，压缩机停止工作。

3）高低压组合开关一般安装在制冷系统高压侧的储液干燥器上，用来检测高压端制冷剂的压力变化，通过触点开闭控制电磁离合器接通与断开。组合开关既有高压保护作用，又有低压保护作用。当制冷剂压力正常时，压力应在 0.423~2.75MPa 之间，高压触点和低压触点均闭合，电磁离合器电路接通。当制冷剂压力低于 0.423MPa 时，低压触点也断开，如图 7-33a 所示，电磁离合器电路均断路，压缩机不工作；当制冷剂压力高于 2.75MPa 时，高压触点断开，如图 7-33b 所示。

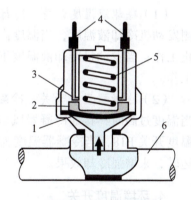

图 7-32 低压开关

1—膜片 2—动触点 3—定触点
4—接线柱 5—弹簧 6—制冷剂低压管

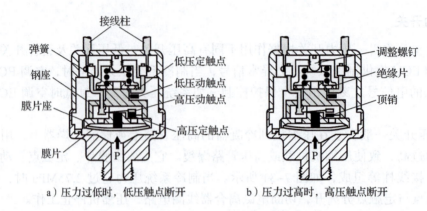

a）压力过低时，低压触点断开　　　b）压力过高时，高压触点断开

图 7-33　高低压组合开关

（2）检测方法　大众车空调系统组合压力开关如图 7-34 所示。

方法一：用万用表测量压力开关的 1 与 2 端子之间的电阻应为断开，即屏幕显示为 1，测量 3 与 4 端子之间的电阻应为 0Ω，否则，说明表明压力开关损坏。该方法用于检测压力开关的性能是否正常。

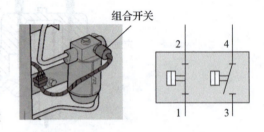

图 7-34　大众车空调系统组合压力开关

方法二：用空调压力表测量系统压力，测量值与设定值比较（参考维修手册给出的压力值），可以判断压力开关的技术性能。

3. 冷却液及冷凝器温度开关

（1）冷却液温度开关　冷却液温度开关安装在发动机散热器或冷却液管路上，用于监测发动机冷却液温度，当温度高于规定值时，触点断开，切断电磁离合器电路，压缩机停止工作；当发动机冷却液温度下降到某一值时，触点闭合，电磁离合器电路接通，压缩机工作。

（2）冷凝器温度开关　冷凝器温度开关安装在冷凝器上，用于监测冷凝器温度情况。当温度过高时，接通冷凝器风扇电动机，使风扇工作。例如大众轿车手动空调系统冷凝器温度开关 F18，当冷凝器温度为 95℃时，风扇低速运转；当温度为 105℃时，风扇以高速运转，来增强冷却效果。

4. 环境温度开关

（1）作用　环境温度开关一般串联在电磁离合器电路中，或串联在空调放大器电路中，用于监测环境温度情况。当环境温度低于 4℃时，触点将电磁离合器的电路或空调放大器电路切断；当环境温度高于 4℃时，触点自动接通电磁离合器的电路或空调放大器电路接通。

（2）检测方法　用万用表测量环境温度开关的阻值，如图 7-35 所示。当环境温度低于 4℃时，显示应为 ∞；当环境温度高于 4℃时，显示应为 0Ω，否则说明开关异常。

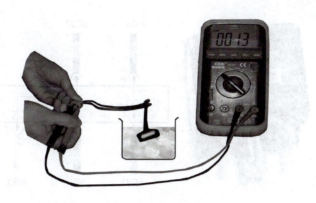

图 7-35　环境温度开关检测

5. 鼓风机

（1）安装位置及控制电路　大众宝来自动空调系统的新鲜空气鼓风机 V2 由新鲜空气鼓风机控制单元 J126 控制，安装位置及控制电路如图 7-36 所示。

（2）检测方法

方法一：利用诊断仪部件驱动功能，对新鲜空气鼓风机及其控制电路进行检测，查找故障位置。

方法二：利用万用表测量新鲜空气鼓风机电阻值来判断鼓风机是否完好，测量电路电压值判断电路是否完好。

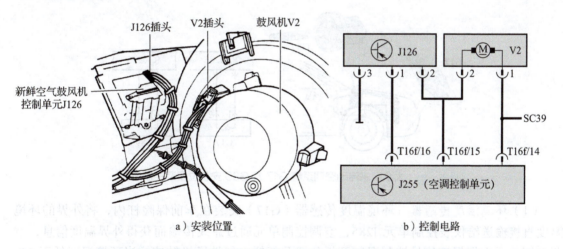

a）安装位置　　　　　　　　　　　　b）控制电路

图 7-36　新鲜空气鼓风机及新鲜空气鼓风机控制单元安装位置及控制电路

6. 空调继电器

（1）控制电路　以大众新宝来自动空调系统控制电路中 J44 为例，如图 7-37 所示。空调继电器的端子 4 与 6 为控制电路，由发动机 ECU 控制；端子 8 与 2 为负荷电路，控制电磁离合器工作。

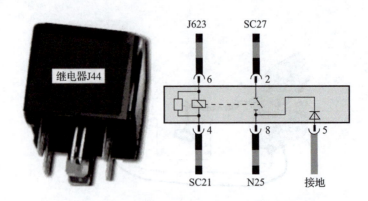

图 7-37　大众新宝来自动空调继电器及控制电路

（2）检测方法　检查内容包括空调继电器 J44 本身及连接电路是否正确。

方法一：用万用表测量电路，即端子 2、4 对地应有蓄电池电压，否则电路有断路或对应的熔丝断路。

方法二：用万用表检查继电器，当继电器端子 4 与 6 接通电源时，端子 8 与 2 应导通，否则说明空调继电器有故障。

7. 环境温度传感器及新鲜空气温度传感器

以大众宝来自动空调系统为例，其环境温度传感器（G17）和新鲜空气温度传感器（G89）的安装位置及控制电路如图 7-38 所示。

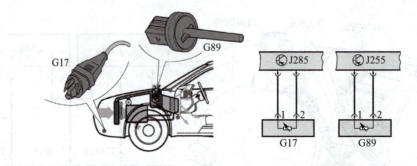

图 7-38　大众宝来自动空调系统 G17 及 G89 安装位置及控制电路

（1）环境温度传感器　环境温度传感器（G17）安装在车前保险杠内，将外界的环境温度直接输送给仪表控制单元 J285，空调控制单元通过总线传输而获得外界温度信息，空调控制单元再根据该信号控制温度翻板位置及新鲜空气鼓风机转速。当环境温度低于 5℃时，压缩机不工作。

（2）新鲜空气温度传感器　新鲜空气温度传感器（G89）安装在空调箱总成的新鲜空气进风口处，向空调控制单元提供进入空气的温度，空调控制单元根据该信号控制温度翻板位置及新鲜空气鼓风机转速。

传感器 G17 和 G89 均正常时，空调控制单元以两个温度传感器信号低的那个为依据进行控制，若一个温度传感器信号失真导致测量值低于 3℃，则空调控制单元以低于 3℃

工作，即切断向发动机控制单元发出的 A/C 请求信号，空调制冷不会工作，若传感器 G17 和 G89 其中一个温度传感器信号中断时，则控制单元依据一个温度传感器信号控制空调工作，若两个传感器同时失效，则以 10℃ 为替代值，并且此时无内循环控制，控制单元记忆故障码，空调不能正常工作。

8. 高压传感器

（1）结构原理　高压传感器应用于自动空调系统，如图 7-27 中的 G65，其结构如图 7-39 所示，压电元件是硅晶体，当压力不同时，硅晶体的变形不同，导致电阻值不同。高压传感器输出的信号为脉宽调制信号，如图 7-40 所示，将制冷剂压力转化成一个脉宽信号，再将信号传送给发动机控制单元，根据空调的负荷信号调节发动机的功率、控制风扇及压缩机工作。

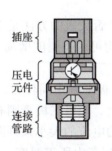

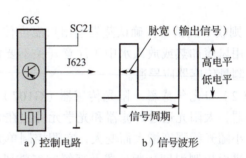

图 7-39　大众新宝来车传感器 G65 的结构　　　图 7-40　传感器 G65 控制电路及信号波形

（2）检测方法　自动空调系统高压传感器的检测应使用空调压力表或故障诊断仪。当系统压力大于 3.2MPa 时，散热器风扇控制单元切断压缩机电磁离合器；当系统压力降到 2.4MPa 时，接通压缩机电磁离合器。当系统压力小于 0.2MPa 时，切断压缩机；当系统压力升到 0.24MPa 时压缩机接通。当系统压力大于 1.6MPa 时，接通风扇 II 档工作，加强冷凝器和散热器的散热能力。

9. 其他温度传感器

自动空调系统中除了前面介绍的传感器外，还有蒸发器出口温度传感器、阳光传感器、面部出风口温度传感器、脚部出风口温度传感器等，如大众宝来自动空调系统中的 G263、G107、G56 及 G261，其安装位置如图 7-41 所示，控制电路如图 7-42 所示。

（1）蒸发器出口温度传感器　蒸发器出口温度传感器（G263）安装在蒸发器出口处，为热敏电阻传感器，用于监测蒸发器表面温度并将信号输送给空调控制单元 J255。当蒸发器表面温度为 −1~0℃ 时，切断压缩机电磁离合器工作，防止蒸发器结霜；当传感器 G263 失效或线路有故障时，自动空调控制单元

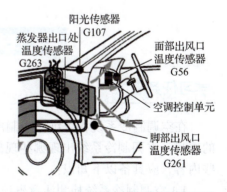

图 7-41　大众宝来自动空调系统中的传感器安装位置

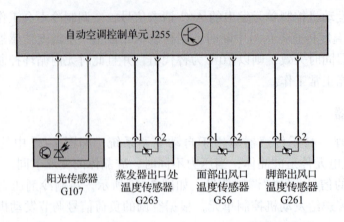

图 7-42　大众宝来自动空调系统中的传感器控制电路

J255 则收不到信号。确认蒸发器出口温度传感器 G263 是否失效的方法是对传感器进行加热，用风筒加热或放入水中（注意开关不要浸入水中）均可，当温度增加到 2℃时，用万用表测量传感器应导通。

（2）阳光传感器　阳光传感器（G107）安装在仪表板上方中间位置，为光电二极管传感器，太阳光通过过滤器和光学元件照在光电二极管上，光电二极管则有电流通过，电流大小随光线强度增大而变大，空调控制单元利用通过的电流的大小来判断阳光照度的强弱，进而控制温度翻版位置及新鲜空气鼓风机转速来达到车内所需温度。当信号中断时，空调控制单元用固定值替代工作。

（3）面部出风口温度传感器　面部出风口温度传感器（G56）装在仪表板中，通过鼓风机将室内空气不断地吹到传感器上，将真实的车内温度信号传给空调控制单元，控制温度翻版位置及新鲜空气鼓风机转速。当信号中断时，空调控制单用 24℃替代，系统保持工作状态。

（4）脚部出风口温度传感器　脚部出风口温度传感器（G261）装在空调箱总成的吹脚风道中，测量从空调箱中吹出的空气温度，空调控制单元控制脚部 / 除霜翻版位置，控制鼓风机转速。当信号中断时，空调控制单用 30℃替代，系统保持工作状态。

学习任务三　空调制冷系统检修

学习任务描述

在空调制冷系统检查维修中制冷系统检漏、抽真空、加注冷冻油和制冷剂等是最常见的项目。空调制冷系统出现哪些现象时要进行上述维修作业？作业流程有哪些？要掌握这些内容，应具备以下知识：

1）空调制冷系统检测注意事项。

2）空调制冷系统常见故障现象及原因。

3）空调制冷系统检漏方法。

基础知识和技能

一、空调制冷系统检测注意事项

大多数制冷剂具有无味、无色、无毒、无污染的性质，但外界环境的变化会引起制冷剂性质的变化，它的强挥发性会造成严重的人身伤害。为了确保实训安全，检修时应注意以下几点：

1）检修时，如果必须打开制冷剂管路，应先排空制冷剂，不可接触液态或气态制冷剂。如果因不慎使制冷剂溢出，不可吸入制冷剂与空气的混合气。

2）操作时，应打开通风装置并戴上橡胶手套和防护眼镜。

3）若不慎将制冷剂溅到眼睛或皮肤上，应立即用大量的冷水冲洗，然后用一块无菌布盖在受伤部位上，去医院进行专业治疗，千万不要自己处理，以免出现冻伤。

4）尽管制冷剂不易燃烧，但仍不可在充满制冷剂的屋内进行吸烟、焊接等。

5）制冷剂不允许排入周围环境中，必须用专门的设备抽取。制冷剂可再生利用或送回生产厂进行处理。如果 R134a 进入大气，会增大温室效应。

6）只可在通风良好的室内检修制冷剂管路。半径 5m 内不得有地坑、通风井和地下室楼梯。这是因为制冷剂不仅无色、无味，且比空气重，如果制冷剂溢出，通风不好的室内或地坑中会缺氧，易发生严重事故。制冷剂溢出后与空气产生的混合气需用专门抽气装置抽出。

7）在已充满制冷剂的空调部件上不得进行焊接。在车上进行其他部件焊接时，不可使空调部件变热。这是因为热辐射可能导致系统内压力过高，从而使空调系统爆裂，因此要做好隔离、降温措施。

8）检测空调制冷系统的过程中，应将打开的部件和管路接头都密封好，空调部件敞开时间过长，潮气会进入系统内。因此，如果空调敞开时间很长，那么必须更换相关部件后才可充注制冷剂。

9）如果需进行喷、烤漆，烤房内及预热区温度不可超过 80℃。这是因为高温可导致空调制冷系统内压力过高，从而造成系统爆裂。

10）只有在出于安全考虑或更换空调部件时才可排空和打开制冷剂管路。进行一般修理工作时，制冷剂管路不打开。

11）在高温条件下（54.44℃），如果液体制冷剂完全充满制冷剂容器，会导致随着温度的升高，静压力迅速升高。为了保证安全，制冷剂罐的温度应控制在 51.7℃，即只允许制冷剂罐达到这个温度。

12）在环境温度超过 21℃时，往回收罐充注制冷剂不得超过容量的 80%。

13）不要将不同的制冷剂、冷冻油混合在一起。不同的制冷剂、冷冻油是互不相溶的，任何一种制冷剂、冷冻油混合物都将增加回收利用或报废处理的成本。

14）当检查出空调制冷系统密封圈泄漏，制冷管路的 O 形密封圈必须更换。新密封圈安装前用制冷剂机油浸润，必须保证密封圈正确装入管内或槽内，且周围环境清洁。所安装的 O 形密封圈涂有颜色，如红色、淡紫色、紫色，某些接头处用的密封圈涂有黑色。

二、空调制冷系统常见故障现象及原因

空调制冷系统常见故障现象有四种：不制冷、冷气不足、工作时有异响、空气调节失灵。

1. 空调制冷系统不制冷

（1）故障现象 起动发动机后，打开空调开关、鼓风机工作正常，各出风口出风正常，但不是冷风。

（2）故障原因

1）空调压缩机不工作。

2）空调压缩机损坏。

3）空调压缩机传动带断裂、太松、打滑。

4）空调制冷系统破损或出现泄漏。

5）膨胀阀损坏。

6）空调制冷系统内部堵塞。

7）压力控制开关故障。

8）传感器信号异常。

9）线路或熔丝故障。

10）空调器或空调 ECU 故障。

（3）故障诊断流程 空调制冷系统不制冷故障诊断流程如图 7-43 所示。

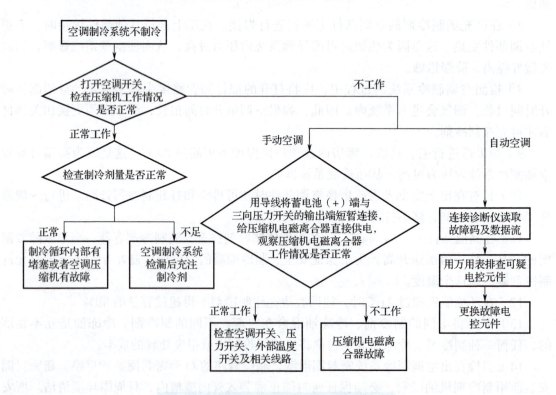

图 7-43 空调制冷系统不制冷故障诊断流程

2. 空调制冷系统冷气不足

（1）故障现象　空调制冷系统工作时，各出风口出风量正常，但冷气量不足。

（2）故障原因

1）空调压缩机电磁离合器打滑。

2）空调压缩机工作性能欠佳。

3）制冷剂量不正常。

4）空调制冷系统内有空气。

5）空调制冷系统内有水分。

6）膨胀阀故障。

7）空调制冷系统内部有堵塞。

8）冷凝器散热性差。

9）蒸发器吸热性差。

10）传感器信号异常。

11）空调器或空调 ECU 故障。

（3）故障诊断流程　空调制冷系统冷气不足，检查制冷剂量，如果正常，应检查系统高低压侧压力，进一步诊断故障。空调制冷系统冷气不足故障诊断流程如图 7-44 所示。

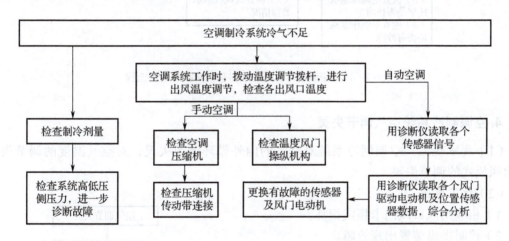

图 7-44　空调制冷系统冷气不足故障诊断流程

3. 空调制冷系统工作时有异响

（1）故障现象　空调制冷系统工作时产生异常响声。

（2）故障原因

1）空调压缩机传动带过松或磨损。

2）电磁离合器打滑或损坏。

3）空调压缩机轴承松旷或磨损严重。

4）空调压缩机内部磨损或损坏。

5）鼓风机异响。

6）制冷剂不足或过量。

7）部件间产生共振。

8）部件润滑不良。

9）空调制冷系统中有水分。

（3）故障诊断流程 空调制冷系统工作时有异响故障诊断流程如图7-45所示。

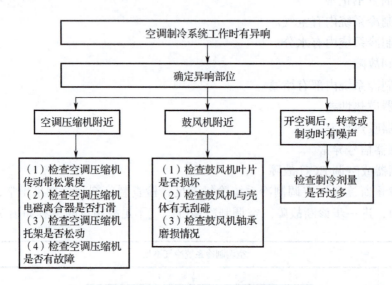

图 7-45 空调制冷系统工作时有异响故障诊断流程

4. 空调制冷系统空气调节失灵

（1）故障现象 空调制冷系统对空气的内外循环调节失灵，对空气温度的调节失灵，对出风模式的调节失灵。

（2）故障原因

1）相应出风口风门卡顿或损坏。

2）控制操纵装置出现故障。

3）相应的风门驱动电动机故障。

4）空调器故障。

5）内外循环调节开关或旋钮故障。

6）空气温度调节开关或旋钮故障。

7）出风模式调节开关或旋钮故障。

8）风量调节开关或旋钮故障。

9）鼓风机故障。

（3）故障诊断流程 空调制冷系统空气调节失灵故障诊断流程如图7-46所示。

图 7-46 空调制冷系统空气调节失灵故障诊断流程

三、空调制冷系统检漏方法

空调制冷系统出现泄漏时，会出现不制冷或冷气不足等现象。空调制冷系统检漏的方法很多，下面介绍几种常见的检漏方法。

1. 用电子式检漏仪检漏

用电子式检漏仪对空调制冷系统进行检漏，如图7-47所示。检漏仪探头应尽可能接近检漏部位，一般要求在3mm之内，探头的移动速度必须低于30mm/s。当探头脏污或电压偏低时，都会影响检查的准确性。其方法和步骤如下：

1）将电子式检漏仪电源接上，预热10min左右。

2）对电子式检漏仪进行校核，使指示灯和警铃工作正常。

3）将电子式检漏仪调到所需的灵敏度范围。

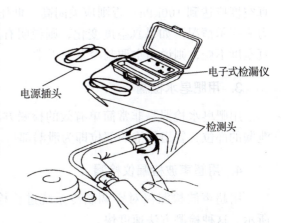

图7-47　用电子式检漏仪检漏

4）将探头放到易出现泄漏的各个部位进行检测，防止漏检。

5）当指示灯亮、警铃响起时，此位置为泄漏部位。同时应将探头立即移开，以免损坏电子式检漏仪。

2. 用压力表检漏

用压力表对空调制冷系统进行检漏通常有两种方法。

（1）方法一　用压力表对空调制冷系统充注氮气，综合观察来查找漏点，其方法和步骤如下：

1）正确连接压力表，高压软管接在高压检修阀上，低压软管接在低压检修阀上，中间软管接在氮气罐上，如图7-48所示。

2）打开高低压检修阀，向空调制冷系统中充入干燥的氮气，使压力达到1.5MPa左右。

3）使空调制冷系统保压24~48h，若压力不降低，则说明系统不泄漏。若压力降低，则说明系统有泄漏。

（2）方法二　利用压力表对空调制冷系统进行抽真空，然后通过观察分析查找漏点，其

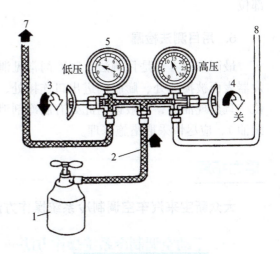

图7-48　用压力表检漏

1—氮气罐　2—中间软管　3—低压手动阀
4—高压手动阀　5—低压表　6—高压表
7—接低压软管　8—接高压软管

方法和步骤如下：

1）将高压表连接储液罐的维修阀上，低压表连接蒸发器至压缩机之间的低压管路维修阀上，中间软管连接到真空泵（将图 7-48 中氮气罐替换为真空泵）。

2）起动真空泵，缓慢打开高、低压表两侧的手动阀，注意动作不要过快，否则会使空调压缩机内的机油一同抽出。

3）开始抽真空。注意观察低压表指示，当抽真空时间为 5~10min 时，低压表指示的真空度应达到 100kPa，否则应关闭高、低压压力表两侧的手动阀，静止 5min 后，观察压力表指示情况。如果真空度变化，则说明有泄漏故障，可用电子式检漏仪检查排除；如果真空度不变，则说明空调制冷系统正常。

3. 用肥皂水检漏

用肥皂水检漏是非常简单有效的检漏方法。用小喷壶将适当浓度的肥皂水喷淋到怀疑泄漏的部位，冒出气泡的部位即为泄漏部位。

4. 用超声波检漏仪检漏

用超声波检漏仪对空调制冷系统进行检漏，如图 7-49 所示。这种检测方法速度快。

5. 用着色法检漏

用棉球蘸制冷剂专用着色剂检测，这种着色剂一遇到制冷剂，就会变成红色，以此可以确定泄漏部位。目前有些制冷剂中溶有着色剂，使用这种制冷剂时，空调制冷系统一旦有泄漏，就会在泄漏部位显示出颜色，以此可以确定泄漏部位。

图 7-49　超声波检漏仪

6. 用目测法检漏

最简单的方法是目测法。制冷剂常见泄漏部位可能是所有连接部位、冷凝器表面及蒸发器表面被损坏处、膨胀阀进出口连接处、空调压缩机轴封、前后盖密封垫等处。上述部位一旦出现油渍，一般说明此处有制冷剂泄漏（但空调压缩机前轴封处漏油也可能是轴承漏油），应尽快采取措施修理。

能力拓展

大众新宝来汽车空调制冷系统操作方法

一、手动空调制冷系统操作方法

大众新宝来汽车手动空调制冷系统操作面板如图 7-50 所示，不同车型，按钮 / 调节器符号形式有所不同，其操作方法如下。

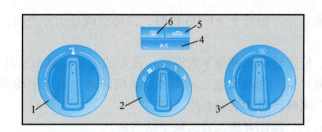

图 7-50 大众新宝来汽车手动空调制冷系统操作面板

1—温度旋钮开关 2—鼓风机旋钮开关 3—气流分配控制旋钮 4—A/C 开关按钮
5—车内空气循环按钮 6—后风窗玻璃加热按钮

（1）温度旋钮开关 无级调节温度。顺时针旋转，提高温度；逆时针旋转，降低温度。

（2）鼓风机旋钮开关 0 档为关闭鼓风机和空调制冷系统；工作运行有 4 个档位，1 档为鼓风机最低转速档，4 档为鼓风机最高转速档。

（3）气流分配控制旋钮 转动旋钮，调节到所需气流方向位置。

1）当旋钮转到前风窗玻璃除霜功能位置时，气流吹向前风窗玻璃。在此位置时，车内空气循环运行模式自动关闭或不接通；空气除湿，打开空调器，提高鼓风机转速，以尽快消除前风窗玻璃上的雾气。

2）当旋钮转到其他位置时，气流则依要求吹向乘员的上身、脚部或全身。

（4）A/C 开关按钮 可接通或关闭制冷设备。

（5）后风窗玻璃加热按钮 可接通或关闭后风窗玻璃加热器装置。

（6）车内空气循环按钮 按压该按钮，指示灯亮，即可接通车内空气循环运行模式，可阻止车外空气进入车内。当车外温度很高或很低时，可选择车内空气循环运行模式，以便车内更快地降温或升温。

注意 在车内空气循环运行模式下，不要在车内吸烟，否则，烟雾会沉积在蒸发器或滤清器上，产生持久异味。

二、自动空调制冷系统操作方法

大众新宝来汽车自动空调制冷系统操作面板如图 7-51 所示，不同车型，按钮 / 调节器符号形式有所不同，其操作方法如下。

图 7-51 大众新宝来汽车自动空调制冷系统操作面板

1—自动空调显示屏 2—温度旋钮 3—鼓风机旋钮 4—气流分配旋钮

（1）自动空调显示屏　当按下 AUTO 键时，自动空调显示屏亮起，显示设定的温度及已开启的功能。

（2）温度旋钮　旋钮转动可调整车内温度；设定的温度则显示在自动空调显示屏上。

（3）鼓风机旋钮　空调制冷系统自动调节鼓风机转速，也可手动调节鼓风机转速；当置于 0 档位置时，关闭鼓风机和空调制冷系统。

（4）气流分配旋钮　操作方法及含义同手动空调。

（5）前风窗玻璃除霜功能键　当按下 MAX 键时，空调制冷系统将鼓风机转速提高至最高档运行。

📖 课程育人

顾方舟是我国医学科学家、病毒学专家，被称为"中国脊髓灰质炎疫苗"之父，为中国研制活疫苗消灭脊灰做出了重大贡献。

被人们称为"糖丸爷爷"的顾方舟，有人说他是一艘方舟，载着新中国的孩子，避开了脊髓灰质炎的劫难；有人说他是当之无愧的人民科学家，用潜心研究护佑了几代人的生命健康，使中国进入无脊髓灰质炎时代。而他自己却谦逊地说："我一辈子只做了一件事，就是做了一颗小小的糖丸。"一生为一大事来，方舟已成；一世做一大事去，不负初心。

思考与练习

1. 单选题

（1）汽车空调系统主要包括暖风系统、制冷系统等多个部分，但下列中（　　）除外。

A. 润滑系统　　　B. 控制系统　　　　C. 空气净化系统　D. 通风系统

（2）冷冻油有润滑、冷却、密封及（　　）等作用。

A. 除尘　　　　　B. 除噪　　　　　　C. 除异味　　　　D. 吸湿

（3）把来自压缩机的高温高压制冷剂蒸气变成液化制冷剂的装置是（　　）。

A. 蒸发器　　　　B. 压缩机　　　　　C. 冷凝器　　　　D. 储液干燥器

（4）将低温低压雾状制冷剂通过吸收室内空气的热量后蒸发汽化，变成蒸气的装置是（　　）。

A. 蒸发器　　　　B. 压缩机　　　　　C. 冷凝器　　　　D. 储液干燥器

（5）能泵送制冷剂，并能维持制冷剂在制冷系统中的循环流动的装置是（　　）。

A. 蒸发器　　　　B. 压缩机　　　　　C. 冷凝器　　　　D. 储液干燥器

2. 多选题

（1）空调制冷循环过程包括（　　）。

A. 蒸发过程　　　B. 膨胀过程　　　　C. 冷凝过程　　　D. 压缩过程

（2）汽车空调的作用有（　　　）。

A．通风　　　　　B．空气净化　　　　C．取暖　　　　　D．制冷

（3）空调制冷系统常见故障现象有（　　　）等。

A．无制冷剂　　　B．冷气不足　　　　C．电磁离合器损坏　　　D．不制冷

（4）自动空调系统能实现对车内空气环境进行（　　　）调节和控制。

A．全季节　　　　B．全方位　　　　　C．多功能　　　　D．制冷剂量

（5）压缩机按结构不同有很多类型，主要有斜盘式压缩机、摇摆板式压缩机、变排量
压缩机以及（　　　）等。

A．刮片式　　　　B．活塞式　　　　　C．弹簧式　　　　D．曲柄连杆式

3．判断题

（1）汽车空调系统由通风系统、暖风系统、制冷系统、空气净化系统组成。　　　（　　　）

（2）自动空调系统是指压缩机的开与停、送风温度、送风模式及风量等由
相应执行机构自动调整而完成。　　　（　　　）

（3）汽车空调制冷系统通过冷却液的循环流动实现制冷功能。　　　（　　　）

（4）通过储液干燥器上的视液镜能观察到空调制冷系统内的制冷剂状态。　　　（　　　）

（5）在充满制冷剂的空调部件上不能进行焊接。　　　（　　　）

4．问答题

（1）简述汽车空调系统的功能、组成及类型。

（2）汽车空调制冷装置由哪些部件组成？各部件有何作用？

（3）试述汽车空调制冷原理和过程。

（4）试述曲柄连杆式压缩机的工作原理？

（5）自动空调的控制元件有哪些？如何检测？

（6）空调制冷系统检测时的注意事项有哪些？

（7）简述汽车空调制冷系统的基本检查内容。

（8）如何诊断空调制冷系统冷气不足故障？

（9）如何诊断空调制冷系统不制冷故障？

（10）简述空调系统抽真空和制冷剂加注过程。

项目八　汽车电路图解读方法

➜ 目标及要求

◎ 教学目标

（1）汽车电路的基本要素

（2）汽车电路解读方法

◎ 能力要求

（1）能正确解读全车电路

（2）能利用全车电路进行故障诊断

➜ 项目概述

　　随着汽车电器设备的增多，导线数量也不断增加，为了提高维修效率，使维修人员快速掌握电器设备的工作原理及相互的控制关系，将汽车电源系统、起动系统、点火系统、照明系统、仪表系统及刮水器、电动座椅等辅助电控系统，用标准电器符号，按照它们各自的工作特性及相互关系，通过开关、熔丝、继电器及导线连接起来，称为全车电路。本项目学习任务如图 8-1 所示。

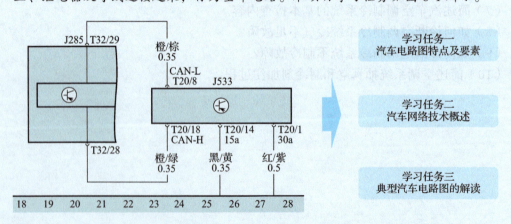

图 8-1　项目八学习任务

学习任务一　汽车电路图特点及要素

学习任务描述

不同汽车的电路图不同，为了读懂各种类型汽车的电路图，应掌握汽车电路图的种类、解读原则，以及基本电气元件图形和术语。

基础知识和技能

一、汽车电路图的种类

1. 原理图

原理图是用简明的图形符号将各个电器及电子元件按照其工作原理绘制的电路图形。原理图分系统原理图（见图2-59）和整车电器原理图（见图4-21）。整车电器原理图将每个系统按照一定规律进行排列，对它的要求是交叉电路要少、布局合理、图面简洁明晰、图形符号易于释读等。由于不同车型的整车原理图不同，在实际应用中应参考各车型的维修手册。

2. 线路图

线路图也称布线图，是按照电器在车上的大致位置进行布线，具有准确整车电器数量，导线走向清楚、有始有终，便于查找故障点位置，但图中导线密集、纵横交错、不易释读。丰田车系车身线路图如图8-2所示图中符号的含义见表8-1。

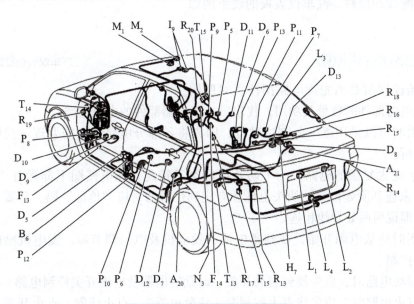

图8-2　丰田车系车身线路图

表8-1 图8-2中符号的含义

符号	含义	符号	含义	符号	含义	符号	含义
M_1	天窗控制继电器和开关	P_7	右后车窗控制开关	L_1	左牌照灯	P_6	左后车窗控制开关
M_2	天窗电动机和限位开关	L_3	行李舱灯	H_7	高位制动灯	P_{10}	左后车窗电动机
D_{10}	门锁及车窗控制主开关	D_{13}	右后门锁电动机	R_{13}	左后组合灯	P_{12}	左预紧器
R_{20}	右侧后视镜	R_{18}	后车窗除雾器	F_{15}	燃油泵、油量传感器	B_6	驾驶人侧锁扣开关
T_{15}	右高频扬声器	R_{16}	右后扬声器	R_{17}	后车窗除雾器	D_5	左前门控灯开关
P_9	右前车窗电动机	R_{15}	左后扬声器	T_{13}	防盗报警器	F_{13}	左前门扬声器
P_5	右前车窗控制开关	D_8	右后门控灯开关	F_{14}	右前门扬声器	D_9	车门钥匙开关
A_{21}	右后ABS转速传感器	D_{11}	右前门锁电动机	N_3	静噪滤波器	I_9	车内灯
D_6	右前门控灯开关	R_{14}	右后组合灯	A_{20}	左后ABS转速传感器	P_8	左前车窗电动机
P_{13}	右预紧器	L_2	右牌照灯	D_7	左后门控灯开关	R_{19}	左侧后视镜
P_{11}	右后车窗电动机	L_4	行李舱灯开关	D_{12}	左后门锁电动机	T_{14}	左高频扬声器

3. 线束图

线束图是将有关电器导线汇合在一起组成的线束，便于维修人员检修和配线。线束图主要表明线束各用电器的连接部位、接线柱的标记、线头、插接器的形状及位置等。线束图一般不注明线束中的电路走向，而是突出装配记号，因此，易于安装、配线和检修。汽车仪表板的线束图如图8-3所示。

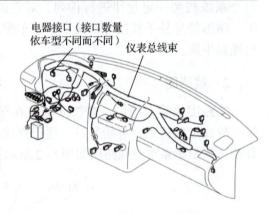

电器接口（接口数量依车型不同而不同）
仪表总线束

图8-3 汽车仪表板线束图

二、电路图解读原则

1）开始读图前必须先读电路图注，对照图注弄清楚各电器部件的数量及功用，找出每一个电器部件的电流通路。

2）读图时可以采用逐一分割法进行，即先将各部分电路根据需要逐一摘除后，再进行必要的分析。

3）对于庞大复杂的电路，为了防止线路交叉错乱，在电路图下都标有"地址"码，在电路图中未连到所处位置的线头也标注有应到位置的对应"地址"码，只要两处地址码完全相同，即说明两处导线相连。

4）读图时应从电源开始，找到蓄电池、发电机及电压调节器。发电机励磁电路必须受点火开关控制。

5）找起动电路时，应先找到点火开关、起动继电器及电磁开关控制电路。

6）找点火电路时，应先找点火控制器（或分电器）、点火线圈、点火开关及火花塞。

7）找照明电路时，应先找车灯控制开关、变光器、前照灯、示廓灯及各种照明灯。

照明灯电路一般接线规律是：示廓灯与前照灯不同时亮；前照灯的近光与远光不同时亮；仪表照明灯、尾灯、牌照灯等只有在夜间工作时才常亮。

8）找仪表电路时，应先找组合仪表、点火开关、仪表传感器及仪表电源稳压器。有些车辆仪表和指示灯共同显示一种参数，如充电、油压、油量及冷却液温度等，它的指示灯是闪烁的，由一个多谐振荡器控制，同时还有蜂鸣器报警。

9）找信号控制电路时，由于信号装置属于随时使用的短暂工作设备，一般接在经常有电的导线上，且仅受一个开关控制，以免影响信号的发出。

10）找辅助装置控制电路时，应首先熟悉辅助装置的图形符号及有关控制开关及其功能，然后按照电源→熔断器→控制开关→用电设备的控制顺序进行。

总之，在读识电路时，一定先读懂某种车型的电路图，再遵循举一反三、触类旁通、对照比较的原则，去掌握其他车型电路的读图方法。

三、基本电气元件图形和术语

在汽车电路图中，用各种图形和符号表示不同的电气元件和功能。要想轻松看懂汽车电路图，首先要认识电路图中各种元器件的符号，并且熟悉一些与其相关的基本知识，主要包括常用端子、导线、插件、连接片、屏蔽线等符号；常用开关类符号；常用传感器类符号；常用仪表类电器符号；常用半导体器件、电容、电阻、电感、熔断器、电磁铁、继电器类符号；常用扬声器、收音机、刮水电动机等。汽车电路图中基本电气元件见表 8-2。

表 8-2 基本电气元件

图形及符号	术语及含义
	蓄电池 存储化学能并将其转化为电能，给汽车的各个电路提供直流电
	电容器 小型临时电压保持装置
	点烟器 电阻加热元件
	断路器 断路器是一根可再次使用的熔丝，如果流经的电流过大，断路器将变热并断开，冷却之后部分装置自动重新设定，而另一部分必须重新手动设定
	二极管 仅允许电流单向流通的半导体
	二极管、稳压二极管 此二极管只在规定电压下允许电流单向流通并阻滞逆向流通，超过该电压，则由其分流余压，可以简单起到调压器的作用
	光敏二极管 光敏二极管是根据光线数量控制电流的半导体
	分电器 将高压电流从点火线圈引到每个火花塞

（续）

图形及符号	术语及含义
	熔丝 这是一等的金属片，如果流经的电流过大，则会熔断，从而切断电流来保护电路免受损坏
	中等电流熔丝 这是位于强电流电路中的粗导线，如果电负荷过大，则会熔断，从而保护电路。数字表示导线的横截面面积
	强电流熔丝或易熔线 这是位于强电流电路中的粗导线，如果电负荷过大，则会熔断，从而保护电路。数字表示导线的横截面面积
（1）正常关闭　（2）正常打开	**继电器** 基本上，这是可以正常关闭（1）或打开（2）的电子操作开关，流经小线圈的电流将产生电磁场，会打开或关闭附属的开关
	双投继电器 这是电流流经一组接点或其他组的继电器
	电阻器 这是具有固定电阻的电子元件，安装在电路中来将电压降低到规定值
	抽头电阻器 这是有两个或多个不同不可调电阻值的电阻器
	滑变电阻器或可变电阻器 这是可调电阻比的可控电阻器，有时也称为电位计或变阻器
θ	**传感器（热敏电阻）** 此电阻器可以根据温度而改变其电阻
	转速传感器 此传感器使用电磁脉冲来打开和关闭产生起动其他部件的信号的开关
	熔断器 用于在接线盒中提供可断的连接
	电磁线圈 当电流流经时，会形成一个磁场来移动活塞等
	搭铁 指配线连接车身的点，给电路提供回路，如果没有搭铁，则电流不能流动
（1）单丝　（2）双丝	**前照灯** 电流使前照灯灯丝加热并发光，前照灯既可以有一根（1）灯丝，也可以有两根（2）灯丝

（续）

图形及符号	术语及含义
	喇叭 发出高频音频警示信号的电子设备
	点火线圈 将低压直流电转换为点燃火花塞的高压点大电流
	灯 流经灯丝的电流加热灯丝并使之发光
	LED（发光二极管） 基于电流，这些二极管不同于一般的灯，它发光但不产生热量
	模拟型仪表 电流通过电磁线圈，这将会导致指针的移动
FUEL	数字型仪表 电流起动 LED、LCD 或荧光显示器的一个或数个
	电动机 这是将电能转换为机械能的电源装置，特别是对于旋转运动
	扬声器 这是可以根据电流产生声波的机电设备
（1）正常打开 （2）正常关闭	手动开关 打开或关闭电路，从而停止（1）或流通（2）电流
	双投开关 这是电流持续流经一组接点或其他组的开关
	点火开关 这是键操作开关，它有数个位置允许各个电路变为可操作的，特别是初级点火电路
	刮水器停止开关 当关闭刮水器开关时，此开关自动经刮水器返回到停止位置
	晶体管 这是典型的被用作电子式继电器的固体电路设备，根据"基数"提供的电压切断或流通电流

（续）

图形及符号	术语及含义
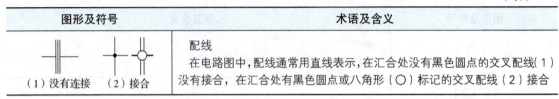（1）没有连接　（2）接合	配线 在电路图中,配线通常用直线表示,在汇合处没有黑色圆点的交叉配线(1)没有接合,在汇合处有黑色圆点或八角形（〇）标记的交叉配线（2）接合

学习任务二　汽车网络技术概述

学习任务描述

　　汽车网络是基于总线技术，将网际网络、无线连接、个人通信电子装置、娱乐设备等整合到汽车内部，即采用多条不同速率的总线分别连接不同类型的节点，通过使用网关服务器可以实现各条总线上信息的共享以及汽车内部的网络管理和故障诊断功能。

基础知识和技能

一、汽车总线类型

　　根据数据传输协议不同，汽车总线有 CAN 总线、LIN 总线、MOST 总线等。

1.CAN 总线

　　CAN 总线是一种串行数据通信协议，其通信接口中集成了 CAN 协议的物理层和数据链路层功能，可完成对通信数据的成帧处理，包括位填充、数据块编码、循环冗余检验、优先级判别等项工作。CAN 总线是车内电子装置中的一个独立系统，它就是数据线，用于在连接的控制单元之间进行信息交换。为了提高数据传递的可靠性，CAN 数据总线系统的两条导线（双绞线）分别用于不同的数据传送，这两条线分别称为 CAN-High 线和 CAN-Low 线。CAN 总线特点如下：

　　1）可以多主方式工作，网络上任意一个节点均可以在任意时刻主动地向网络上的其他节点发送信息，而不分主从，通信方式灵活。

　　2）网络上的节点（信息）可分成不同的优先级，可以满足不同的实时要求。

　　3）采用非破坏性位仲裁总线结构机制，当两个节点同时向网络上传送信息时，优先级低的节点主动停止数据发送，而优先级高的节点可不受影响地继续传输数据。

　　4）能以点对点、一点对多点（成组）及全局广播的传送方式接收数据。

　　5）直接通信距离最远可达 10km，且通信速率最高可达 1MB/s。

　　6）节点数多，实际可达 110 个。

2.LIN 总线

　　LIN 是用于汽车分布式电控系统的一种新型低成本串行通信系统，它是一种基于

UART 数据格式、主从结构的单线 12V 总线通信系统，主要用于智能传感器和执行器的串行通信，而这正是 CAN 总线的带宽和功能所不要求的部分。由于目前尚未建立低端多路通信的汽车标准，因此 LIN 正试图发展成为低成本的串行通信的行业标准。

LIN 的标准简化了现有的基于多路解决方案的低端 SCI，同时将降低汽车电子装置的开发、生产和服务费用。LIN 采用低成本的单线连接，传输速度最高可达 20KB/s，对于低端的大多数应用对象来说，这个速度是可以接受的。它的媒体访问采用单主 / 多从的机制，不需要进行仲裁，在从节点中不需要晶体振荡器就能进行自同步，这极大地减少了硬件平台的成本。

3.MOST 总线

MOST 是高速传输总线，数据传送速度为 24Mbit/s，主要用于实时的音频和视频通信，如 MP3、DVD 和 CD 等的播放，所使用的传输介质是光纤。MOST 是车辆内 LAN 的接口规格，用于连接车载导航器和无线设备等。

二、大众汽车总线系统

1. 大众汽车总线系统

大众汽车总线系统根据区域划分 5 个局域网，即动力（驱动）系统、舒适系统、信息系统、仪表系统及诊断系统，如图 8-4 所示。

图 8-4　大众汽车总线系统结构

动力系统 CAN 总线连接发动机控制单元、变速器控制单元、制动 ESP 控制单元、安全气囊控制单元、电子驻车制动控制单元、照明调节控制单元等。舒适系统 CAN 总线连接空调控制单元、停车辅助控制单元、蓄电池能量管路单元、车门控制单元、电子转向锁控制单元、轮胎气压监控控制单元等。

2. 典型车总线系统

不同车型装备的控制单元数目不同，设计的网络传输系统也不同。另外，在 CAN 总线系统下还存在 LIN 总线系统。

（1）新宝来总线系统　新宝来总线系统包括诊断 CAN 总线、驱动 CAN 总线和舒适便捷 CAN 总线，各总线系统连接的控制单元如图 8-5 所示。

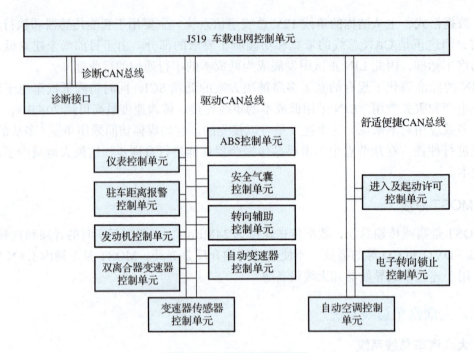

图 8-5　新宝来总线系统

（2）迈腾车总线系统　迈腾车总线系统包括诊断 CAN 总线、仪表 CAN 总线、舒适便捷 CAN 总线、信息娱乐 CAN 总线和驱动 CAN 总线，各总线系统连接的控制单元如图 8-6 所示。

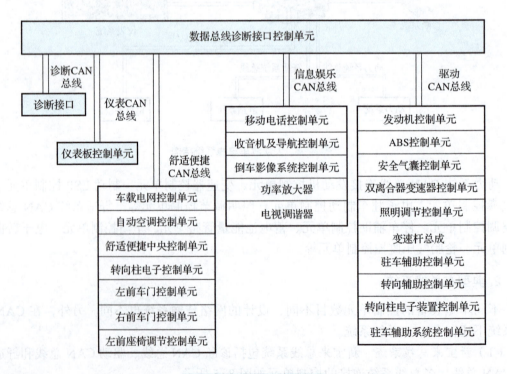

图 8-6　迈腾车总线系统

学习任务三 典型汽车电路图的解读

学习任务描述

　　汽车全车电路很复杂，而且不同车系的电路图也不同。为了能快速解读全车电路，本学习任务以典型车系电路图为例进行解读。学习时应掌握全车电路的基本组成、汽车电路图的种类，然后掌握解读电路图的基本方法。

基础知识和技能

一、大众车系电路图的解读

　　大众车系的电路图如图 8-7 所示，图中各个符号的含义见表 8-3。

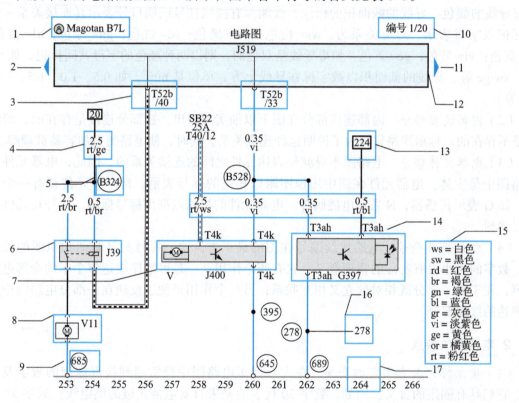

图 8-7　大众车系电路图

表 8-3　大众车系电路中各符号的含义

序号	含义	序号	含义
1	品牌 / 车型	3	插头代码：插头的 PIN 脚数和连接的 PIN 脚号码
2	上一页	4	导线横截面积及颜色

（续）

序号	含义	序号	含义
5	导线内部连接	12	元件：车载电网控制单元
6	元件：继电器	13	导线延续指示，数字表示该导线连接位置
7	元件：控制单元（ECU）	14	元件：传感器
8	元件：电动机	15	导线颜色代码
9	搭铁点或搭铁位置标号	16	线路内部走向
10	线路图编号	17	电路搭铁点编号
11	下一页		

1. 电路图的整体标识

大众车系电路图大体上可以分解为以下几部分：

（1）外线部分　外线部分在电路图上以粗实线画出，集中在图的中间部分。每条线上都有导线的颜色、导线的截面积的标注。线端都有接线柱号或插口号表示其连接关系。颜色标记以字母表示。对应关系为：ws= 白色；sw= 黑色；rd= 红色；gn= 绿色；bl= 蓝色；gr= 灰色；vi= 紫色；ge= 黄色。如果导线是双色的，则以两种颜色的字母共同标记，如 ro/sw、sw/ge 等。导线的截面积以数字标在导线上方，单位是 mm^2，如 0.5、1.0、1.5、2.5、4.0 等。

（2）内部连接部分　内部连接部分在图上以细实线画出。这部分连接是存在的，但线路是不存在的。标示线路只是为了说明这种连接关系。同时，使电路图更加容易被理解。

（3）电器元件部分　电路图本身就是表达元件之间的连接关系的，因此，电器元件在电路图中是主体。电器元件在图中用框图附以相应的标号表示。每一个元件都有一个代号，如 G 表示传感器，N 表示电磁阀等。电器元件的接线点都用标号标出，标号在元件上可以找到。

（4）电路接续编号　电路接续编号在图的最下方，这一标号只是制图和识图的标记号，数字的大小没有实际的物理意义。它有两个作用：一是可顺序表达整个车的全部电路内容，便于每一部分既相对独立又相互联系；另一个作用是便于反映在一部分电路图中难以表达的接续部分。

2. 电路图的特点

（1）接点标记具有固定的含义　在大众汽车电路图中经常遇到接点标记的数字及字母，它们具有固定的含义。例如，数字 30 代表的是来自蓄电池正极的供电线；数字 31 代表搭铁线；数字 15 代表来自点火开关的点火供电线；数字 50 代表点火开关在起动档时的起动供电线；X 代表受控的大容量用电设备供电线（来自卸荷继电器的供电线）等。无论这些标记出现在电路的什么地方，相同的标记都代表相同的接点。

（2）所有电路都是纵向排列，互相不交叉的　大众汽车电路图采用了断线代号法来处理线路复杂交错的问题。假设某一条线路上半段在电路续号为 20 的位置上，下半段在电路接续号为 254 的位置上。这时，在电路上半段的终止处画一个标有 254 的小方格，在下半段电路的开始处也有一小方格,内标有 20,通过 20 和 254 就可以将上、下半段电路连在一起了。

(3)整个电路以车载电网控制单元为中心 大众汽车电路图在表示线路走向的同时,还表达了线路的结构情况。在电路图上的继电器标有 T52b/40 数字,其中字母代表插接器,数字 52 表示该插接器有 52 孔,数字 40 表示该导线连接在这个插接器的第 40 个孔上,字母 b 表示该车上 52 孔插接器编号。

二、丰田车系电路图的解读

丰田车系各系统电路的实际配线是指从蓄电池开始的电源点到各搭铁点的配线,所有电路图均显示所有开关关闭时的状态。了解电路原理后,可利用继电器位置分布图和电路图来找出各个零件、接线盒和线束连接器、线束和线束连接器、接点和每个系统电路的搭铁点。以丰田车系制动灯系统电路为例介绍其电路特点,如图 8-8 所示,图中各个符号的含义见表 8-4。

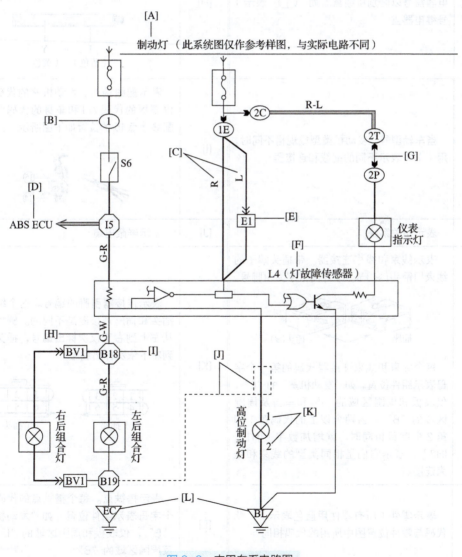

图 8-8　丰田车系电路图

表 8-4　丰田车系电路图各符号的含义

符号	含义	符号	含义
[A]	系统名称	[G]	表示接线盒（圈内的数字是接线盒号，连接器代码在它旁边）。接线盒用阴影标出，以便将它与其他零件清楚地区别开来。例如，右图中 3C 表示它在 3 号接线盒内部
[B]	表示继电器盒。无阴影表示且只给出继电器盒号以区别接线盒。如 "①" 表示 1 号继电器盒	[H]	表示配线颜色。配线颜色用字母表示，如 B= 黑色。双色线由两个字母表示，第一个字母表示基本配线颜色，第二字母表示条纹的颜色。如 L-Y
[C]	当车辆型号、发动机类型或规格不同时，用（）来表示不同的配线和连接器	[I]	表示配线接点。发动机室的代码为 E、仪表板的代码为 I 和车身的代码为 B。如配线接点 I5 的位置如下图所示
[D]	表示相关系统	[J]	表示屏蔽电缆
[E]	表示线束和线束连接器。带插头端子的线束用箭头（⩔）表示。外侧数字为引脚号。 插座 ⟷ 插头（⩔） 每个线束和线束连接器代码的第一个字母表示组件位置，如 "发动机室" 的 "E"，仪表板和周围区域的 "I" 和车身及周围区域的 "B"。当两个以上的代码第 1 和第 2 个字母相同时，就增加数字（IH1、IH2），表示它们是相同类型的线束和线束连接器	[K]	表示连接器引脚的编号。这个编号对于插头和插座连接器是不同的。例如：插座从左上到右下仪次标出编号，插头从右上到左下依次标出编号 a）插座　　　　b）插头
[F]	表示零件（所有零件用蓝色表示）。此代码与零件位置图中所用的代码相同	[L]	表示搭铁点。每个搭铁点的代码的第一个字母表示组件位置，如 "发动机室" 的 "E"，仪表板和周围区域的 "I" 和车身及周围区域的 "B"

三、北京现代车系电路图的解读

以北京现代车起动系统电路为例介绍现代车系电路特点，如图8-9所示。北京现代车电器线路导线颜色及含义见表8-5，电路图中各个符号的含义见表8-6。线束类型按照不同位置可分为D、E、F、M、R五种，在车门位置的称车门线束为D类；在发动机室位置的称前线束、点火延伸线束、蓄电池线束为E类；在底板位置的称底板线束为F类；在室内、中央控制台位置的称主线束、方向盘延伸线束为M类；在保险杠、后除霜器、行李舱门位置的称倒车警告系统延伸线束、后除霜器、行李舱门线束为R类。

表 8-5 现代车电器线路颜色及含义

字母	导线颜色	字母	导线颜色	字母	导线颜色
B	黑色	Lg	浅绿色	W	白色
Br	棕色	T	褐色	Y	黄色
G	绿色	O	橙色	Pp	紫色
Gr	灰色	P	粉色	Li	浅蓝色
L	蓝色	R	红色	Y/B	黄色底黑色线条

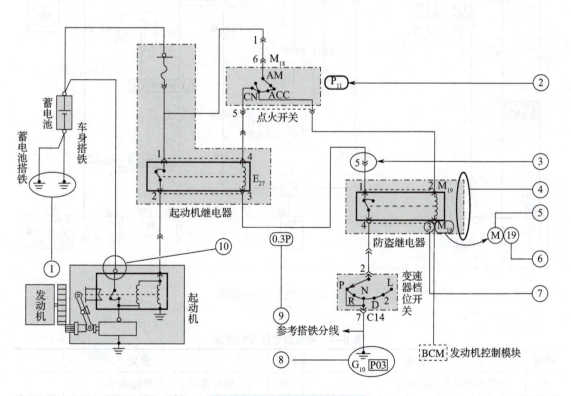

图 8-9 北京现代车电路图

表8-6 电路图中各符号的含义

符号	含义	符号	含义
①	搭铁点	⑥	数字表示线束编号
②	零件位置编号	⑦	连接器端子编号
③	从连接器分离线束及编号	⑧	表示搭铁点位置编号
④	虚线表示接线盒	⑨	数字表示导线线径，字母表示导线颜色
⑤	字母表示线束分类	⑩	原点表示零件与导线的连接点

四、别克车系电路图的解读

别克车典型电路图如图8-10所示，电路图中各个符号的含义见表8-7。

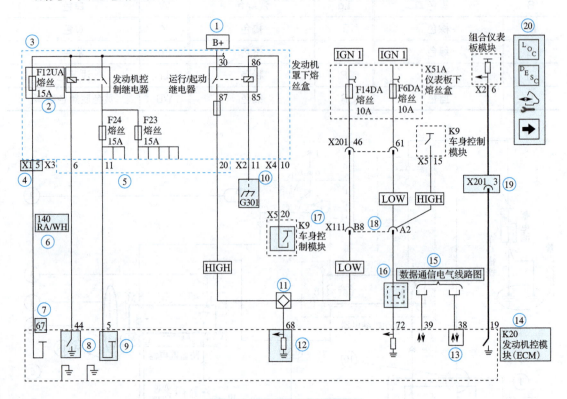

图8-10 别克车典型电路图

表8-7 电路图中符号的含义

符号	含义	符号	含义
①	电路接通后蓄电池电压	④	X1 熔丝盒编号，5 插脚编号
②	熔丝，允许电流15A	⑤	虚线表示接线盒
③	虚线表示熔丝盒没有完整画出	⑥	数字140表示导线在电路中编号，字母RA/WH表示导线颜色

（续）

符号	含义	符号	含义
⑦	表示发动机控制模块 K20 的第 67 插脚	⑭	表示部件名称
⑧	表示输出低压侧驱动开关（－）	⑮	表示需要参考数据通信电气线路图
⑨	表示输入高电压信号	⑯	不完整物理接头
⑩	表示搭铁	⑰	输出高压侧驱动开关（＋）
⑪	选装件断裂点。HIGH 表示高配置车型电路；LOW 表示低配置车型电路	⑱	虚线表示两条导线接入同一连接器
⑫	表示输出下拉电阻器	⑲	表示直列线束连接器。X201 表示连接插头编号；数字 3 表示连接器的插脚编号
⑬	表示串行数据通信功能	⑳	表示特殊图标提示

能力拓展

紧急情况的正确操作事项

一、确保人员和车辆安全事项

汽车抛锚时务必严格按相关安全法规进行操作。例如，许多国家规定汽车抛锚时必须打开危险警告灯和穿发光警示马甲等。通常，汽车遇紧急情况时，为确保车内人员的安全，务必按下列顺序进行操作：

1）将汽车停在远离主车道的合适路面上。

2）按压危险警告灯开关，接通危险警告灯。

3）拉紧驻车制动器（手动）或变速杆推入 P 位置（自动）。

4）关闭发动机，从点火开关中拔出钥匙。切勿让车辆在无人看管时，发动机仍在运转，因为车辆可能出现突然自行移动或发生异常事故，从而导致损坏和伤人事件。

5）请乘员下车并到远离车流的安全地带，例如到公路护栏后面等。

6）离车时随身携带所有汽车钥匙。

7）将三角警示牌设立在相应位置，以引起过往车辆驾驶人的注意。

8）拨打相关救援电话，如 120、110、122 及保险公司电话等。

二、车辆遇紧急情况必备物品

车辆遇紧急情况时必备物品包括急救包、三角警示牌、灭火器和发光警示马甲。其中，急救包、灭火器和发光警示马甲通常是客户自行购买并随车储备。

1）发光警示马甲通常存放在驾驶人侧车门储物盒内，且需要固定。

2）三角警示牌在行李舱内且不应随意滑动。车辆遇紧急情况时，打开行李舱盖，即可取出三角警示牌。

3）急救包适合放在行李舱内，并用一个固定带固定。急救包必须符合相关法规，并注意急救包内药品的有效期。

　　4）灭火器必须符合相关法规要求，需要可靠固定，能随时可用，并定期检查有效期，有效期标在灭火器的检验标签上。

📖 课程育人

　　只有不断学习新知识才能不被时代所淘汰。曾有这样一则新闻：一个三十多岁的高速公路收费员，在她的工作被人工智能 ETC 支付与扫码支付替代，必须下岗时，哭着说"我的青春都献给收费站了，除了收费，其他什么都不会，要我现在学别的，我也学不会了"。许多人也许对这名收费员持有一种既同情又怒其不争的态度，但事实是以人工智能为代表的新技术正在迅速取代许许多多的工作，不仅仅是被下岗的高速公路收费站员工，机器人也正在逐渐取代工作流水线上的蓝领工人；无人驾驶将取代大量的出租车司机、货车司机、快递小哥；无人收银台和机器人服务员正大量取代超市收银员、酒店服务员；现在甚至连写新闻稿都有了新闻写作机器人，新闻主播也有了机器人主播；代劳医院里的心脏手术都有了 IBM "达芬奇"全自动手术机器人；大数据的算法推荐个性化阅读系统不仅取代了曾经风光无限的门户网新闻编辑的工作，而且比他们更加优秀；而人工智能围棋机器人 ZERO 早就横扫人类围棋高手而所向无敌。

　　当今时代，知识更新十分迅速，我们面对社会上各种新思想、新观念、新技术，如果不能快速更新自己的知识，很快就会被时代所抛弃。在这个时代，几乎所有人的所有工作都将面临时代的挑战。从央视出来创业的张泉灵曾做过一个演讲，主题是"时代抛弃你时，连一声再见都不会说"。在演讲中，她讲到：这个世界因为互联网、移动互联网、人工智能，这些大的外部环境的改变，发生了巨大的改变。如果你不去理解这种改变，对不起，你可能就会沦落为上一个时代的人，这个时代扔掉你的时候，都不会跟你说一声再见。

思考与练习

　　1. 单选题

　　（1）通常用于控制点火电路、仪表电路、发电机励磁电路及起动电路等控制开关称为（　　）。

　　　　A. 灯光开关　　　　B. 点火开关　　　　C. 组合开关　　　　D. 电源开关

　　（2）通常用于切断蓄电池与外电路连接的开关称为（　　）。

　　　　A. 灯光开关　　　　B. 点火开关　　　　C. 组合开关　　　　D. 电源开关

　　（3）通常为了操作方便而将两种及两种以上功能集装在一起的开关称为（　　）。

　　　　A. 灯光开关　　　　B. 点火开关　　　　C. 组合开关　　　　D. 电源开关

　　（4）汽车电路中都设有保险装置，下列装置中（　　）除外。

　　　　A. 继电器　　　　B. 易熔丝　　　　C. 断路器　　　　D. 熔断器

（5）汽车电路中导线的截面积是根据所接用电设备的（ ）来确定。

    A．类型   B．阻值   C．电压值   D．电流值

2. 多选题

（1）大众车系电路图特点包括（ ）。

    A．电路图中经常遇到接点标记的数字及字母，它们具有固定的含义

    B．电路图在表示线路走向的同时，还表达了线路的结构情况

    C．电路图采用了断线代号法来处理线路复杂交错的问题

    D．数字30、15、50等出现在电路不同地方时，标记含义是不同的

（2）电路图上以粗实线画出的每条线上都有（ ）。

    A．导线的材料   B．导线的颜色

    C．导线的性能   D．导线的截面积的标注

（3）线束图中主要体现的含义有（ ）。

    A．插接器的位置   B．插接器的形状

    C．接线柱的标记   D．各用电器的连接部位

（4）继电器是利用通电线圈产生的电磁力来改变触点的原始状态，其类型有（ ）。

    A．常开式   B．枢纽式   C．按压式   D．常闭式

（5）汽车电路图按特点不同分为（ ）。

    A．原理图   B．结构图   C．线路图   D．线束图

3. 判断题

（1）线束图主要突出装配记号，易于安装、配线和检修。   （   ）

（2）汽车电器各个系统均装有开关，以防止短路而烧坏电缆和供电设备。   （   ）

（3）中央配电盒由中央配电盒盖、座及配电盒主体组成。   （   ）

（4）装有自恢复式断路器的电路中，电流超过规定值时，其双金属片受热弯曲而使触点张开而切断电路。   （   ）

（5）原理图有准确的整车电器数量，导线走向清楚、有始有终，便于查找故障点。   （   ）

4. 问答题

（1）汽车电器电路有哪些特点？

（2）汽车整车电路由哪几部分组成？

（3）汽车电路保护装置有哪些？

（4）汽车电路图的作用及特点有哪些？

（5）检修汽车电路时应注意哪些事项？如何进行检修？

（6）描述大众车系电路图识图技巧。

（7）描述丰田车系电路图识图技巧。

（8）描述北京现代车系电路图识图技巧。

（9）描述别克车系电路图识图技巧。

参 考 文 献

［1］黄鹏，韦孟洲，邓仁春. 汽车舒适与安全系统检修［M］：北京：航空工业出版社，2019.

［2］舒华，赵劲松. 汽车电器与电控技术［M］. 北京：机械工业出版社，2019.

［3］徐利强，臧日华. 汽车电工电子技术［M］. 北京：机械工业出版社，2017.

［4］赵宇，邓春光. 汽车安全与舒适系统检修［M］. 北京：人民邮电出版社，2017.

［5］布仁，杨丽娟. 汽车电气设备构造与检修［M］. 长春：吉林大学出版社，2016.

［6］孙连伟，曲昌辉，毛峰. 汽车安全与舒适系统检测与修复［M］. 2 版. 北京：机械工业出版社，2017.

［7］杨志红，廖兵. 汽车电器［M］. 北京：机械工业出版社，2015.